U0925971

王阳明全集

全译本

石玉　译著

一

天津出版传媒集团
天津古籍出版社

图书在版编目（CIP）数据

王阳明全集：全译本 / 石玉译著. -- 天津：天津古籍出版社, 2022.8

ISBN 978-7-5528-1117-9

Ⅰ. ①王… Ⅱ. ①石… Ⅲ. ①王守仁（1472-1528）—文集 Ⅳ. ①B248.2-53

中国版本图书馆CIP数据核字(2021)第119518号

王阳明全集（全译本）

WANGYANGMING QUANJI QUANYIBEN

石 玉 / 译著

出　　版　天津古籍出版社
出 版 人　张　玮
地　　址　天津市和平区西康路35号康岳大厦

策　　划　唐　舰
责任编辑　郑　伟
特约编辑　翟永康　宋庭佳
责任校对　金　达　高雯雯　唐颖凤
翻　　译　天津乐译通翻译服务有限公司
装帧设计　宋俊清

印　　制　三河市金兆印刷装订有限公司
经　　销　新华书店
开　　本　710 毫米 × 1000 毫米　1/16
印　　张　179.5
字　　数　2642 千字
版次印次　2022年 8月第1版　2022 年8月第1次印刷
定　　价　1280.00 元（全10册）

出版说明

王守仁（1472—1529）字伯安，浙江余姚人。其父王华字德辉，为成化十七年（1481）进士第一。守仁生时，其祖母梦神人自云中送儿下，故初名云，五岁尚不能言，有异人过之，更名守仁，而后能言。十五岁访客居庸、山海关，出塞外纵观山川形胜。十七岁谒上饶娄谅，与论朱子格物大指。弱冠举乡试，好言兵，善射。二十八岁登弘治十二年（1499）进士，受命治前威宁伯王越葬，还授刑部主事，决囚江北，引疾归，起补兵部主事。正德元年（1506）冬，守仁三十四岁，刘瑾逮南京给事中御史戴铣等二十余人，守仁抗章救之，忤瑾，廷杖四十，谪贵州龙场驿丞。龙场苗、僚杂居，守仁因俗化导，处夷居困之际，乃大悟格致之理，世称“龙场悟道”。后刘瑾诛，量移庐陵知县，迁南京刑部主事，屡迁考功郎中，擢南京太仆少卿，就迁鸿胪卿。四十六岁擢右佥都御史，巡抚南、赣，平诸盗贼。四十八岁时宁王朱宸濠反，守仁起兵，凡三十五日而贼平。四十九岁升南京兵部尚书，封新建伯。五十岁丁忧返乡。五十六岁以原官兼左都御史，总督两广兼巡抚，起征思恩、田州。五十七岁，守仁已病甚，疏乞骸骨，不俟命竟归，行至南安，门人周积侍疾，问遗言，先生曰：“此心光明，亦复何言？”因病而逝，丧过江西，军民无不缟素哭送者。隆庆初赠新建侯，谥文成，万历中诏从祀孔庙，称“先儒王子”。终明之世，文臣用兵制胜，未有如守仁者也。当危疑之际，神明愈定，智虑无遗，虽由天资高，其亦有得于中者欤！

明代中后期朱学一统天下，士风暮气沉沉，理学无非成了利禄之门，王学起衰救弊，一改五百年道学统治，光芒大放，诚如梁启超所言：“姚江学兴，既举前此破碎支离之学而一扫之。晚明百年间的学者咸有发扬蹈厉之气，异于前代，儒之有侠风也，孕而育之，姚江也。”对于其思想体系的形成与演化，黄宗羲在《明儒学案》中有清晰的论述：

> 先生之学，始泛滥于词章，继而遍读考亭之书，循序格物，顾物理吾心终判为二，无所得入。于是出入于佛、老者久之。及至居夷处困，动心忍性，因念圣人处此更有何道？忽悟格物致知之旨，圣人之道，吾性自足，不假外求。其学凡三变而始得其门。自此以后，尽去枝叶，一意本原，以默坐澄心为学的。有未发之中，始能有发而中节之和，视听言动，大率以收敛为主，发散是不得已。江右以后，专提“致良知”三字，默不假坐，心不待澄，不习不虑，出之自有天则。盖良知即是未发之中，此知之前更无未发；良知即是中节之和，此知之后更无已发。此知自能收敛，不须更主于收敛；此知自能发散，不须更期于发散。收敛者，感之体，静而动也；发散者，寂之用，动而静也。知之真切笃实处即是行，行之明觉精察处即是知，无有二也。居越以后，所操益熟，所得益化，时时知是知非，时时无是无非，开口即得本心，更无假借凑泊，如赤日当空而万象毕照。是学成之后又有此三变也。

王氏之学已蔚成大国，不但其后学支脉繁多，对日本、朝鲜等周边国家影响亦深远。其学说的具体研究及相关著作汗牛充栋，兹不赘述。

王阳明生前主张不立文字，教授弟子多以口传心授为主，而全集的问世在明隆庆六年（1572），王门后学谢廷杰深感当时流传的各自为书，不成体系，“四方之学者或弗克尽读”，于是收集王阳明存世的语录文稿，做了一次全面系统的整理编辑，《王文成公全书》凡三十八卷，共分为六大类：一、语录三卷，即《传习录》三卷，并附《朱子晚年定论》于其后；二、文录五卷；三、别录十卷；四、外集七卷；五、续编六卷；六、附录七卷，包括《年谱》三卷、《年谱附录》二卷、《世德纪》一卷、《世德纪附录》一卷。此即所谓“隆庆谢氏刻本”，其版本价值很高，影响亦广，后世刊刻出版大多以此为底本。其中包括中华书局“理学丛书”收录的《王文成公全书》，该本以《四部丛刊》影明隆庆谢氏刻本为底本，参校他本，改正了原刻中的俗字、误字，点校精良，洵为后出转精之作，本次今译即以此本作为底本。

古籍今译的方法一般分作直译与意译两种，直译尽量保留原文词汇，以训诂为依据进行对译，一般不改变原文的语序，或据现代汉语的表达习惯稍作调整。意译则以表达大意为主，不拘泥于原文的语汇和语序，有时还会在文句语法上进行补充，使译文更为贴切。本书采用直译与意译相结合的方式，随文而宜，以明白畅达为准。要之，白话译文只能作为阅读古籍的参考辅助，而不能完全代替元典阅读。王氏之书体大思深，译者水平十分有限，错漏实所难免，诚望读者指正。

Publisher's Note

Translation by Tianjin HPTrans Service Co.,Ltd

Wang Shouren (1472-1529), courtesy name Bo'an, was born in Yuyao, Zhejiang Province. He was the son of Wang Hua (courtesy name Dehui) who was first in the Imperial Examination at provincial level in the 17th year of Chenghua (1481). When Shouren was born, his grandmother dreamed of him being sent to her by a deity from the clouds, thus the infant name Yun (clouds). Shouren was not able to speak until the age of five, which was noticed by a person with extraordinary spiritual power who renamed him Shouren. Afterward, Shouren was able to speak.

At the age of fifteen, Shouren visited and stayed in Juyongguan Pass and Shanhaiguan Pass, enjoying the scenery and landscape beyond the Great Wall. At the age of seventeen, he paid a formal visit to Lou Liang in Shangrao, discussing with the latter Confucian scholar Zhu Xi's great philosophy of "investigation of things". At twenty, he participated in Township Examination, took an interest in discussing military strategies, and was good at archery. At twenty-eight, he was ranked among the first in the Imperial Examination in the 12th year of Hongzhi (1499). The emperor appointed him to undertake the funeral of the Earl of Weining, Wangy Yue. When he returned, the imperial court appointed him the Assistant of Criminal Affairs Minister. When Shouren investigated cases in Jiangbei area, he resigned due to self-claimed illness. He was later reappointed to the Assistant of the

Minister of War. In the winter of the 1st year of Zhengde when Shouren was thirty-four, Liu Jin arrested over twenty officials including the Imperial Censor of Nanjing, Dai Xi. To save them, Shouren submitted an appeal to the throne against Liu Jin, which infuriated the latter. Liu Jin sentenced Shouren to stick punishment for forty Tingzhang in the Imperial Court. Shouren was then demoted to the Courier Station Magistrate of Longchang, Guizhou Province.

In the culturally diverse environment of Longchang with Miao and Liao Ethnic groups, Shouren learned from the local culture and customs to educate and guide the local ethnic minority groups. In the harsh frontier region, Shouren started to understand the truth of the great philosophy of "investigation of things and acquisition of knowledge", later known as "Longchang Enlightenment". After Liu Jin was sentenced to death, the Imperial Court investigated Shouren's case and reappoint him Magistrate of Luling County, and later the Assistant of Nanjing Criminal Affairs Minister. Shouren later served multiple Official Evaluator positions and was promoted to the position of the Chief of *cursus publicus* and later Chief of Imperial Events and Ceremonies. At the age of forty-six, Shouren was promoted to the Assistant Censor in the Court of Censor, supervising Nan and Gan districts. In this position, he defeated the rebels in multiple regions. When Shouren was forty-eight, the Feudatory King of Ning, Zhu Chenhao rose in rebellion. Shouren called on troops and suppressed the rebellion in thirty-five days. At the age of forty-nine, Souren was promoted to Minister of War of Nanjing and was granted the investiture of Earl of Xinjian. At the age of fifty, Shouren returned home to observe mourning for his parent. At the age of fifty-six, he returned to his original position and served Deputy Censor and Governor positions of Guangdong and Guangxi Provinces, calling on troops to suppress the revolts of Si'en and Tianzhou.

At the age of fifty-seven, Shouren was in serious illness and submitted an appeal of resignation to the throne. Before the court's approval for his resignation, Shouren passed away on his way home in Nan'an. His disciple Zhou Ji who took care of him asked Shouren for his last words. The Master said, "The bright truth is in my heart, so I have nothing to say." After Shouren's decease, when his coffin passed Jiangxi Province, all soldiers and civilians donned mourning garments and cried. In the early years of Longqing, the emperor conferred him posthumously Marquess of Xinjian and the title of Wencheng. In the years of Wanli, the emperor issued imperial edict to perform fete ceremony for Shouren in the Confucius Temple, respectively naming him "Confucian Prince". No one achieved a comparable military feat as Shouren, a civil servant, did until the end of the Ming Dynasty. Shouren kept his composure and right judgment in times of crisis and when the emperor was not fully trusting him. Apparently, this was not only due to his outstanding talent, but also his powerful spiritual world.

From mid to the end of Ming Dynasty, the philosophy of the Confucian scholar Zhu Xi became the dominant ideology. Court officials were indulged in the decayed philosophy as a gateway towards gaining wealth and fame. Wang Shouren's philosophy introduced a new school of thought, trying to save Ming Dynasty from the stale ideological reality. His philosophy brought in a sea change to the orthodox Confucian principles and its dominance in Chinese history and has influenced later generations of Confucian scholars. As Liang Qichao rightly put it, "The rise of the Yaojiang school of philosophy swept clean the previous fragmented schools of thoughts. Rarely could there be any scholars in the one hundred years of the late Ming Dynasty comparable to the Yaojiang School with their innovative thoughts. Only Yaojiang exceeded all other philosophies of the time with their distinct principles which integrated Confucian teaching and paladin's righteousness." In regard with the formation and evolution of Wang Shouren's philosophy, Huang Zongxi has stated clearly in *Studies of Ming Confucian Scholars:*

> The philosophy of Master (Wang Shouren) began with the learning of classic Confucian literature, followed by the thorough study of Zhu Xi's works in the Kaoting Academy. In his exploration of the "investigation of things", he realized that the physical world and metaphysical world are still separate beings in his heart. To gain more in-depth understanding of this binary feature of the world, Shouren further studied Buddhism and Taoism. When he resided in the frontier region with the minority groups, he learned to endure the hardship which brought him to the ultimate question of what a saint might understand in

such situations. Shouren was thus enlightened and understood the truth of the "investigation of things", i.e. the way forward for a saint is in his heart, and not pursued externally. The development of Shouren's philosophy had three stages with changes in each one. Since the last stage, the enlightenment, he summarized the main thoughts of his studies and focused on mediation and self-reflection. His philosophy emphasized self-reflection before taking actions toward the outside world and prioritized self-restraint in all conducts over acting on others.

After the Jiangyou Wangmen School of his thought rose in Jiangxi Province, his disciples focused on the principle of "achieving conscience", that is, meditation without having to sit down or clear one's mind and without any concerns and worries, and following the natural principles when taking action towards the outside world. They believed that conscience was the only way to achieve goals without taking actions towards the outside, and that conscience was the best way to achieve any goals. With this understanding, one may voluntarily practice self-reflection and self-restraint, and one will act upon outside world without having to rely on such actions. With quiet self-restraint, one will have a better understanding of the essence of the world and thus gain advantages. By taking actions, the focus is on the practical side of the world and such actions are usually in vain. Taking actions based on your true knowledge is what action is. Gaining insight from your action, then knowledge is gained. This is the only way to obtain true knowledge.

After Wang Shouren resided in Yuecheng and taught his thoughts to his disciples, he further refined and practiced his philosophical teaching and greatly benefited from it. He was able to always both gain knowledge and acknowledge his ignorance of knowledge, and maintain an impartial and objective stance on right and wrong. He was a free soul with no attachment, just as the shining sun in the sky shedding light on everything in the world. This summarizes the three stages of his changes after he was enlightened.

Wang's philosophy has developed into an extended library with a myriad of schools and branches and a great influence on the neighboring countries including Japan and Korea. There are also countless studies and monographs on his philosophy which will not need to be elaborated here.

During his lifetime, Wang Yangming advocated verbal teaching and learning by heart without written records. The complete works of his philosophy were published in the 6th year of Longqing of the Ming Dynasty (1572). A later-generation follower of Wang's philosophy, Xie Tingjie was unsatisfied with the fragmented works of Wang's thoughts in various books of the time and was concerned that the entire literature of Wang Yangming was not thoroughly accessible to the scholars. He then collected all the manuscripts of quotations of Wang Yangming's words and compiled them into the *Complete Works of Master Wang Wencheng* in 38 volumes and 6 categories: 1. three volumes of quotations: i.e. three volumes of record of teaching with the *Conclusion of Zhu Xi's Later Works* as the appendix; 2. five volumes of literature records; 3. ten volumes of official papers records; 4. seven volumes of essays and poems; 5. six volumes of miscellaneous supplementary records; 6. seven volumes of appendices, including three volumes of *chronicles*, two volumes of *appendix of chronicles*, one volume of *Merits and Virtues*, and one volume of the *appendix of Merits and Virtues*. This version is the so-called *Longqing Xie's Block-Printed Version* which is highly valuable and with great influence. Most later generations' publications of Wang Yangming's works were based on this block-printed version, including the *Complete Works of Master Wang Wencheng* in the *Collection of Chinese Philosophy Literature* published by Zhonghua Book Company. This version was published based on the *Longqing Xie's Block-Printed Version* published in the *Four Series of Classic Chinese Literature* with references to other versions. In this new version, typos and misuse of words have been corrected with accurate amendments provided, rendering the book into an excellent version of Wang Yangming's works and was used as the source text for this translation.

The ways of translating classical Chinese into modern Chinese include literal translation and paraphrasing. In literal translation, the words of the source text are kept to the greatest extent and are translated into modern Chinese based on linguistic principles without changing the word order of the source. Minor adjustments are made based on the linguistic rules of the modern Chinese language. In paraphrasing, the main idea of the source text is explained without having to be confined by the words and word order of the source. Occasionally certain additions are made to the grammar and sentences to improve readability. In this book, the translator combines literal translation and paraphrasing by adapting to the style of each article to achieve accuracy and readability. A most important reminder is that the modern Chinses translation could only be used as a reference in the reading of classical Chinese literature and should in no case replace the reading of the original text. Due to time and resource constraints, the profound meanings of Wang's work cannot be fully expressed by the translation. The translator would like to thank the readers for identifying any mistakes and missed points that may appear in the book.

出版の説明

翻訳：天津楽訳通翻訳サービス有限公司

王守仁（1472—1529）は、字が伯安で、浙江の余姚人である。その父は王華で、字が徳輝であり、成化十七年（1481）進士のトップである。守仁は生まれた時、その祖母は神人が雲の中から子供を届けることと夢見た故に、初めて雲といい、五歳になっても、なお話すことができず、異人が通りかかり、守仁に改名し、その後、話せるようになった。十五歳に居庸、山海関へ客に訪問し、塞外に出て、山や川の壮大さを見渡した。十七歳に上饒人の婁諒に拝謁し、それと朱子の事理を究める本旨を論じ、弱冠の時、郷試に行き、彼は軍事を語ることが好き、弓術にも長けた。二十八歳に弘治十二年（1499）の紳士に受かり、命令を受け、元威寧伯王越の葬儀を行い、また、刑部の主事を授け、江北で犯人を取り調べ、病気と称して故郷に帰り、兵部の主事を追任した。正徳元年（1506）の冬、守仁は三十四歳で、劉瑾は南京給事中御史の戴銑など二十人余りを逮捕し、守仁はがむしゃらに奏上し、それらを救おうとし、瑾が怒り、棒で四十殴り、貴州竜場駅丞に左遷された。竜場一帯はミャオ族・僚族人が雑居していた。守仁は彼らの風俗によって教化・指導し、少数民族と一緒に住んで、窮屈な際に、事理を究め、世間で「竜場悟道」と呼ばれた。後で、劉瑾が誅殺され、考察を経て、廬陵県知事に転じ、南京の刑部主事に入って武宗に会い、南京刑部主事に移り、屡々考功郎中、南京太僕少卿、鴻臚卿に移った。四十六歳に擢右佥都御史に抜擢され、南、贛を巡撫し、諸盗賊を平らげた。四十八歳の時に寧王朱宸濠が謀反し、守仁は兵を挙げ、凡そ三十五日間で盗賊を平らげた。四十九歳に南京兵部尚書に昇進し、新建伯に封じられた。五十歳に退職して、故郷に戻った。五十六歳に元官職兼左都御史、両広の総督兼巡撫を以て、思恩、田州へ征伐に行った。五十七歳、守仁の病気はすでに重かったから、老いた理由で故郷へ帰るよう上奏し、皇帝の命令をとても待たずに帰り、南安まで行ったら、門人の周積が病気の世話をし、遺言を問い、先生は言った:「この心は光明で、また、何も言う必要があるじゃないか。」病気で亡くなり、葬儀チームは江西を通りかかり、軍民は皆喪服を着て、泣きながら見送った。隆慶の初めに、新建侯を贈呈し、贈り名は文成で、万歴中で詔に従い、孔廟に孔子について、祭りされ、「先儒王子」と称された。全明時代には、文臣が兵を挙げ、勝利を制することができるのは、仁守のような者なし。危篤の際には、顔つきはますます定まり、知慮は余すところなく、天分が高いとしても、その中にある精神世界のおかげであろう!

明時代の中後期に朱学が天下を統一し、士風は無力に沈み、理学は利禄の門になることに過ぎず、王学が衰を起こして弊を救い、五百年間の道学統治を一変し、光は大きく放たれ,まさに梁啓超の言った通り:「姚江学が興り、この前の支離滅裂な学を挙げ、一掃した。明時代の末期百年間における学者はすべて奮発前進の気があり、前代と異なり、儒者には侠心があり、それを生んだのは、姚江なり。」その思想システムの形成と進化に対して、黄宗羲は『明儒学案』中で、はっきりとした論述がある:

先生の学は、初めに詞章に氾濫し、次に考亭の書を全部読み、順を追って格物を定め、物理を顧みて、吾心を最終的に二つ判断し、入を得ず。そこで仏、老者久之に出入りした。少数民族と一緒に住んで、窮屈な際に至り、心を動かして性を忍んで、聖人を念じるためここに更に何の道があるか。忽ち事物の道理を極め、聖人の道、吾性が自足し、仮外求せず。その学凡そ三変して、初めてその門を得たり。爾来、枝・葉を尽し、一念本元、黙座・心の安らぎを学とす。未発の中があり、初めて発があり、中節の和があることができ、視聴・言動、大体収束を主とし、発散するのはやむを得ないものである。江右以後、専ら「良知を致す」という三つ文字を言及し、黙座し、仮坐りしなく、心が澄むことを待たず、習わないで、

遠慮せず、出るには天則があるわけ。恐らく良知は即ち、未発の中で、この知の前に更に未発無し；良知は即ち中節の和で、この知の後、更に既発無し。この知は自ら収束でき、更に収束に主とする必要無し；この知は自ら発散でき、更に発散に期する必要無し。収束とは感の体、静かにしてから動かすなり；発散とは、寂の用、動かしてから静かにするなり。知の切実篤実なるところは即ち、行なり、行の明覚精察なるところは即ち、二とない。越に住んでから、益々成熟に取扱い、所得は益々精通し、常に是を知り、非を知り、常に是も非もなき、口を開けば、つまり本心を得、更に促成を仮借せず、赤日の空に当り、万象畢照の如し。学び取った後、また、この三変があるなり。

王氏の学はすでに盛んに大国に発展してき、その後学の支脈が繁多だけではなく、日本、朝鮮などの周辺国にも影響を深く及んだ。その学説の具体的な研究及び関連著作は汗牛充棟し、ここではもう贅言する必要なし。

王陽明は生前文字を立てずと主張し、弟子を教授したら、ほとんど口伝心授を主とし、全集の出世は明隆慶六年（1572）にあり、王門後学の謝廷傑はその時に流伝したのがそれぞれ本にされ、システムにならないで、「四方の学者は恐らくすっかり読めない」と深く感じ取り、そこで、王陽明が世に残った語録原稿を集め、全面的で、系統的な整理編集を行い、『王文成公全書』は凡そ三十八巻、合計で六大類に分けられる：一、語録三巻、即ち、『伝習録』三巻、そして、『朱子老後の定説』をその後于に附した；二、文録五巻；三、別録十巻；四、外集七巻、；五、続編六巻、；六、付録七巻、『年譜』三巻、『年譜付録』二巻、『世徳紀』一巻、『世徳紀付録』一巻を含む。これは、つまりいわゆる「隆慶謝氏刻本」で、その版本の価値がとても高いし、影響も広いし、後世の刊行・出版はほとんどこれを底本とする。その中で包括中華書局「理学叢書」で収録した『王文成公全書』を含み、当該本は『四部叢書』影印の明隆慶謝氏刻本を底本とし、その他本を参照し、元刻本中の俗字、誤字を改正し、点

検・校正は精良で、確かに後で出したものはもっと細かい作で、今回の現代語訳はつまり、この本を底本とする。

古書の現代語訳の方法は一般的に直訳と意訳という二種類に分けられ、直訳はできるだけ、原文の語彙を留保し、訓詁を拠り所とし、対訳し、一般的に原文の語順を変えず、或いは現代中国語の表現慣習に合わせて、やや調整を行う。意訳は本旨を表現することを主とし、原文の語彙と語順に拘らず、ある時、また文句文法上で補足を行うこともあり、訳本をより適切にさせる。本書は直訳と意訳の結び合い方を取り入れ、文に従ってもいいし、明白・流暢に準ずる。要するに、白話訳文はただ古書を読む参照・補助とするのみ、完全に原典に取って代わり、読むことができず。王氏の本はボリュームが大きく、思慮深いし、訳者のレベルは非常に限られているので、間違ったり、欠落したりすることが実に免れにくいし、誠に読者のご指摘を希望します。

总目录

第一册

第二册

第三册

第四册

第五册

第六册

第七册

第八册

第九册

第十册

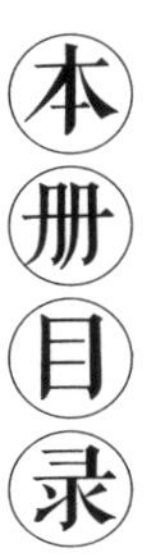

本册目录

卷之三　语录三

附录　朱子晚年定论

王文成公全书序

《王文成公全书》三十八卷，其首三卷为《语录》，公存时徐子曰仁辑。次二十八卷为《文录》，为《别录》，为《外集》，为《续编》，皆公薨后钱子洪甫辑。最后七卷为《年谱》，为《世德纪》，则近时洪甫与汝中王子辑而附焉者也。

译文

《王文成公全书》三十八卷，首三卷为《语录》，为王阳明（谥“文成”）在世时弟子徐爱（字曰仁）辑录。次二十八卷，分别是《文录》《别录》《外集》《续编》，均为他过世后弟子钱德洪（字洪甫）辑录，最后七卷为《年谱》《世德纪》，近时由钱德洪与王畿（字汝中）辑录附于前书。

隆庆壬申，侍御新建，谢奉命按浙，首修公祠，置田以供岁祀。已而阅公文，见所谓录若集各自为书，惧夫四方正学者或弗克尽读也，遂汇而寿诸梓，名曰《全书》，属阶序。

译文

隆庆六年（1572），王阳明被追封新建侯，谢廷杰奉命巡察浙地，首次修建王文成公祠，设田用以供每年祭祀。他阅读了王公之文，发现所谓录、集等文献各自成书，忧惧天下正学者不能尽读王书，于是汇总之并付梓刊印，名为《全书》，嘱我作序。

阶闻之道无隐显，无小大。隐也者，其精微之蕴于心者也，体也；显也者，其光华之著于外者也，用也。小也者，其用之散而为川流者也；大也者，其体之敛而为敦化者也。譬之天然不已之妙，默运于於穆之中，而日月星辰之丽，四时之行百物之生，灿然呈露而不可掩，是道之全也。古昔圣人具是道于心，而以时出之，或为文章，或为勋业。至其所谓文者，或施之朝廷，或用之邦国，或形诸家庭，或见诸师弟子之问答，与其日用应酬之常，虽制以事殊，语因人异，然莫非道之用也。故在言道者，必该体用之全，斯谓之善言。在学道者，亦必得体用之全，斯谓之善学。尝观《论语》述孔子心法之传，曰“一贯”。既已一言尽之，而其纪孔子之文，则自告时君，告列国之卿大夫，告诸弟子，告避世之徒，以及对阳货询厩人，答问馈之使，无一弗录，将使学者由显与小，以得其隐与大焉。是善言道者之准也，而其为学固亦可以见矣。唯文成公奋起圣远之后，慨世之言致知者求知于见闻，而不可与酬酢，不可与佑神，于是取《孟子》所谓良知，合诸《大学》，以为致良知之说。其大要以谓人心虚灵，莫不有知，唯不以私欲蔽塞其虚灵者，则不假外索，而于天下之事自无所感而不通，无所措而不当。盖诚意、正心、修身、齐家、治国、平天下，必先致知之本旨，而千变万化，一以贯之之道也。故尝语门人云：“良知之外更无知，致知之外更无学。”于时曰仁最称高第弟子，其录《传习》，公微言精义率已具其中。乃若公他所为文，则是所谓制殊语异，莫非道之用者，汇而梓之，岂唯公之书于是乎全，固读焉者所由以睹道之全也。谢君之为此，其嘉惠后学不已至欤！虽然，谢君所望于后学非徒读其书已也。凡读书者以身践之，则书与我为一；以言视之，则判然二耳。《论语》之为书，世未尝有不读，然而一贯之唯自曾子以后无闻焉。岂以言视之之过乎？自公致良知之说兴，士之获闻者众矣。其果能自致其良知，卓然践之以身否也？夫能践之以身，则于公所垂训，诵其一言而已足，参诸《传习录》而已繁，否则虽尽读公之书无益也。阶不敏，愿相与戒之。

译文

我听闻道没有显隐，没有小大。一定要说的话，隐是道的精义藏蕴于心，是道之体。显是道的光华显著于外，是道之用；小者是道之用广泛分散如同山川河流，大者是道之体聚敛能行敦习教化。如天一般运行不已，默然运化，而日月星辰之明丽，四季推移百物化生，光耀显露不可遮掩，这是由于道是全面的。古代时圣人心中都具有此道，随时而表现出来，或是著为文章，或是建立功业。至于由道所成之“文”，或施于朝廷，或用于国家，或显于家庭，或在师傅弟子问答间体现，这些与日常应对酬答虽形式不同，事类有别，所用言语也因人而异，但均是道的具体应用。所以言说道，必须包括体和用，这才可以称为善学。我曾观《论语》中记述孔子心法传授，概括为“一以贯之”，既然说用此一言可以说尽，则《论语》记孔子之“文”，从告谕君主，说与各国卿、大夫，说与弟子，说与避世者，及与阳货对话，马厩起火后询问养马人，应答前来馈赠的使者，无一不录，意在令学者从言语记载的道之用的显明和细小处，得以领会“道”隐藏的意蕴和重大的意义。这是善于以言传道之人的标准，而夫子的为学之法也可从中得见。王文成公奋起在圣人远贤之后，感慨世上言说“致知”之人只从所见所闻中求知，而不能够与其相互酬酢，不能联系护佑人的神明，于是取《孟子》中所谈及的良知，合之于《大学》，来形成一套致良知的学说。学说的要旨认为人的心是虚空有灵的，没有心不知的东西，唯有不用私欲来遮蔽阻塞心的灵性，那么不需要借助外力，对于天下之事就可以有所感应而无所不通。所以诚意、正心、修身、齐家、治国、平天下，必须知道致知的本旨，千变万化，都是由此道理来贯通。所以他曾对门人说：“良知之外没有其他知识，致知之外没有其他学问。”当时徐爱是王阳明弟子中杰出者，辑成《传习》，将王阳明的精微言语与深刻道理都收录其中。至于其他王阳明的文章，则是形式不同言语有差异，均可视为道之用，汇编刊印，不仅将王阳明的书收录齐全，阅读该书之人更可以由此来观道之全貌。谢廷杰这番行为，实在是能够不断嘉慧后来学人。即使如此，谢君也期望后学不是仅读王公之书。凡读书应该将书中道理以身实践，那么书和我才能合而为一，只看书上言语，书和人还是截然两回事。《论语》其书，世人都读，但书中一以贯之的道理在曾子之后就没有听闻了。难道不是只看书之言（而不践行）导致的吗？从王阳明提出的致良知之学兴起，士人听闻学习者众多。他们是否确实能够致其良知，以身实践这种道理呢？那些能够亲身实践的人，对于王阳明所垂教，诵习一句话也足够了，参考于《传习录》都显繁复。如果不能如此，把王书全部读完也没有助益。我徐阶不是聪敏之人，愿与大家一起用以此言警戒自己。

谢君名廷杰，字宗圣。其为政崇节义，育人才，立保甲，厚风俗，动以公为师，盖非徒读公书者也。

译文

谢君名为廷杰，字宗圣。他为政崇尚节义，培育人才，建立保甲制度，敦厚当地风俗，行动均以王阳明为师，他就是不白白诵读王书之人。

赐进士及第、特进光禄大夫、柱国、少师兼太子太师、吏部尚书、建极殿大学士、知制诰、知经筵事、国史总裁致仕，后学华亭徐阶序。

译文

原赐进士及第、特进光禄大夫、柱国、少师兼太子太师、吏部尚书、建极殿大学士、知制诰、知经筵事、国史总裁，后学华亭徐阶作序。

诰命

奉天承运，皇帝制曰：

竭忠尽瘁，固人臣职分之常；崇德报功，实国家激劝之典。矧通侯班爵，崇亚上公，而节惠易名，荣逾华衮。事必待乎论定，恩岂容以久虚？尔故原任新建伯、南京兵部尚书兼都察院左都御史王守仁，维岳降灵，自天佑命。爰从弱冠，屹为宇宙人豪；甫拜省郎，独奋乾坤正论。身濒危而志愈壮，道处困而造弥深。绍尧、孔之心传，微言式阐；倡周、程之道术，来学攸宗。蕴蓄既宏，猷为丕著；遗艰投大，随试皆宜；戡乱解纷，无施弗效。闽、粤之箐巢尽扫，而擒纵如神；东南之黎庶举安，而文武足宪。爰及逆藩称乱，尤资杖钺渊谋，旋凯奏功，速于吴、楚之三月，出奇决胜，迈彼淮、蔡之中宵。是嘉社稷之伟勋，申盟带砺之异数。既复抚夷两广，旋致格苗七旬。谤起功高，赏移罚重。爰遵遗诏，兼采公评。续相国之生封，时而旌伐；追曲江之殊恤，庶以酬劳。兹特赠为新建侯，谥文成，锡之诰命。於戏！钟鼎勒铭，嗣美东征之烈；券纶昭锡，世登南国之功。永为一代之宗臣，实耀千年之史册。冥灵不昧，宠命其承！隆庆二年十月十七日。（制诰之宝）

译文

奉天承运皇帝的诏书说：

极尽忠诚，竭力王事，本来就是人臣职责所在；尊崇有德者，酬报有功者，实为国家激励劝勉士人的典制。况且王守仁封侯加爵，尊崇仅次于上公；而颁赐谥号，荣誉更超王公贵族。此事必须经过考校定评，而皇恩又岂容长久虚置。原新建伯南京兵部尚书兼督察院左都御史王守仁，出生不凡，禀受天命。二十来岁就顶天立地，足称宇宙间的人杰；刚刚担任省郎时，更独自奋力倡导天地间的正论。身临危难而他的志气愈发宏壮，道学处于困境而他的造诣更加深厚。继承唐尧、孔子的真传，阐发其微言大义；倡导周敦颐、二程的学术，使后来学者有所取法。他的学问储积亦宏富，谋略更为显扬。委与他艰难的任务、重大的职责，每次都能妥善完成；戡定叛乱，解决纷争，他的措施尽皆奏效。闽、粤贼寇巢穴一扫而尽，用兵如神；东南百姓得以安定，文治武功堪称典范。及至逆藩朱宸濠叛乱，更依仗他军事上的渊谋远略。胜利之速，超过了汉景帝三个月平定“七国之乱”；出奇制胜，更胜裴度夜半奇兵平定临淮、蔡州的叛乱。这是嘉奖有功于社稷的伟大勋业，申明封爵这一特殊恩宠。而后他平定两广的夷人叛乱，使边民臣服。因功勋卓著而易遭诽谤，惩罚过重而恩赏变更。于是遵承遗诏，又采纳大众的评议，如同汉萧何封侯，适时表彰；唐玄宗在曲江追祭大臣，以示酬劳。今特封王守仁为新建侯，谥文成，颁赐诰命。呜呼！将他东征的功绩镌刻于钟鼎之上，为他在南国建立的功勋颁赐诏书。永为一代名臣，彪炳史册。愿在天有灵，受此殊荣。隆庆二年十月十七日。（制诰之宝）

旧序

传习录序

门人徐爱撰

门人有私录阳明先生之言者，先生闻之，谓之曰："圣贤教人如医用药，皆因病立方，酌其虚实温凉、阴阳内外，而时时加减之，要在去病，初无定说。若拘执一方，鲜不杀人矣。今某与诸君不过各就偏蔽箴切砥砺，但能改化，即吾言已为赘疣。若遂守为成训，他日误己误人，某之罪过可复追赎乎？"爱既备录先生之教，同门之友有以是相规者，爱因谓之曰："如子之言，即又拘执一方，复失先生之意矣。孔子谓子贡，尝曰'予欲无言'，他日则曰'吾与回言终日'，又何言之不一邪？盖子贡专求圣人于言语之间，故孔子以无言警之，使之实体诸心，以求自得。颜子于孔子之言，默识心通无不在己，故与之言终日，若决江河而之海也。故孔子于子贡之无言不为少，于颜子之终日言不为多，各当其可而已。今备录先生之语，固非先生之所欲。使吾侪常在先生之门，亦何事于此？惟或有时而去侧，同门之友又皆离群索居。当是之时，仪刑既远而规切无闻，如爱之驽劣，非得先生之言时时对越警发之，其不摧堕靡废者几希矣。吾侪于先生之言，苟徒入耳出口，不体诸身，则爱之录此，实先生之罪人矣。使能得之言意之表，而诚诸践履之实，则斯录也，固先生终日言之之心也，可少乎哉？”录成，因复识此于首篇以告同志。门人徐爱序。

译文

门人中有私下记录阳明先生言语的人，先生听闻后，告诉他说：“圣贤教育人如同医者用药，都是要因病情下方子，斟酌病人的虚实温凉、阴阳内外，而随时加减用药之量，关键在于去除病痛，起初并没有固定的说法。如果拘泥在一个方子上，鲜少有不杀人的。今日我与各位不过是就着各人的偏狭问题相互切磋砥砺，只要能够改正变化，我的言语就已经成为累赘了。若将此言作为教条，以后误人误己，我的罪过无可追改弥补啊！”我已经将先生的教诲完整记录下来，同门之间有用此来相互规劝的，我对他们说：“你们的这种说法，就又是拘泥在一个方子上，失先生的本义了。孔子曾对子贡说‘我不想讲什么’，他日又说‘我与颜回终日谈话’，为什么言语前后不一呢？大约子贡专门从言语之间探求圣人之意，所以孔子以‘无言’来警示他，令他于心上切实体会道理，自己能够真正有所收获。颜回对于孔子的言语，都默识于心并理解通达，化为自己的知识，所以夫子可以整日与他言谈，滔滔不绝如决江入海。所以孔子面对子贡，不说话也不为少，面对颜回，终日说话也不为多，各以恰当的方式教育罢了。现在我将先生言语全部记录，固然不是先生所希望的，假使吾辈能够一直在先生门下，又何须这样做呢？只因为不时会离开先生身侧，同学之人又离群索居。在这种时候，远离先生的教诲轨范，无法聆听先生规诫，像我这般驽钝顽劣，如果没有先生的言语时时警戒启发，很容易就堕落靡费了。我辈对于先生之言，如果只能够从耳入从口出，不能够亲身实践，那么我记录这些内容，实在是先生的罪人。如果能够理解言语表达的意思，诚实地付诸实践，那么这些记录，就是先生终日言谈的用意了，那这些记录岂能缺少呢？”记录完毕，复将此篇记于开头，以告知同志之人。门人徐爱作序。

阳明先生文录序

门人邹守益

钱子德洪刻先师《文录》于姑苏，自述其裒次之意：以纯于讲学明道者为《正录》，曰明其志也；以诗赋及酬应者为《外集》，曰尽其全也；以奏疏及文移为《别录》，曰究其施也。于是先师之言灿然聚矣。以守益与闻绪言之教也，寓简使序之。

译文

钱德洪在姑苏刊刻先师的《文录》，自述其编次的用意：以纯粹讲学明道为《正录》，意在彰明先生志向；将词赋酬答作品为《外集》，意在穷尽先生学问之全体。以奏疏公文为《别录》，意在探求先生的施为。这样先师的全部言论粲然成编。因我曾听闻老师的教诲，寓简请我作序。

守益拜手而言曰：知言诚未易哉！昔者孔夫子之在春秋也，从游者三千，速肖者七十矣，而犹有莫我知之叹，叹夫以言语求之而眩其真也。夫子既没，门弟子欲以所事夫子者事有子。夷考其取于有子，亦曰甚矣，其言之似夫子也。则下学上达之功，其著且察者鲜矣。推尊之词，要亦足以及之。贤于尧、舜，尧、舜未易贤也。走兽之于麟，飞鸟之于凤，虽勉而企之，其道无繇，不几于绝德乎？礼乐之等，最为近之。然犹自闻见而求，终不若秋阳江汉，直悟本体，为简易而切实也。盖在圣门，惟不迁怒不贰过之颜，语之而不惰。其次则忠恕之曾，足以任重而道远。故再传而以祖述宪章。譬诸天地四时三传，而以仕止久速之时，比诸大成，比诸巧力，宛然江汉秋阳家法也。秦、汉以来，专以训诂，杂以佛、老，侈以词章，而皓皓肫肫之学，淆杂偏陂而莫或救之。逮于濂、洛，始粹然克续其传。论圣之可学，则以一者无欲为要，答定性之功，则以大公顺应，学天地圣人之常。嗟乎！是岂尝试而悬断之者乎？其后剖析愈精，考拟愈繁，著述愈富，而支离愈甚。间有觉其非而欲挽焉，则又未能尽追窠臼而洗濯之。至我阳明先师慨然深探其统，历艰履险，磨瑕去垢，独揭良知，力拯群迷，犯天下之谤而不自恤也。有志之士，稍稍如梦而觉，溯濂、洛以达洙、泗，非先师之功乎？以益之不类，再见于虔，再别于南昌，三至于会稽，窃窥先师之道愈简易，愈广大，愈切实，愈高明，望望然而莫知其所止也。当时有称先师者曰：“古之名世，或以文章，或以政事，或以气节，或以勋烈，而公克兼之。独除却讲学一节，即全人矣。”先师笑曰：“某愿从事讲学一节，尽除却四者，亦无愧全人。”又有訾讪之者。先师曰：“古之狂者，嘐嘐圣人而行不掩，世所谓败阙也，而圣门以列中行之次。忠信廉洁，刺之无可刺，世所谓完全也，而圣门以为德之贼。某愿为狂以进取，不愿为愿以媚世。”呜呼！今之不知公者，果疑其为狂乎？其知公者，果能尽除四者而信其为全人乎？良知之明，烝民所同，本自皓皓，本自肫肫，常寂，常感，常神，常化，常虚，常直，常大公，常顺应，患在自私用智之欲所障，始有所尚，始有所倚。不倚不尚，本体呈露，宣之为文章，措之为政事，犯颜敢谏为气节，诛乱讨贼为勋烈，是四者皆一之流行也。学出于一，则以言求心矣；学出于二，则以言求言矣。守益方病于二之而未瘳也，故反覆以质于吾党。吾党欲求知言之要，其惟自致其良知乎？嘉靖丙申春三月。

译文

守益拜手：我深知言说殊为不易。昔日孔子在春秋，有弟子三千，其中七十子深得夫子真传。夫子还感叹无人了解自己，感叹以言语求真理，真理容易被言语遮蔽。夫子去世后，门人弟子想以同等的礼节侍奉有子，考察有子其人，言行确实与夫子相似，上学下达之功，能昭明显著者极少。推崇拥戴之词，说他足以企及圣人。尧、舜未改变自己的贤能。走兽较之于麒麟，飞鸟较之于凤凰，虽勉励追赶，仍差距遥远，圣人的至德不是几乎绝迹吗？礼乐之类是最接近圣人之学的，但后人都是从听闻中学习，终究不像夫子之学如秋阳江汉一般，是直接领悟本体来的简易真切。在夫子门下，惟有不迁怒不再犯同样错误的颜回，被不停提到；其次是行忠恕之道的曾子足以承担重任，传播孔子之道。因此孔门再传弟子还能遵从前代学说，譬如天地四季运行有序。到了三传弟子多出仕为官，经历日久，有人学问大成，有人巧力发展，孔门家法重又显明。秦汉以来，儒者专以训诂为事，杂入佛老之学，追求奢靡辞章，孔门浩然纯洁的学问，混淆偏颇无法挽救，至北宋周敦颐与二程，才接续了纯粹的圣学传统。论可学作圣人，以无私欲为关键，以廓然大公来做定性的功夫，学习天地圣人的常理。哎！这岂不是空谈学问吗？分析越是精密，考察越是繁复，著述越是丰厚，而学问越是破碎支离。期间有觉察问题想要补救的人，又未能尽数将问题清除，到先师阳明才深入探究学统，历经艰险，除去瑕疵，解释良知之学，力求拯救学者于迷途，冒天下之人的诽谤不自体恤。有志之士，才能稍微觉醒，顺承程朱之学而达于孔孟之道，不是先师的功绩吗？我不才，于虔州两次见到先生，于南昌两次与先生作别，三次来到会稽，自认为先师的学问越发简易广大，切实高明，瞻顾先生学问而没有穷尽。当时有人称赞先师："古代闻名于世之人，或因文章，或因政事，或因气节，或因功勋，先生兼而有之，除了讲学一节，就是全人了。"先师笑着回应："我愿意从事讲学一事，其他四者都抛却，也无愧于全人。"又有讥讽他的人。先师说："古时候的狂者志大言夸，圣人不掩饰自己的行为，世人都称此狂人有过失，而圣门将其列在中行之列。忠信廉洁，无可指摘的人，世上人都说他是全人，在圣人门下却被认为是德之贼。我愿意以狂为进取，不愿违背志向谄媚世人。"哎！现在不知先师的人，是真的怀疑他是狂人吗？知道先师的人，真的能够抛开那四者还认为先生是全人吗？良知昭明，所有人都一样，良知出自纯洁，出自本然，常寂静常有感，神妙化育，常虚常正直，常廓然大公，常顺应天理，所患只在私欲蒙蔽。过和偏都不得本体，只有不偏不倚，才能显出本体。发为文章，施为政事，敢犯颜冒死直谏的为气节，平定四乱讨伐乱贼的为功勋烈士，四者都是同样的天理流行。学问要出于天理，求之于自己的本心；学不遵循一理，出之于二，就是只会以空言求之。守益深怕学出于二而为病，因此反复和同门校质，我等要明白言学之要，只有通过自己致良知实现。嘉靖丙申年春三月。

阳明先生文录序

门人钱德洪撰

古之立教有三：有意教，有政教，有言教。太上之世，民涵真性，嗜欲未涉，圣人者特相示以意已矣，若伏羲陈奇偶以指象是也。而民遂各以意会，不逆于心，群物以游，熙如也。是之谓意教。中古之民，风气渐开，示之以意，若病不足矣。圣人者出，则为之经制立法，使之自厚其生，自利其用，自正其德，而民亦相忘于政化之中，各足其愿，日入于善，而不知谁之所使。是以政教之也。自后圣王不作，皇度不张，民失所趋，俗非其习，而圣人之意日湮以晦，怀世道者忧之，而处非其任，则哓哓以空言觉天下，是故始有以言教也。

译文

古人立教育有三种方式：有意教之，有政事教之，有以言语教之，太上之世百姓性情纯真，未涉及私欲，圣人特以意来教导，像伏羲画卦以指象，百姓于是各自能够领会，不违背己心，与群物同游，生活热闹和美，这就叫做意教。中古的百姓，风气逐渐打开，示之以意，已经不足以疗治社会的毛病。圣人出世，就为其确立标准，使百姓能够增厚生命，自觉端正德行，而人民忘记政治的教化的束缚，各自能够满足愿望，逐渐归于良善，而不知是被谁所驱使的，这是政教。在此之后，圣王不作，法度不彰，百姓失去归向，习俗日益衰败，而圣人之意也日益晦暗，担忧世道的人不得其位，只能以空言来拯救天下，因此开始出现言教。

噫！立教而至于以言则难矣！昔者孔子之在春秋也，其所与世谆谆者皆性所同也。然于习俗所趋无征焉，乃哄起而异之曰：“是将夺吾之所习，而蹶吾之所趋也！”或有非笑而诋訾之者。三千之徒，其庶几能自拔于流俗，不与众非笑诋訾之者乎？然而天下之大也，其能自拔于俗，不与众非笑诋訾者，仅三千人焉。岂非空言动众，终不若躬见于政事之为易也？夫三千之中称好学者，颜氏之外又无多闻焉。岂速肖之士知自拔于俗矣，尚未能尽脱乎俗习耶？一洗俗习之陋，直超自性之真，而尽得圣人千古不尽之意者，岂颜氏之所独耶？然而三千之徒，其于夫子之言也，犹面授也。秦火而后，掇拾于汉儒者，多似是而失真矣。后之儒者复以己见臆说，尽取其言而支离决裂之。噫！诚面授也，尚未免于俗习焉，并取其言而乱之，则后之怀世道者，复将何恃以自植于世耶？

译文

用言语来立教是极难得，昔日孔子在春秋，向世人谆谆告诫都是源于本性相同。对于习俗追逐的就无所取，于是时人一哄而起感到怪异说："这是夺去我所习惯的，践踏我所追求的。"有人非难耻笑他三千弟子，几乎都能够脱于流俗，不和一般人一起嘲笑诋毁他吗？然而如此大的天下，能够超脱于流俗，不和众人一起嘲笑诋毁的，也只有这三千人。说能感动众人岂不是空言？洗去习俗的鄙陋，超脱入本性之真，能尽数领会孔子学问千古不尽用意的，岂非只有颜回？然而三千弟子，对于夫子之言，依然是当面受教，秦始皇焚书之后，汉儒拾掇残存，似乎多有失真。后世儒者以自己的意见臆说，使得言辞支离破碎。哎！即使当面传授，都难免于被世俗习气影响，取其言语而胡乱使用，后世关怀世道的人，将凭借什么来自树立于世呢？

吾师阳明先生蚤有志于圣人之道，求之俗习而无取也，求之世儒之学而无得也，乃一洗俗习之陋、世儒之说，而自证以吾之心焉。殚思力践，竭精瘁志，卒乃豁然有见于良知，而千古圣人不尽之意复得以大明于世。噫！亦难矣！世之闻吾先生之言者，其皆肯自拔于流俗，不与众非笑诋訾之乎？其皆肯一洗俗习之陋、世儒之说，而独证以吾之心乎？夫非笑诋訾，在孔子犹不免焉，于当世乎奚病？特病其未之或闻焉耳。如其有闻也，则知先生之所言者，非先生之言也，吾之心也。吾心之知不以太上而古，不以当世而今，不待示而得，不依政而行，俗习所不能湮，异说所不能淆，特在乎有超世特立之志，自证而自得之耳。有超世特立之志者，而一触其知，真如去目之尘沙以还光也，拔耳之木楔以还聪也，解支体之束缚以自舒也，去污秽而就高明，撤蔽障而合大同，以复中古之政，超太上之意，亦已矣。又奚以俗习之陋、世儒之说为哉？

译文

先师阳明先生早年就有志于圣人之道，认为习俗不可取，向世儒学习没有所得，于是洗去习俗的鄙陋、世儒的说法，而自考证己心。殚精竭虑，鞠躬尽瘁，终于有见于良知之学，千古圣人不尽的深意得以重新彰明于世。哎，真是很难，世上听闻先生之学的人，都肯自觉脱于流俗，不与众人非难、讥笑、诋毁他吗？都愿意洗脱习俗之陋，世儒之说，而独以自己的心来证学吗？非难、讥笑、诋毁，对于孔子也难以避免，先生又哪里会指责当世人这样做呢？先生所担忧的是世上的人没有听闻他的学说，如果听完他的学说，就知道先生所说的不是先生的言语，而是我的心，我的心不知古今异同，不需要意教政教，习俗不能淹没，异端的学说不能混淆，有超世独立的志向，能够自证自得。有超脱世俗志向的人，一旦接触到这种发自内心的良知，就好比清除掉了藏在眼中的尘沙一样，重新看见了光明；就像把塞在耳中的木楔拔掉了，重新具有了听的能力；就像把捆缚肢体的绳索解除了，能自由地舒展。消除污秽低俗的境地就能接近高远清明，拆除遮蔽的障碍就会合于大同，从而来恢复中古时代的德政，达到太上时代的意会也是可能的，所以怎么能把俗习的弊陋、世儒的妄说看作是正确的呢？

先生之言，世之信从者日众矣。特其文字之行于世者，或杂夫少年未定之论。愚惧后之乱先生之学者，即是先生之言始也。乃取其少年未定之论，尽删而去之。详披缔阅，参酌众见，得至一之言五卷焉。其余或发之题咏，或见之政事者，则厘为《外集》《别录》。复以日月前后顺而次之，庶几知道者读之，其知有所取乎？虽然，是录先生之言也，特入珍藏之扃钥也。珍藏不守，乃屑屑焉扃钥之是竞，岂非舍其所重而自任其所轻耶？兹不能无愧于是录之成云尔。

译文

先生的学说，世上信奉的人日益增多。只是先生在世上流传文字，有的夹杂着他少年时未定的看法。我担忧后世扰乱先生思想的人，就是从这些言论开始的。于是取其少年未定之论全部删去，详细翻阅斟酌，参考众人意见，总得思想一贯的言论共五卷。其余的文字有的专事题咏，有的表述政事，就分别编为《外集》和《别录》，又按照时间先后，顺序排列，大概懂得学问的人读了以后，一定能从中有所收获吧！即使这样，这只是记录先生的话，如果只是把它珍藏在加锁钥的书库里，专主珍藏却不知阅读领会，这样难道不是颠倒轻重了吗？那就愧对了这本文录的汇集了。

重刻阳明先生文录后语

门人王畿撰

道必待言而传，夫子尝以无言为警矣。言者，所由以入于道之诠，凡待言而传者，皆下学也。学者之于言也，犹之暗者之于烛，跛者之于杖也。有触发之义焉，有栽培之义焉，而其机则存乎心悟。不得于心而泥于言，非善于学者也。我阳明先师倡明圣学，以良知之说觉天下，天下靡然从之。是虽入道之玄诠，亦下学事，载诸录者详矣。吾党之从事于师说也，其未得之，果能有所触发否乎？其得之也，果能有所栽培否乎？其得而玩之也，果能有所印正否乎？得也者，非得之于言，得之于心也，契之于心，忘乎言者也。犹之烛之资乎明，杖之辅乎行，其机则存乎目与足，非外物所得而与也。若夫玩而忘之，从容默识，无所待而自中乎道，斯则无言之旨，上达之机，固吾梅林公重刻是录，相与嘉惠而申警之意也。不然，则圣学亡而先师之意荒矣。吾党勖诸！

译文

道一定需要通过言语来传达。夫子曾以无言为警戒，言语是入于道的手段，凡是需要凭借言语才能传达的，都是下等的学问。学者对于言语。就像昏暗的人要用蜡烛，跛脚的人要用拐杖一样，有触动启发的意义，有栽培的意义，而它的要点是要从心上领悟，不能以心拘泥于言语。这样做的话，就不是善于学习的人了。我的先师阳明先生昌明圣人之学，以良知之说觉悟天下，天下风靡跟从，虽言语只是入道的辅助，也是下等的学问，但对师说抄录刊载十分详尽，我等学习先师的学问还没有完全领会，哪里能够启发自己呢？所领悟到的，果真足以栽培自己吗？涵养玩味所学，真的能够印证于心吗？领悟学问不是仅从言语上明白，要从心上明白，要与心中契合，忘掉言语。就像蜡烛是为了照明，手杖是为了辅助行走，它的关键是在于眼睛和足，而不是外物本身。如果体会言语，玩味遗忘它，从容领会，无所依凭，符合中道，这就是无言的要旨，是上达学问的关键。梅林公重新刻《文录》，是嘉慧我等学人并申诫警醒之意，否则圣学泯灭先师之意慌殆，我等要共勉！

阳明先生文录续编序

后学徐阶撰

余姚钱子洪甫既刻《阳明先生文录》以传，又求诸四方，得先生所著《大学或问》《五经臆说》、序、记、书、疏等若干卷，题曰《文录续编》，而属嘉兴守六安徐侯以正刻之。刻成，侯谋于洪甫及王子汝中，遣郡博张编、海宁诸生董启予问序于阶。

译文

浙江余姚的钱德洪，已经刊刻《阳明先生文录》传播于世后，又向四方索求先生的文稿，得先生所著的《大学或问》《五经臆说》、序、记、书、疏等若干卷，题名为《文录续编》，并嘱咐浙江嘉兴的太守六安人徐侯把它刻印出来。刻成以后，徐侯和钱德洪及王汝中商量，派遣郡博张编、海宁诸生董启予让我作序。

阶曰："先生之文，非浅薄所敢序也。虽然，阶尝从洪甫、汝中窃闻先生之学矣。夫学，非独倡始难也，其传而不失其宗，盖亦不易焉。自孔子没，《大学》格致之旨晦。其在俗儒，率外心以求知，终其身汩溺于见闻记诵，而高明之士，又率慕径约，贵自然，沦入于二氏而不自觉。先生崛起千载之后，毅然以谓致知者致吾心之良知也。吾心之良知，不待虑而知，不待学而能，是乃天命之性，吾心灵昭明觉之本体也。惟不自欺其良知，斯知致而意可诚矣。格者，正也。正其不正以归于正也。物者，事也。事各归于正，而吾良知之所知始无亏缺障蔽，得以极其致矣。举知而归诸良，举致知而归诸正物，盖先生之学不汩于俗，亦不入于空如此。于时闻者幸知口耳之可耻，然其辟之或激于太过，幸有见夫心体之当求，然其拟之或涉于太轻。于是超顿之说兴，至举践履之实，积累之功，尽诋以为不足务。脱于俗，顾转而趋于空，则先生之学有不待夫传之既久，乃始失其宗者，兹岂非学先生者之所忧乎？洪甫辑为是编，其志固将以救之。其《自序》曰：'言近而旨远，此吾师中行之证也。'又曰：'吾师之教，平易切实，而圣智神化之机，固已跃然，不必更为别说。'洪甫之于师传，其阐明翼卫，视先生之于孔氏，有功等矣。夫三代以前，学与政合而出于一，虞廷之命官，与其所陈之《谟》，皆精一执中之运用也。故曰三代之治本于道，三代之道本于心。而后世论学，既指夫俗与空者当之，其论政又指夫期会簿书当之，谬迷日甚而未已也。徐侯方从事于政，独能聚诸生以讲先生之学，汲汲焉刻是编以诏之，其异于世之为者欤？使凡领郡者皆徐侯其人，先生之学明而洪甫之忧可释也。阶生晚，不及登先生之门。然昔孟子自谓于孔子为私淑，至其自任闲先王之道以承孔子，则虽见目为好辩而不辞。故辄以侯请，僭为之序。呜呼！观者其尚亮阶之志也夫！"

徐阶说："先生的文章，不是学识浅薄的人敢作序的，即使我曾跟随洪甫、洪中二位听从了先生的教诲。学问不止创立的时候艰难，传播而不失宗

旨也极为不易。自从孔子去世后，《大学》格物致知要旨就晦暗了，俗儒只知向外界求知，终身沉溺在听闻记诵中，高明之士，又大都崇尚简约，贵重自然。陷于佛老二氏之说而不能自觉，先生崛起于千载之后，毅然称致知实现内心的良知。我心的良知，不依思虑而获得，不依学习而具备，这是上天所赋予之本性。我的心是空灵明觉的本体。只要自己不欺瞒自己的良知，这样良知能够扩充而意志能诚笃。格就是正，使不正者归于正；物就是事，使万事各自归于正，那么我的良知所知，才没有缺陷和障碍，极致的良知才能实现。把知归于良，把致知归于修正万事。先生的学问，不拘泥于世俗，也不入于空洞。当时听闻此说的人有幸意识到口耳所闻见的可耻，然而有为避免这种缺欠，做得愤激太过。有幸意识到从心体进行求索，然而有模拟功夫不到位，因此顿悟的学说兴起，至于亲身实践，日积月累，都诋毁先生的学说不足以学。能脱于世俗追求空虚，那先生的学问，不待传播久远，就会失去原来的宗旨，这难道不是学习先生之人最担心的吗？洪浦汇集这个续编，志在挽救弊病。他在《自序》里说：‘言辞切近而意旨深远，这正先师所行中正的明证。’又说：‘先师的教诲，平易切实，于圣人之学的关键，已经清楚讲明，不必再讲什么。’钱德洪看待师传，阐述发明护持先生的学说，把先生看作和孔子一样是有功绩的人。在三代以前，学问和政事是合而为一的；虞时朝廷的官员和他陈述的文章，都是精一执中的运用。因此说三代之治是以大道为根本的，三代的大道，来源于心。后代讲论学问，讨论世俗和虚空之说，讲论政事又专指期会簿书，错误不停加深。徐侯当时从事政务，能把诸生聚集来讲述先生的学问，并务求把这部续编刻印出来传播学术，他的所作所为与世人是大为不同吧？假使做郡守之人都像徐侯，那么先生的学问就会昭明天下，钱德洪的担忧就能够消解了。我出生晚，没有赶得上入阳明先生门下，然而以前孟子自认为是孔子的私淑，自行学习先王之道将自己视为继承孔子，虽然被视为好辩也不辞让，因为徐侯之求，我冒昧作序。哎，希望能体会先生的高风亮节！”

刻文录叙说

德洪曰："嘉靖丁亥四月，时邹谦之谪广德，以所录先生文稿请刻。先生止之曰：'不可。吾党学问，幸得头脑，须鞭辟近里，务求实得，一切繁文靡好，传之恐眩人耳目，不录可也。'谦之复请不已，先生乃取近稿三之一，标揭年月，命德洪编次。复遗书曰：'所录以年月为次，不复分别体类者，盖专以讲学明道为事，不在文辞体制间也。'明日，德洪掇拾所遗复请刻。先生曰：'此爱惜文辞之心也。昔者孔子删述《六经》，若以文辞为心，如唐、虞、三代，自《典》《谟》而下，岂止数篇？正惟一以明道为志，故所述可以垂教万世。吾党志在明道，复以爱惜文字为心，便不可入尧、舜之道矣。'德洪复请不已，乃许数篇，次为《附录》，以遗谦之，今之广德板是也。"

译文

德洪说："嘉靖丁亥四月，当时邹谦之贬官到广德，将抄录先生的文稿请求刊刻。先生制止说：'不行，我等的学问，需要抓住主旨，鞭辟入里，务求切实明白，一切繁复文字，恐怕会迷惑人的听闻，不刊录也可。'谦之多次请求，先生于是将近日文稿的三分之一拿出，标明年月，让德洪编定。又写信说：'所记录的是按照年月为顺序，不再分别体类，专以讲学明道为目的，不在乎文辞体制。'第二天，德洪收集一些遗稿又请求刻印，先生说：'这是爱惜文辞的心意。以前，孔子删述六经，如果用心在文辞上，那唐虞三代，从尚书以后，岂止有数篇留存下来？正因专以明道为目的，所以删述的内容能万世垂教，我等的志向在明道，若以爱惜文辞为意，那就不能进入尧舜的大道了。'德洪又多次地请求，先生就答应用几篇，作为附录，把它交给谦之，就是现在的广德版。"

先生读《文录》，谓学者曰："此编以年月为次，使后世学者，知吾所学前后进诣不同。"又曰："某此意思赖诸贤信而不疑，须口口相传，广布同志，庶几不坠。若笔之于书，乃是异日事，必不得已，然后为此耳。”又曰：“讲学须得与人人面授，然后得其所疑，时其浅深而语之。才涉纸笔，便十不能尽一二。”戊子年冬，先生时在两广谢病归，将下庾岭。德洪与王汝中闻之，乃自钱塘趋迎。至龙游闻讣，遂趋广信，讣告同门，约每越三年遣人裒录遗言。明日又进贵溪，扶丧还玉山。至草萍驿，戒记书箧，故诸稿幸免散逸。自后同门各以所录见遗，既七年，壬辰，德洪居吴，始较定篇类。复为《购遗文》一疏，遣安成王生自闽、粤由洪都入岭表，抵苍梧，取道荆、湘，还自金陵，又获所未备。然后谋诸提学侍御闻人邦正，入梓以行。《文录》之有《外集》《别录》，遵《附录》例也。

译文

先生读《文录》对学生说：“这一编是按照年月为序的，这样能让后世学者知道我的学问前期和后期所达到的不同程度。”又说：“我的想法，依靠各位贤者的信而不疑，口口相传后，广泛传播于同志之人中，不要让学问消失。要记录成书，那是以后的事了，到不得已之时，再这样做。”又说：“讲学必须要当面传授，然后在知晓他疑惑，按其理解深浅告诉他，只是在纸笔上进行传授，那么就连十分之一、二都不能理解到。”戊子年冬，先生当时在两广因病离职回家，将要经过庾岭，德洪和王汝中听说，就赶忙从钱塘到龙游迎接，在听到先生去世的消息后，就立即赶到广信，讣告通知同门，约定三年内收集先生遗言，第二天又到贵溪，扶灵回到玉山，到了草萍驿，记挂书箧，因此各种书稿免于遗失，从这以后同门学者各自把所记录的文稿收存起来。七年后，壬辰年，德洪在江苏居住，开始校定篇目，又为《购遗文》作疏，派遣安成的王生从福建和广东出发，经岭表，抵达广西，取道湖南湖北，后到达金陵，一路上又收获了缺少的文稿，然后和提学侍御闻人邦正商议付梓刊行，《文录》有《外集》《别录》，依照《附录》的体例。

先生之学凡三变，其为教也亦三变。少之时，驰骋于辞章；已而出入二氏；继乃居夷处困，豁然有得于圣贤之旨，是三变而至道也。居贵阳时，首与学者为知行合一之说；自滁阳后，多教学者静坐；江右以来，始单提致良知三字，直指本体，令学者言下有悟，是教亦三变也。读《文录》者当自知之。先生尝曰："吾始居龙场，乡民言语不通，所可与言者乃中土亡命之流耳。与之言知行之说，莫不忻忻有入。久之，并夷人亦翕然相向。及出与士夫言，则纷纷同异，反多扞格不入。何也？意见先入也。"德洪自辛巳冬始见先生于姚，再见于越，于先生教若恍恍可即，然未得入头处。同门先辈有指以静坐者，遂觅光相僧房，闭门凝神净虑。倏见此心真体，如出蔀屋而睹天日，始知平时一切作用，皆非天则自然。习心浮思，炯炯自照，毫发不容住著。喜驰以告，先生曰："吾昔居滁时，见学者徒为口耳同异之辩，无益于得，且教之静坐，一时学者亦若有悟，但久之渐有喜静厌动，流入枯槁之病。故迩来只指破致良知工夫。学者真见得良知本体昭明洞彻，是是非非莫非天则，不论有事无事，精察克治，俱归一路，方是格致实功，不落却一边。故较来无出致良知话头无病，何也？良知原无间动静也。"德洪既自喜学得所入，又承点破病痛，退自省究，渐觉得力。良知之说发于正德辛巳年，盖先生再罹宁藩之变，张、许之难，而学又一番证透，故正录书凡三卷，第二卷断自辛巳者，志始也。格致之辩莫详于《答顾华玉》一书，而拔本塞源之论，写出千古同体万物之旨，与末世俗习相沿之弊。百世以俟，读之当为一快。

译文

先生的学问共三次变化，他的教育也经历了三次变化。年少的时候，注重文辞章法，学习佛老二氏；接着居于荒远之地，身处困厄中，豁然领悟了圣贤之学的根本。这是经历了三次变化后顿悟出的大道。居于贵阳，首先倡导知行合一的学说；从在滁阳居留后，多次教导学生静坐；到江右后，起初只提致良知个字，直指本体，让学者听了教诲以后，从内心里有所体悟，这就是教育的三次变化。阅读《文录》的人应当了解。先生曾经说："我起初居住在龙场，与乡民言语不通，能够交谈的，只有那些从内地流亡过来的人，和他们谈论知行的学说，均是有所领悟而愉快的。时间长了，当地的人也很欣然来听，等到出去和士人交谈，却有许多不同的意见，反而有很多矛盾对立。为什么呢？因为他们心中有先入之见。”德洪从辛巳冬，在余姚见到先生，第二次在越又见到，对于先生所教，似乎有所领悟但还未把握到关键，同门先辈有人指点他静坐，于是就找了僧人的居室，关起门来凝神静思。忽然发现自心的真体，就好像从矮小的房间里出来重见天日一样。这时才明白平时所做的一切，都不符合天理自然，过去的问题都毫发毕现。高兴地跑去告诉先生。先生说：“我过去住在滁州的时候，见到许多学生都务求有知识见解，发现口耳中的异同，对于学习没有多大帮助，就姑且让他们静坐，一时间他们就能够领悟到一些内容，颇为有收获。时间久了，他们就逐渐喜静厌动，就落入了枯槁的毛病。所以我近来只是讲致良知的工夫，学者真能从中体验到良知本体，清晰透彻，是是非非，都是天然的法则。不管有事没事，体察克治，就回归到本心了，这才是格致实在工夫，没有偏落到一边。相比较之下，良知的话头没有弊病，为什么呢？因为良知本就没有动静的区别。”德洪欣喜学习有所深入，又很感谢先生点破自己问题，回来后自己反省探究，逐渐觉得自己有了很大的进步。良知的学说是先生于在正德辛巳年所讲，是由于先生再次遭受宁藩的变乱，张、许的发难，从而让学问得到透彻的验证，因此正录书共三卷，从辛巳年断为第二卷，标志新的开始。对格物致知的辨析，没有比答顾华玉书信中记载更细致的了，该篇发拔本塞源的论述，道出千古相同的万物的本原之旨，及末世习俗沿袭的缺陷，百代之后待后世君子读来当为一大快事。

先生尝曰：“吾良知二字，自龙场已后，便已不出此意，只是点此二字不出，于学者言，费却多少辞说。今幸见出此意，一语之下，洞见全体，真是痛快，不觉手舞足蹈。学者闻之，亦省却多少寻讨功夫。学问头脑，至此已是说得十分下落，但恐学者不肯直下承当耳。”又曰：“某于良知之说，从百死千难中得来，非是容易见得到此。此本是学者究竟话头，可惜此体沦埋已久。学者苦于闻见障蔽，无入头处。不得已与人一口说尽，但恐学者得之容易，只把作一种光景玩弄，孤负此知耳！”

译文

先生曾经说："我讲良知二字，从龙场以后，就已经不离这个意思，只是把这两个字点出来，对学者言谈，花费了多少文辞，现在幸得领会了这番道理，一句话就能洞见全体，真痛快！喜不自禁不知不觉手舞足蹈。学者听到良知，也省去了很多寻觅探讨的功夫。学问的要点，到这里已经是说得很是清晰，只是担心学者不愿直接接受罢了！"又说："我对于良知的学说，是从百死千难中获得的，并不是那么容易就能得到的，这本来是学者根本的话头，可惜它被埋没很久。学者苦于被所见所闻障蔽，找不到入门处，不得已被与人一句话说透，只是担心学者轻易地得到它，只玩味一番就罢，而辜负这番学问了！"

甲申年，先生居越。中秋月白如洗，乃燕集群弟子于天泉桥上。时在侍者百十人。酒半行，先生命歌诗。诸弟子比音而作，翕然如协金石。少间，能琴者理丝，善箫者吹竹，或投壶聚算，或鼓棹而歌，远近相答。先生顾而乐之，遂即席赋诗，有曰"铿然舍瑟春风里，点也虽狂得我情"之句。既而曰："昔孔门求中行之士不可得，苟求其次，其惟狂者乎？狂者志存古人，一切声利纷华之染，无所累其衷，真有凤皇翔于千仞气象。得是人而裁之，使之克念日就平易切实，则去道不远矣。予自鸿胪以前，学者用功尚多拘局。自吾揭示良知头脑，渐觉见得此意者多，可与裁矣。"

译文

甲申年，先生在越地居住。中秋节时月色皎洁如洗，于是就召集弟子聚在天泉桥上，当时侍立的有百十多人，喝酒到一半的时候，先生命歌诗，各位弟子依音律而作，和乐如有金石之音，不久，能弹琴者拨弄丝弦，善吹箫者吹响竹箫，有人投壶来计算多少，有的拿起击棹歌唱，远近相互酬答，先生看到这场景后十分开心，于是就位赋诗："铿然舍瑟春风里，点也虽狂得我情。"一会说："曾经孔门寻找能行中道的人找不到，如果退而求其次，难道只有狂者了吗？狂者志向继承上古遗风，所有的声色利诱不能拖累他的初心，真有凤凰在千仞之上翱翔的气势，得到这种人教化，让他克治杂念，日渐近于平易切实，就离大道不远了。在我居留鸿胪以前，学者用功大多有拘泥，从我揭示良知这个关键后，逐渐感到理解这种意思的人多了，能够进行教化了。”

先生自辛巳年初归越，明年居考丧，德洪辈侍者踪迹尚寥落。既后，四方来者日众，癸未已后，环先生之室而居，如天妃、光相、能仁诸僧舍，每一室常合食者数十人，夜无卧所，更番就席，歌声彻昏旦。南镇、禹穴、阳明洞诸山，远近古刹，徙足所到，无非同志游寓之地。先生每临席，诸生前后左右环坐而听，常不下数百人。送往迎来，月无虚日，至有在侍更岁，不能遍记其姓字者。诸生每听讲，出门未尝不踊跃称快，以昧入者以明出，以疑入者以悟出，以忧愤愊忆入者以融释脱落出。呜呼休哉！不图讲学之至于斯也。尝闻之同门，南都以前，从游者虽众，未有如在越之盛者。虽讲学日久，孚信渐博，要亦先生之学益进，感召之机亦自不同也。今观《文录》前后论议，大略亦可想见。

译文

先生在辛巳年初回到越地，第二年在家守父丧，像德洪先生及几个弟子一样侍奉在旁的踪迹寥落稀少，后来从四面八方的来人日益增多。到癸未以后，在先生的屋室四周居住下来，天妃、光相、能仁寺庙中，每一间房常常居住数十人，夜间没有睡觉的地方，就轮流着卧席休息，白天和黑夜都有歌声响起；南镇、禹穴、阳明洞等山，远近的古刹，只要徒步可以到达的，全都是他们游乐、停息的地方。每次先生临席讲授，求学的人便前后左右环绕着先生坐下来听讲，时常不少于几百人，送往迎来，一月中一天空闲的时间都没有，有学生在此地在侍了一年多，先生还不能一一记住他们的姓名。学生每次听讲离去，未尝不愉快开心。来的时候昏暗走的时候明白，以疑惑来听以有所领悟离开，以忧愤心神不定来豁达释然地离开。哎！讲学可以达到这种境界。我曾经从同门那听说，在居住南都前，跟从先生游学的人虽然有很多，但是比不上在越讲学的盛况，先生讲学日久，所获信誉日渐广博，关键在于先生的学问日有进益，使得感召的能力也大为不同了。现在看《文录》前后的评论叙议，大致也能想到。

先生尝语学者曰："作文字亦无妨工夫。如诗言志，只看尔意向如何，意得处自不能不发之于言，但不必在词语上驰骋，言不可以伪为。且如不见道之人，一片粗鄙心，安能说出和平话？总然都做得后一两句露出病痛，便觉破此文原非充养得来。若养得此心中和，则其言自别。"

译文

先生曾经对学者说："在文字上用功不妨碍下功夫，如诗言志，只是要看你意向怎样，心有所得不能不用语言表达出来，但不必在言辞上造作；言辞不能作伪，未见大道的人，内心一片粗鄙，怎么能说出和顺平易的话呢？说出一两句话就露出缺陷，就觉这些文辞不是出于内心的充养；如果涵养内心的中和，那么言辞也一定不同。"

门人有欲汲汲立言者，先生闻之，叹曰："此弊溺人，其来非一日矣。不求自信而急于人知，正所谓以己昏昏，使人昭昭也。耻其名之无闻于世，而不知知道者视之，反自贻笑耳。宋之儒者，其制行磊荦，本足以取信于人，故其言虽未尽，人亦崇信之，非专以空言动人也。但一言之误，至于误人无穷，不可胜救，亦岂非汲汲于立言者之过耶？"

译文

门人务求倡立言论的人，先生听说后，感慨道："这个弊病害人，不是一天了。不求自己内心相信，却着急想让人知道自己，正是所谓自己还昏昧，就想让别人明白。以不显名于世而羞耻，却不知在通晓大道的人眼中，是贻笑大方。宋代儒者，他们的言行磊落足以取信于人，因此即使言说未尽，人们也很崇拜信奉他们，他们并不是专门用空洞的言辞来感动别人的。但是一句话的失误，贻误无穷，不可胜数，这难道不是务求倡立言论之人的过错吗？"

或问："先生所答示门人书稿，删取归并，作数篇训语以示将来，如何？"先生曰："有此意。但今学问自觉所进未止，且终日应酬无暇。他日结庐山中，得如诸贤有笔力者，聚会一处商议，将圣人至紧要之语发挥作一书，然后取零碎文字都烧了，免致累人。”德洪事先生，在越七年，自归省外，无日不侍左右。有所省豁，每得于语默作止之间。或闻时讪议，有动于衷，则益自奋励以自植，有疑义即进见请质。故乐于面炙，一切文辞，俱不收录。每见文稿出示，比之侍坐时精神鼓舞，歉然常见不足。以是知古人书不尽言，言不尽意，非欺我也。不幸先生既没，謦欬无闻，仪刑日远，每思印证，茫无可即。然后取遗稿次第读之，凡所欲言而不能者，先生皆为我先发之矣。虽其言之不能尽意，引而不发，跃如也。由是自滁以后文字，虽片纸只字不敢遗弃。四海之远，百世之下，有同此怀者乎？苟取《正录》，顺其日月以读之，不以言求，而惟以神会，必有沛然江河之决，莫之能御者矣。

译文

有的人问：“把先生回复和提示门人的书稿，删取整理后成为几篇训语，来警示后人怎么样？”先生说：“我也有这个想法，但是现在我自认为学问还在进步，整日应酬没有闲暇，等到以后在山中结庐而居，和各位有笔力的贤人聚在一起商议，把圣人至关紧要的话编作一书，将零碎的文字全部烧毁，免得累害后人。”德洪在越地侍奉先生七年，除回家探亲，每天都侍奉左右，每当有所收获，得之于沉默动静之间。偶尔听到非议，内心受到触动，加紧自我勉励培养，有疑惑就进见先生请求指点，受到当面批评也很开心，一切的文辞，全都不收录，每次见到先生拿出来让看的文稿，比侍坐的时候，精神更加抖擞，羞愧自己常能看到还不满足，因此懂得古人说的书不能写尽言语，言语不能完全表达意思，并不是欺骗自己。不幸先生去世后，再也听不到教诲的声音，先生的仪容风范日远，每次想要印证，却茫然不可，然后把先生的遗稿拿出来从头读起，只自己想说却无法表达的，先生都替我说了出来。即使言语不能完全表达意思，引而不发，也非常高兴。因此先生对滁州以后的文字，只言片语也不敢丢弃，四海之内，百代以后，有一样怀有这种情感的人？假如拿来《正录》，按时间顺序阅读，不停留在言语，能心领神会，一定会像江河开决一样奔腾不可抑制。

《别录》成，同门有病其太繁者，德洪曰："若以文字之心观之，其所取不过数篇。若以先生之学见诸行事之实，则虽琐屑细务，皆精神心术所寓，经时赞化以成天下之事业。千百年来儒者有用之学，于此亦可见其梗概，又何病其太繁乎？"

译文

《别录》完成以后，有的同门人认为缺点是言辞太繁，德洪说："如果用关注文字的心来看，能收录的不过数篇。如果从先生学问见诸行事的实际来看，即使文辞繁复细密，都是先生精神和心术的寄托，经纶时事倡导化育来成就天下的大业，千百年来，儒家有实用的学问，在这里可以看到大致梗概，文辞繁复又怎么会被认为是缺点呢？"

昔门人有读《安边八策》者，先生曰："是疏所陈亦有可用，但当时学问未透，中心激忿抗厉之气。若此气未除，欲与天下共事，恐于事未必有济。"

译文

过去有门人读先生的《安边八策》。先生说："这篇疏文所讲，也有能够可用的地方，只是当时的学问还没有十分透彻，心中时常会有激忿抗争之气。如果没有去掉这种习气，想和天下的人共成大事，恐怕对做事没有帮助。"

陈惟濬曰："昔武宗南巡，先生在虔，奸贼在君侧，间有以疑谤危先生者，声息日至，诸司文帖，络绎不绝，请先生即下洪，勿处用兵之地，以坚奸人之疑。先生闻之，太然不动。门人乘间言之，先生姑应之曰：'吾将往矣。'一日，惟濬亦以问。先生曰：'吾在省时，权竖如许势焰疑谤，祸在目前，吾亦帖然处之。此何足忧？吾已解兵谢事乞去，只与朋友讲学论道，教童生习礼歌诗，乌足为疑！纵有祸患，亦畏避不得。雷要打，便随他打来，何故忧惧？吾所以不轻动，亦有深虑焉尔。'又一人使一友亦告急。先生曰：'此人惜哉不知学，公辈曷不与之讲学乎？'是友亦释然，谓人曰：'明翁真有赤舄几几气象。'愚谓《别录》所载，不过先生政事之迹耳。其遭时危谤，祸患莫测，先生处之太然，不动声色，而又能出危去险，坐收成功，其致知格物之学至是，岂意见拟议所能及！”是皆《别录》所未及详者。洪感惟濬之言，故表出之，以为读《别录》者相发。

译文

陈惟濬说：“过去武宗到南方巡视，先生在虔州奸贼在国君的旁边，时常说些怀疑诽谤危害先生的人，这样的消息每天都会传到，诸司的文帖络绎不绝。请先生到下洪去。不要待在用兵的地方，从而让那些奸人多加疑虑。先生听后，安稳如泰山，门人趁机对他说，先生姑且回答说：‘我将要离开了！’一天，惟濬也问先生这件事，先生说：‘我在家探亲时，权势小人有那么大的势焰，怀疑、诽谤，灾祸就在眼前，我也冷静地对待，这有什么值得担忧的呢？我的兵权已解除，也已离开职位，只和朋友讲学论道，教童生演习礼仪、歌咏诗赋，哪里值得被怀疑，纵使祸患来临，也躲避不了，雷要打便任由他打来，有什么要忧虑害怕的呢？我之所以不轻易行动，也有着深远的考虑。’又有一个人让朋友来禀告事急，先生说：‘可惜这人不懂得学习，你们为什么不和他讲学呢？’这个人也释然了，对人说：‘阳明老先生真有宏大的气象。’我认为《别录》所记载的只是先生的政绩，他当时所遭受的诽谤和危难，祸患不测，先生都泰然处之，不动声色，而又能够成功从危险中脱身，坐收成功，他的致知格物的学问已经达到这种境界，岂是那些构陷非议所能企及的？”这些在《别录》里未详尽记述。德洪从惟濬的话里触动很深，因此一起发表出来，与读《别录》的人相互发明。

《复闻人邦正书》，裒刊《文录》，诸同门聚议不同久矣。有曰：“先生之道无精粗，随所发言，莫非至教，故集文不必择其可否，概以年月体类为次，使观者随其所取而获焉。”此久庵诸公之言也。又以“先生言虽无间于精粗，而终身命意，惟以提揭人心为要，故凡不切讲学明道者，不录可也”。此东廓诸公之言也。二说相持，罔知裁定。去年广回舟中，反覆思惟，不肖鄙意窃若有附于东廓子者。夫传言者不贵乎尽其博，而贵乎得其意。得其意，虽一言之约，足以入道；不得其意，而徒示其博，则泛滥失真，匪徒无益，是眩之也。且文别体类，非古也，其后世侈词章之心乎！当今天下士，方驰骛于辞章，先生少年亦尝没溺于是矣，卒乃自悔，惕然有志于身心之学。学未归一，出入于二氏者又几年矣，卒乃自悔，省然独得于圣贤之旨。反覆世故，更历险阻，百炼千磨，斑瑕尽去，而辉光焕发，超然有悟于良知之说。自辛巳年已后，而先生教益归于约矣。故凡在门墙者，不烦辞说而指见本体，真如日月之丽天，大地山河，万象森列，阴崖鬼魅，皆化而为精光，断溪曲径，皆坦而为大道。虽至愚不肖，一触此体真知，皆可为尧、舜，考三王，建天地，质鬼神，俟百世，断断乎知其不可易也。有所不行者，特患不加致之之功耳。今传言者不揭其独得之旨，而尚吝情于悔前之遗、未透之说，而混焉以夸博，是爱其毛而不属其里也，不既多乎？既又思之，凡物之珍赏于时者，久而不废，况文章乎？先生之文，既以传诵于时，欲不尽录，不可得也。自今尚能次其月日，善读者犹可以验其悔悟之渐。后恐迷其岁月，而概以文字取之混入焉，则并今日之意失之矣。久庵之虑，殆或以是与？不得已，乃两是而俱存之。故以文之纯于讲学明道者裒为《正录》，余则别为《外集》，而总题曰《文录》。疏奏批驳之文，则又厘为一书，名曰《别录》。夫始之以《正录》，明其志也；继之以《外集》，尽其博也；终之以《别录》，究其施也；而文稽其类以从时也。识道者读之，庶几知所取乎？此又不肖者之意也。问难辩诘，莫详于书，故《正录》首书，次记，次序，次说，而以杂著终焉。讽咏规切，莫善于诗赋，故《外集》首赋，次诗，次记，次序，次说，次杂著，而传志终焉。《别录》则卷以事类，篇以题别，先奏疏而后公移。刻既成，惧读者之病于未察也，敢敬述以求正。乙未年正月。

译文

《复闻人邦正书》，收集刊刻《文录》，诸位同门聚在一起议论先生学说差异，有人说："先生的学说没有粗精的区别，所发言论，都是为了教育，所以搜集文集不必选择可否，只按照年月编次，让读书者随自己需要有所收获。"这是久庵等人的意见。又有人认为"先生的学说虽然没有粗精的区别，但终身讲学的大意，在于揭示人心这个关键，所以凡是不能切实发明这个思想的就不收录"，这是东廓等人的意见。两种说法相持，不知该怎样裁定，去年在从广东回家的船上，我反复思考，认为我还是赞同听东廓先生的意见。传述言论不贵在把所有的话语都传述出来，而贵在能传达出用意，只要能够理解其用意，就算是一句简约的话，也能够入道。没有领会用意，只是展示出全部，等时间长了就会丧失它的本质，这不仅没什么好处，还容易让人产生迷惑。何况文体类别，并不是古代就有的，而是后代侈用辞章的产物。现在天下之人，正易追求辞章，先生年少的时也曾经沉浸在这方面，后来就自己悔悟，谨慎地在身心学问立志探究，学问还没有达到一贯，几年中又出入佛、老之学，最终才自己悔悟，领会圣人学问的主旨，历经世事的变迁，又历经多重的险阻，经过百炼千磨，瑕疵都去除，真知的光辉焕发，在良知的学说上有所领悟，从辛巳年以后，先生的教导趋向于简约。因此在先生门下，不需要过多的言辞就直接体悟本体，就如日月照耀天空，大地山河，天下万物森然陈列，鬼魅阴魂都化成精光，断流的溪水和弯曲的小路，都平坦成为大道，即使愚钝之人人一旦接触到这种真学问，都可以成为尧、舜。考证三王，开辟天地，验证于鬼神，以传百世，很清楚地了解其学是不可以改变的。所不能施行的，唯独担忧不能下致良知的功夫。如今传述先生学说的解释他独自领悟到的本旨，还在不舍以前遗留下来的文字，和以往未明白的论说，把它们混同起来夸耀广博，这是爱惜它的皮毛却没有注重它的本质。这不是很多余吗？之后又思考，只要是在当时被珍赏的东西，日久也不会丢弃，何况文章呢？先生的文章，在现今流传得很广，想不把全部的内容收录，都不可能。从现在还能按照它的日月先后进行排列，善于读书的人还能够检验自己逐渐悔悟的过程，以后恐怕等年月先后混乱，只能从文字来领会，前后文稿混同起来，就失去了现在的意思。久庵先生的考虑，大概就是如此吧？两种意见都有道理，故两存。将纯粹讲学明道的文章列入《正录》，剩下的就分别整理为《外集》，总的题目就叫《文录》。奏疏公文就再重新整理成一书，为《别录》。以《正录》为开始，表明先生的志向。次之以《外集》，显示先生之学的广博。最后为《别录》可探究先生的施为。按照时间编排文稿，懂得学理的人读过后，几乎就有助益吧。这又是我个人的意思。答难辩论质疑，没有比书中记载更详细的了，因此把《正录》列于书首，依次为记、序、说，以用杂著结束，讽咏劝诫，没有比诗赋更适宜的了，因此《外集》首先是赋，依次为诗、记、序、说、杂著，最后以传志作为结束。《别录》就用卷来表明体类，篇目以题来区别，先为奏疏，后为公移。书完成刻印后，担心读者不能体察，因此详加记录以求雅正。乙未年正月。

编辑《文录》姓氏：门人余姚徐爱、钱德洪、孙应奎、严中，揭阳薛侃，山阴王畿，渭南南大吉，安成邹守益，临川陈九川，泰和欧阳德，南昌唐尧臣

译文

编辑《文录》姓氏：门人余姚徐爱、钱德洪、孙应奎、严中，揭阳薛侃，山阴王畿，渭南南大吉，安成邹守益，临川陈九川，泰和欧阳德，南昌唐尧臣

校阅《文录》姓氏：后学吉水罗洪先、滁阳胡松、新昌吕光洵、秀水沈启原

译文

校阅《文录》姓氏：后学吉水罗洪先、滁阳胡松、新昌吕光洵、秀水沈启原

汇集《全书》姓氏：提督学校巡按直隶监察御史豫章谢廷杰

译文

汇集《全书》姓氏：提督学校巡按直隶监察御史豫章谢廷杰

督刻《全书》姓氏：应天府推官太平周恪、上元县知县莆田林大黼、江宁县知县长阳李爵

译文

督刻《全书》姓氏：应天府推官太平周恪、上元县知县莆田林大黼、江宁县知县长阳李爵

卷之一　语录一

传习录上

先生于《大学》格物诸说，悉以旧本为正，盖先儒所谓误本者也。爱始闻而骇，既而疑，已而殚精竭思，参互错纵，以质于先生，然后知先生之说，若水之寒，若火之热，断断乎百世以俟圣人而不惑者也。先生明睿天授，然和乐坦易，不事边幅。人见其少时豪迈不羁，又尝泛滥于词章，出入二氏之学，骤闻是说，皆目以为立异好奇，漫不省究。不知先生居夷三载，处困养静，精一之功，固已超入圣域，粹然大中至正之归矣。爱朝夕炙门下，但见先生之道，即之若易，而仰之愈高，见之若粗，而探之愈精，就之若近，而造之愈益无穷。十余年来，竟未能窥其藩篱。世之君子，或与先生仅交一面，或犹未闻其謦欬，或先怀忽易愤激之心，而遽欲于立谈之间，传闻之说，臆断悬度，如之何其可得也？从游之士，闻先生之教，往往得一而遗二。见其牝牡骊黄，而弃其所谓千里者。故爱备录平日之所闻，私以示夫同志，相与考而正之，庶无负先生之教云。门人徐爱书。

译文

先生对于《大学》中关于“格物”的诸种学说，全以旧本为准，即前辈儒者所说的错本。我最初听说颇感惊骇，而后生出疑问，最后殚精竭虑，多方参照，以便向先生请教，然后才明白先生的学说像水寒火热一般，真正是等待圣人于百世之后而不自迷惑的。先生天生聪明睿智，然而和气乐观，坦荡简易，不修边幅。人们见到他少年时豪迈不羁，又曾经沉迷于词章小道，涉猎佛道二家学说，都将他视为立异好奇，全不深入研究。却不知先生在偏远之地居住三年，处困养静，“惟精惟一”的功夫已超然进入圣人的领域，返还至“大中至正”的纯粹境界。我每日受学于先生门下，见先生之道，刚一接触好像很容易，然而越是仰慕越觉其高深，一看好像很粗疏，然而越是探求越是觉得其精微，其境界更是越来越无穷尽。十多年来，我始终没能窥得其界限。当时的君子有的仅和先生有一面之缘，有的还未曾闻听先生谈吐，有的心中预先有轻视不服的心态，而想靠短暂的交流，或传闻之说，凭空臆断，又如何能于先生之道有所收获呢？跟随先生的学生们，亲聆先生的教诲，经常收获很少，遗失甚多，如同只知识别马的雌雄颜色，却错失了其中的千里驹。所以我详细记录了平时所听到的先生教诲，私下里给同学好友阅读，相互考订修正，但愿不辜负先生的教导。门人徐爱书。

爱问：“‘在亲民’，朱子谓当作‘新民’，后章‘作新民’之文似亦有据。先生以为宜从旧本作‘亲民’，亦有所据否？”先生曰：“‘作新民’之‘新’，是自新之民，与‘在新民’之‘新’不同，此岂足为据？‘作’字却与‘亲’字相对，然非‘亲’字义。下面‘治国平天下’处，皆于‘新’字无发明，如云‘君子贤其贤而亲其亲，小人乐其乐而利其利’‘如保赤子’‘民之所好好之，民之所恶恶之，此之谓民之父母’之类，皆是‘亲’字意。‘亲民’犹孟子‘亲亲仁民’之谓，亲之即仁之也。百姓不亲，舜使契为司徒，敬敷五教，所以亲之也。《尧典》‘克明峻德’，便是‘明明德’；‘以亲九族’至‘平章’‘协和’，便是‘亲民’，便是‘明明德于天下’。又如孔子言‘修己以安百姓’，‘修己’便是‘明明德’，‘安百姓’便是‘亲民’。说‘亲民’便是兼教养意，说‘新民’便觉偏了。”

译文

徐爱问：“《大学》‘在亲民’三字，朱熹说应当是‘新民’，后面章节有‘作新民’这样的文字，似乎也有依据。先生认为宜依从旧本仍作‘亲民’，是否也有依据呢？”先生说：“‘作新民’的‘新’，是人自新的意思，和‘在新民’的新不同，怎能以此为依据呢？‘作’字却和‘亲’字相对应，然而并不是取‘亲’字的字义。下面‘治国平天下’等内容，都对‘新’字没有新的阐发，像‘君子贤其贤而亲其亲，小人乐其乐而利其利’‘如保赤子’‘民之所好好之，民之所恶恶之，此之谓民之父母’这些话，都是取‘亲’字的含义。‘亲民’如同《孟子》里‘亲亲仁民’的说法，‘亲之’就是‘仁之’。百姓互不近亲，舜命契担任司徒，恭敬地传播父子、君臣、夫妇、长幼、朋友五种人伦道德，就是为了让人民和睦亲近。《尧典》里说的‘克明俊德’，就是《大学》里说的‘明明德’。从使九族和睦到章明百官职守、和睦天下万国，这就是《大学》里说的‘明明德于天下’。又像孔子说‘修己以安百姓’，提升自我修养就是‘明明德’，安抚百姓就是‘亲民’。说‘亲民’就是涵盖着教育培养的含义，解释成‘新民’就觉得偏颇了。”

爱问：“‘知止而后有定’，朱子以为‘事事物物皆有定理’，似与先生之说相戾。”先生曰：“于事事物物上求至善，却是义外也。至善是心之本体，只是‘明明德’到‘至精至一’处便是。然亦未尝离却事物，本注所谓‘尽夫天理之极，而无一毫人欲之私’者得之。”

译文

徐爱问：“‘知止而后有定’，朱熹认为万事万物都有其不变的原理，似乎和先生的学说相悖。”先生说：“在万事万物上探求至善，反而偏离了真正的意义。至善是心的本体，只是从明明德到极精微无二的境地就对了。然而也从未曾离开具体事物，正如《大学》本注所说极尽天理的极致，而全无一丝一毫私欲的人可以达到。

爱问："至善只求诸心，恐于天下事理有不能尽。"先生曰："心即理也。天下又有心外之事，心外之理乎？"爱曰："如事父之孝，事君之忠，交友之信，治民之仁，其间有许多理在，恐亦不可不察。"先生叹曰："此说之蔽久矣，岂一语所能悟？今姑就所问者言之：且如事父，不成去父上求个孝的理？事君，不成去君上求个忠的理？交友治民，不成去友上、民上求个信与仁的理？都只在此心，心即理也。此心无私欲之蔽，即是天理，不须外面添一分。以此纯乎天理之心，发之事父便是孝，发之事君便是忠，发之交友治民便是信与仁。只在此心去人欲、存天理上用功便是。"

译文

徐爱问："至善只求之于心，恐怕不能穷尽天下事物的道理。"先生说："心即是道天理。天下可有心之外的事情，心之外的道理吗？"徐爱问说："例如侍奉父亲之孝，侍奉君主之忠，结交朋友之信，治理百姓之仁，此间存在许多道理，恐怕不可不察知。"先生感叹道："这种说法的由来已久，岂是一句话能使你了悟的？现在姑且谈你所问及之事：侍奉父亲，难道是在父亲那求得为孝之理吗？侍奉君主是在君主那求尽忠之理吗？交友治民，是在朋友、百姓那里求信与仁之理吗？这些道理都只在心上求，心即是理。此心没有私欲，就是天理，不需要外面添加一分，用这纯然侍奉父亲就是孝，侍奉君主便是忠，结交朋友、治理百姓就是诚和仁。只在心上去除人欲，保存天理上用功即可。"

爱曰："闻先生如此说，爱已觉有省悟处。但旧说缠于胸中，尚有未脱然者。如事父一事，其间温凊定省之类，有许多节目，不亦须讲求否？"先生曰："如何不讲求？只是有个头脑，只是就此心去人欲、存天理上讲求。就如讲求冬温，也只是要尽此心之孝，恐怕有一毫人欲间杂；讲求夏凊，也只是要尽此心之孝，恐怕有一毫人欲间杂，只是讲求得此心。此心若无人欲，纯是天理，是个诚于孝亲的心，冬时自然思量父母的寒，便自要去求个温的道理；夏时自然思量父母的热，便自要去求个凊的道理。这都是那诚孝的心发出来的条件。却是须有这诚孝的心，然后有这条件发出来。譬之树木，这诚孝的心便是根，许多条件便是枝叶，须先有根，然后有枝叶，不是先寻了枝叶，然后去种根。《礼记》言：‘孝子之有深爱者，必有和气；有和气者，必有愉色；有愉色者，必有婉容。’须是有个深爱做根，便自然如此。”

译文

徐爱说：“听闻先生的解说，我已经有所觉悟，但旧说纠缠在心中，依然有无法摆脱之处。例如侍奉父亲一事，其中要使父亲冬日温暖夏日清凉，晨昏要去请安，有许多的细节，不也需要考虑吗？”先生说：“哪能不讲这些呢，只是行事有主导，要在心上讲求抛去私欲，保存天理。就例如说要使父亲冬日温暖，也是要尽这由内心发出的孝，生怕有一丝私欲夹杂在其中；要使父亲夏日清凉，也是同理。只是要讲究此心，这心没有私欲，纯然是天理，在孝顺双亲这件事情是诚心的，冬天自然会考虑父母会寒冷，自然要去求个如何使他们温暖的道理；夏日考虑父母会燥热，自然要去求个使得他们清凉的道理。这些都是由这份孝顺的诚心生发出来的条件，一定要有这份诚孝的心，然后才有这些条件生发出来。譬如树木，这份诚孝的心就是树根，各种条件就是枝叶，必须先要有树根，然后有枝叶，不是先找到枝叶，再去种树根。《礼记》说：‘孝子深爱双亲，必然会有和顺之气；有和顺之气，必然有愉悦的神色；有愉悦的神色，必然有恭婉的容貌。’有个深爱父母的心最为根源，表现出自然就如此了。”

郑朝朔问：“至善亦须有从事物上求者？”先生曰：“至善只是此心纯乎天理之极便是，更于事物上怎生求？且试说几件看。”朝朔曰：“且如事亲，如何而为温凊之节，如何而为奉养之宜，须求个是当，方是至善，所以有学问思辩之功。”先生曰：“若只是温凊之节、奉养之宜，可一日二日讲之而尽，用得甚学问思辩？惟于温凊时，也只要此心纯乎天理之极；奉养时，也只要此心纯乎天理之极。此则非有学问思辩之功，将不免于毫厘千里之谬。所以虽在圣人，犹加‘精一’之训。若只是那些仪节求得是当，便谓至善，即如今扮戏子，扮得许多温清奉养的仪节是当，亦可谓之至善矣。”爱于是日又有省。

译文

郑朝朔问：“至极的善也需要从事物上来求吗？”先生说：“至极的善只是让心能够达到存天理的极致就可以，在事物上怎么寻求呢？你姑且试着说几个例子来看。”朝朔回答说：“例如侍奉双亲，怎样做到使得父母冬暖夏凉，怎样侍奉父母最合宜，需要寻求一个标准得当，这样才能说是至善，所以其中就有了学问思辨的功夫。”先生说：“如果只是讲使父母冬暖夏凉，奉养得宜，一两天就可以讲完，用得着什么学问思辨？只要在考虑怎样使父母冬暖夏凉时候，只要在心上能做到存天理的极致；奉养父母时，也只要在心上做到存天理的极致，要做到这样，如没有学问思辨的功夫，难免将会毫厘之差，失之千里了。所以即便是圣人，也要强调‘精一’。如果只追求把那些仪节做到恰当，就称之为至善，那就像是戏子在表演，扮演的许多温凊、奉养的仪节是合宜的，也可以称为至善了。”徐爱今日又有所省悟。

爱因未会先生“知行合一”之训，与宗贤、惟贤往复辩论，未能决，以问于先生。先生曰：“试举看。”爱曰：“如今人尽有知得父当孝、兄当弟者，却不能孝、不能弟，便是知与行分明是两件。”先生曰：“此已被私欲隔断，不是知行的本体了。未有知而不行者。知而不行，只是未知。圣贤教人知行，正是要复那本体，不是着你只恁的便罢。故《大学》指个真知行与人看，说‘如好好色，如恶恶臭’。见好色属知，好好色属行。只见那好色时已自好了，不是见了后又立个心去好。闻恶臭属知，恶恶臭属行。只闻那恶臭时已自恶了，不是闻了后别立个心去恶。如鼻塞人虽见恶臭在前，鼻中不曾闻得，便亦不甚恶，亦只是不曾知臭。就如称某人知孝、某人知弟，必是其人已曾行孝行弟，方可称他知孝知弟，不成只是晓得说些孝弟的话，便可称为知孝弟？又如知痛，必已自痛了方知痛；知寒，必已自寒了；知饥，必已自饥了。知行如何分得开？此便是知行的本体，不曾有私意隔断的。圣人教人，必要是如此，方可谓之知。不然，只是不曾知。此却是何等紧切着实的工夫！如今苦苦定要说知行做两个，是甚么意？某要说做一个是甚么意？若不知立言宗旨，只管说一个两个，亦有甚用？”爱曰：“古人说知行做两个，亦是要人见个分晓，一行做知的功夫，一行做行的功夫，即功夫始有下落。”先生曰：“此却失了古人宗旨也。某尝说知是行的主意，行是知的功夫；知是行之始，行是知之成。若会得时，只说一个知，已自有行在；只说一个行，已自有知在。古人所以既说一个知，又说一个行者，只为世间有一种人，懵懵懂懂的任意去做，全不解思惟省察，也只是个冥行妄作，所以必说个知，方才行得是。又有一种人，茫茫荡荡悬空去思索，全不肯着实躬行，也只是个揣摸影响，所以必说一个行，方才知得真。此是古人不得已补偏救弊的说话，若见得这个意时，即一言而足。今人却就将知行分作两件去做，以为必先知了然后能行。我如今且去讲习讨论做知的工夫，待知得真了方去做行的工夫，故遂终身不行，亦遂终身不知。此不是小病痛，其来已非一日矣。某今说个知行合一，正是对病的药。又不是某凿空杜撰，知行本体原是如此。今若知得宗旨时，即说两个亦不妨，亦只是一个。若不会宗旨，便说一个，亦济得甚事？只是闲说话。”

译文

徐爱未领会先生关于知行合一的教导，与宗贤、惟贤来回辩论，未能有所决断，因此来向先生请教。先生说：“就像人都知道养父应该有孝心，与兄弟应该悌顺，但是却不能够做到，这就是把知行分成了两件事情。”先生说：“这已经是被私欲隔绝，不知道知行的本体是什么了。没有知道了却不去施行的，只是不知道（这个道理）。圣人教导人要知行，正是要知道知行的本体，不是只随意做就可以的。所以《大学》就要指出知行的真理给人看，说‘如好好色’‘如恶恶臭’，能够识别‘好色’属于‘知’，能够去爱好‘好色’属于‘行’。是在见到那好色的时候已经自然地爱好了，不是见到以后再立个心去喜欢。闻到‘恶臭’属于‘知’，能够厌恶‘恶臭’属于‘行’。是在闻到恶臭的时候自然地厌恶了，而不是闻到以后再立个心去讨厌。就如鼻塞的人，虽然有恶臭在前，但鼻中闻不到，便不会太厌恶，也只是没有‘知’恶臭。就像说某人知道尽孝、顺悌，必然是此人已经实际做过了孝顺父母、友爱兄弟，难道只是说些尽孝、顺悌的话，就能够称得上知道尽孝、顺悌了吗？又比如知疼痛，必然是自己痛过才知晓痛；知道寒冷，必然是自己寒冷过；知道饥饿，必然是自己经历过饥饿。知行二者如何能够分开呢？这就是知道知行的本体，这是不能被私欲隔断。圣人教导人，必然要这样，才能够称为‘知’，否则就是还不知。这是何等紧要切实的功夫！现在非要说知行是两回事，是什么意思呢？我把知行说成一件事是什么意思？如果不知道发言的宗旨，只是说一个两个，这有什么用呢？”徐爱说：“古人说知行是两回事，也是要让人分辨清楚，一则要做‘知’的功夫，一则要做‘行’的功夫，由此下功夫才能够有着落。”先生说：“这样理解就失了古人的宗旨了，我曾说‘知’是‘行’的主导，‘行’是‘知’的功夫；‘知’是‘行’的开始，‘行’是‘知’的达成。若领会到此说的内涵，就明白只要说‘知’已经自然有‘行’在，只要说‘行’已经自然有‘知’在。古人之所以要说一个‘知’又要说一个‘行’，是因为世间有一种人，懵懵懂懂地任意去做，完全不去思考省察，这就只是糊涂、胡乱地去行事，所以必须要说个‘知’，他才能够行事正确。还有一种人，空茫虚浮地去思索，完全不肯实干，这就只是去揣测，所以必须要说个‘行’，他才能够知道这里面的道理。这是古人不得已针对那些行事偏颇的人所说的补救之言，若是明白这个道理，知行（合一）一句话就说明白了。现在人们却把知行当成两件事来分开去做，认为必然知以后才能去行。假如我现在讨论如何做‘知’的功夫，等到‘知’做得对了，才去做‘行’的功夫，这样就会终身不能‘行’也终身不‘知’，这并不是小问题，造成这个问题也由来日久。我现在说知行合一，正是对症的良药。也并非我凭空杜撰，知行的本体原就是这样。如果能够理解我所言的宗旨，那么知行同时说也无妨，二者本来就是一回事，若是不理解宗旨，就是将知行说成一件事，也无济于事，只成了讲讲闲话。”

爱问：“昨闻先生‘止至善’之教，已觉功夫有用力处。但与朱子‘格物’之训，思之终不能合。”先生曰：“格物是止至善之功，既知至善，即知格物矣。”爱曰：“昨以先生之教推之格物之说，似亦见得大略。但朱子之训，其于《书》之‘精一’，《论语》之‘博约’，《孟子》之‘尽心’‘知性’，皆有所证据，以是未能释然。”先生曰：“子夏笃信圣人，曾子反求诸己。笃信固亦是，然不如反求之切。今既不得于心，安可狃于旧闻，不求是当？就如朱子，亦尊信程子。至其不得于心处，亦何尝苟从？‘精一’‘博约’‘尽心’，本自与吾说吻合，但未之思耳。朱子格物之训，未免牵合附会，非其本旨。精是一之功，博是约之功。曰仁既明知行合一之说，此可一言而喻。尽心、知性、知天，是生知安行事；存心、养性、事天，是学知利行事；夭寿不贰，修身以俟，是困知勉行事。朱子错训‘格物’，只为倒看了此意，以‘尽心知性’为‘物格知至’，要初学便去做生知安行事，如何做得？”

译文

徐爱问：“昨日听到先生关于至善的教导，我已经觉悟到下功夫有用力处。但是与朱子教导的‘格物’，思考之下还是有不能够相合的地方。”先生说：“‘格物’讲的是‘止至善’的功夫，理解了‘至善’也就理解了‘格物’。”徐爱说：“昨天用先生所教导的内容来推想‘格物’之说，似乎也能大致理解，但朱子的教导，对于《尚书》中所言的‘精一’，《论语》所言的‘博约’，《孟子》所言的‘尽心知性’都有引证，因此我还存疑不能完全释然。”先生说：“子夏笃信圣人，曾子返回到自己身上寻求问题。笃信固然是对的，但不如反求诸己来得切实。既然还没有获得你心里的认可，怎能因袭旧说，不找到恰当的解释呢？例如朱子，他也尊奉相信程子，但在他心里不认可之处，哪里能够随意跟从呢？‘精一’‘博约’‘尽心’这些说法，本与我的说法相吻合，只是你没有思考明白罢了。朱子讲‘格物’，未免有牵强附会之处，并不是格物的本来宗旨。‘精’是‘一’下功夫后的结果，‘博’是‘约’下功夫后的结果，你既然已经明白知行合一的道理，这里可以用一句话来解释了。‘尽心’‘知性’‘知天’，是明白‘生知安行’就能做到的事；‘存心’‘养性’‘事天’，是明白‘学知利行’就能做到的事。不管寿命几何都没有二心，修身以待，是明白‘困知勉行’就能做到的事情。朱子牵强解‘格物’，只是为了说明这些道理，把

'尽心知性'等同于'物格知至'，让初学者就要去明白'生知安行'，这如何能做到呢？"

爱问："'尽心知性'，何以为'生知安行'？"先生曰："性是心之体，天是性之原，尽心即是尽性。'惟天下至诚为能尽其性，知天地之化育。'存心者，心有未尽也。知天，如知州、知县之知，是自己分上事，已与天为一；事天，如子之事父，臣之事君，须是恭敬奉承，然后能无失，尚与天为二，此便是圣贤之别。至于'夭寿不贰其心'，乃是教学者一心为善，不可以穷通夭寿之故，便把为善的心变动了，只去修身以俟命。见得穷通寿夭有个命在，我亦不必以此动心。事天虽与天为二，已自见得个天在面前；俟命便是未曾见面，在此等候相似。此便是初学立心之始，有个困勉的意在。今却倒做了，所以使学者无下手处。"爱曰："昨闻先生之教，亦影影见得功夫须是如此。今闻此说，益无可疑。爱昨晓思，格物的'物'字，即是'事'字，皆从心上说。"先生曰："然。身之主宰便是心，心之所发便是意，意之本体便是知，意之所在便是物。如意在于事亲，即事亲便是一物；意在于事君，即事君便是一物；意在于仁民爱物，即仁民爱物便是一物；意在于视听言动，即视听言动便是一物。所以某说无心外之理，无心外之物。《中庸》言'不诚无物'，《大学》'明明德'之功，只是个诚意。诚意之功，只是个格物。"

译文

徐爱问："'尽心知性'，为什么是明白'生知安行'就能做到的事呢？"先生说："性是心的本体，天是性的根源，尽心就是尽性，天下唯有至诚的人能够尽性，了解天地化于万物的道理。怀着天生之心，还没有做到完全发挥心。知天，与如知州、知县的之'知'同理，是自己本分内的事情，已经与天合一了；对待天，像子对待父亲，臣子对待君主，需要恭敬尊奉，然后能够没有过失，仍然是与天没有合一，这是圣贤的区别。至于说不管命运和寿数如何都没有二心，修身以待，是教导学习之人要一心行善，不可以因为寿命的长短，就改变了为善之心，只去修养自身以待天命即可。至于说命运和寿数有天命在，我也不因此来动摇善心。对待天虽然是与天为二体的，但已经意识到有个天在前；静待天命就类似于未曾见面，在此等候。这边是初学者立心的开始，有个勤奋勉励的意思在。现在却做得颠倒了，所以学者无从下手。”徐爱说：“昨日听闻先生的教导，也隐约感觉到下功夫需要这样，现在我听闻您的这些教诲，更加没有疑问了。我昨日思考，‘格物’的‘物’字，就是‘事’，都是从心的角度来说的。”先生说：“的确。身体的主宰是心，心所生发出来的就是意，意的本体便是知，能体现意的就是物，例如意在侍奉双亲，那么奉养双亲就是一物，意在侍奉君主，那侍奉君主就是一物；意在于仁爱百姓万物那么仁爱百姓万物就是一物；意在视听言动，视听言动就是一物。所以我说心之外没有其他道理，心之外没有其他的物。《中庸》讲没有诚心则无物存在，《大学》章明光明的德行的功夫，都只是在讲诚意，诚意的功夫，就是‘格物’。”

先生又曰：“格物，如《孟子》‘大人格君心’之‘格’，是去其心之不正，以全其本体之正。但意念所在，即要去其不正以全其正，即无时无处不是存天理，即是穷理。天理即是‘明德’，穷理即是‘明明德’。”

译文

先生又说：“‘格物’如《孟子》讲‘大人格君心’之‘格’，是要去除君主心中不正的东西，以保全其内心的正直。只要意念是要去除不正以保全正，那么无时无处不是在存养天理，这就是在‘穷理’。天理就是‘明德’，穷理就是‘明明德’。”

又曰：“知是心之本体，心自然会知。见父自然知孝，见兄自然知弟，见孺子入井自然知恻隐，此便是良知，不假外求。若良知之发，更无私意障碍，即所谓‘充其恻隐之心，而仁不可胜用矣’。然在常人不能无私意障碍，所以须用致知格物之功，胜私复理。即心之良知更无障碍，得以充塞流行，便是致其知，知致则意诚。”

译文

先生又说：“知是心的本体，心自然而然就会知。见到父亲知道尽孝，见到兄长知道友爱，见到孩童落井有恻隐之心，这就是良知，不需要假借外在的东西来寻求。若是由良知生发，就没有私意的阻碍了，这就是所说的有恻隐之心充满，仁德就不可穷尽。但常人不能够做好无私意的阻碍，所以要下致知格物的功夫，战胜这种私意复归到天理。那么心中的良知就没有障碍，可以充满流动，这就是致其知。良知可以行事则意念可以诚挚。”

爱问：“先生以博文为约礼功夫，深思之未能得，略请开示。”先生曰：“‘礼’字即是‘理’字。理之发见可见者谓之文，文之隐微不可见者谓之理，只是一物。约礼只是要此心纯是一个天理。要此心纯是天理，须就理之发见处用功。如发见于事亲时，就在事亲上学存此天理；发见于事君时，就在事君上学存此天理；发见于处富贵贫贱时，就在处富贵贫贱上学存此天理；发见于处患难、夷狄时，就在处患难、夷狄上学存此天理。至于作止语默，无处不然，随他发见处，即就那上面学个存天理。这便是博学之于文，便是约礼的功夫。‘博文’即是‘惟精’，‘约礼’即是‘惟一’。”

译文

徐爱问：“先生说‘博文’是‘约礼’的功夫，我深思后还是不明白，请您开示。”先生说：“‘礼’就是‘理’字。‘理’发出来，能够看到的就称之为‘文’，‘文’的隐曲微妙处不能够看到就称为‘理’，这本是一回事。‘约礼’是要求心能做到纯然存一个天理。要让心纯然保存天理，就需要在‘理’显现出来的地方用功。如显现在奉养双亲的时候，就在奉养双亲上学习存天理；显现在侍奉君主的时候，就在侍奉君主上学习存天理；显现在身处富贵贫贱的境况中，就在富贵贫贱的境况上学习存天理；显现在处于患难、身处边远之地的时候，就在患难中、边远之地处学习存天理。至于（显现在）行动休止发言沉默上，都是这个道理，跟随理所显现之处，在那上面下功夫存天理。这就是博学于‘文’，这边是‘约礼’的功夫。博学于文以求达到心的纯粹，严守礼仪以求达到心的专一。”

爱问：“‘道心常为一身之主，而人心每听命’，以先生‘精一’之训推之，此语似有弊。”先生曰：“然。心一也，未杂于人谓之道心，杂以人伪谓之人心。人心之得其正者即道心，道心之失其正者即人心，初非有二心也。程子谓人心即人欲，道心即天理，语若分析，而意实得之。今曰道心为主，而人心听命，是二心也。天理、人欲不并立，安有天理为主，人欲又从而听命者？”

译文

徐爱问：“道心常常是一身的主宰，人心每每听从道心的命令，用先生教导的‘精一’之理推之，似乎这话有问题。”先生说：“是的。心是一，没有杂入人的诈伪可以称为道心，杂入人的诈伪就称为人心。人心归正就是道心，道心失正就是人心，并非一开始就有两种心。程子说人心就是私欲，道心就是天理，这话看似将二者分开讲，而实际意思与我所言一样。现在说道心是一身的主宰，人心听命于道心，是有两种心。天理、人欲不并存，哪里有天理为主，人欲听命于天理的道理？”

爱问文中子、韩退之。先生曰：“退之，文人之雄耳。文中子，贤儒也。后人徒以文词之故，推尊退之，其实退之去文中子远甚。”爱问：“何以有拟经之失？”先生曰：“拟经恐未可尽非。且说后世儒者著述之意，与拟经如何？”爱曰：“世儒著述，近名之意不无，然期以明道，拟经纯若为名。”先生曰：“著述以明道，亦何所效法？”曰：“孔子删述《六经》，以明道也。”先生曰：“然则拟经独非效法孔子乎？”爱曰：“著述，即于道有所发明。拟经，似徒拟其迹，恐于道无补。”先生曰：“子以明道者，使其反朴还淳而见诸行事之实乎？抑将美其言辞而徒以譊譊于世也？天下之大乱，由虚文胜而实行衰也。使道明于天下，则《六经》不必述。删述《六经》，孔子不得已也。自伏羲画卦，至于文王、周公，其间言《易》如《连山》《归藏》之属，纷纷籍籍，不知其几，《易》道大乱。孔子以天下好文之风日盛，知其说之将无纪极，于是取文王、周公之说而赞之，以为惟此为得其宗。于是纷纷之说尽废，而天下之言《易》者始一。《书》《诗》《礼》《乐》《春秋》皆然。《书》自《典》《谟》以后，《诗》自《二南》以降，如《九丘》《八索》，一切淫哇逸荡之词，盖不知其几千百篇。

《礼》《乐》之名物度数，至是亦不可胜穷。孔子皆删削而述正之，然后其说始废。如《书》《诗》《礼》《乐》中，孔子何尝加一语？今之《礼记》诸说，皆后儒附会而成，已非孔子之旧。至于《春秋》，虽称孔子作之，其实皆鲁史旧文。所谓笔者，笔其旧；所谓削者，削其繁，是有减无增。孔子述《六经》，惧繁文之乱天下，惟简之而不得，使天下务，求其实，非以文教之也。《春秋》以后，繁文益盛，天下益乱。始皇焚书得罪，是出于私意，又不合焚《六经》。若当时志在明道，其诸反经叛理之说，悉取而焚之，亦正暗合删述之意。自秦、汉以降，文又日盛，若欲尽去之，断不能去。只宜取法孔子，录其近是者而表章之，则其诸怪悖之说，亦宜渐渐自废。不知文中子当时拟经之意如何？某切深有取于其事，以为圣人复起，不能易也。天下所以不治，只因文盛实衰，人出己见，新奇相高，以眩俗取誉，徒以乱天下之聪明，涂天下之耳目，使天下靡然，争务修饰文词，以求知于世，而不复知有敦本尚实、反朴还淳之行，是皆著述者有以启之。”爱曰：“著述亦有不可缺者，如《春秋》一经，若无《左传》，恐亦难晓。”先生曰：“《春秋》必待《传》而后明，是歇后谜语矣。圣人何苦为此艰深隐晦之词？《左传》多是鲁史旧文，若《春秋》须此而后明，孔子何必削之？”爱曰：“伊川亦云‘传是案，经是断’。如书弑某君、伐某国，若不明其事，恐亦难断。”先生曰：“伊川此言，恐亦是相沿世儒之说，未得圣人作经之意。如书‘弑君’，即弑君便是罪，何必更问其弑君之详？征伐当自天子出，书‘伐国’，即伐国便是罪，何必更问其伐国之详？圣人述《六经》，只是要正人心，只是要存天理、去人欲，于存天理、去人欲之事，则尝言之。或因人请问，各随分量而说，亦不肯多道，恐人专求之言语，故曰‘予欲无言’。若是一切纵人欲、灭天理的事，又安肯详以示人？是长乱导奸也。故孟子云：‘仲尼之门，无道桓、文之事者，是以后世无传焉。’此便是孔门家法。世儒只讲得一个伯者的学问，所以要知得许多阴谋诡计，纯是一片功利的心，与圣人作经的意思正相反，如何思量得通？”因叹曰：“此非达天德者，未易与言此也！”又曰：“孔子云：‘吾犹及史之阙文也。’孟子云：‘尽信《书》不如无《书》，吾于《武成》取二三策而已。’孔子删《书》，于唐、虞、夏四五百年间，不过数篇，岂更无一事？而所述止此，圣人之意可知矣。圣人只是要删去繁文，后儒却只要添上。”爱曰：“圣人作经，只是要去人欲、存天理。如五伯以下事，圣人不欲详以示人，则诚然矣。至如尧、舜以前事，如何略不少见？”先生曰：“羲、黄之世，其事阔疏，传之者鲜矣。此亦可以想见。其时全是淳庞朴素，略无文采的气象。此便是太古之治，非后世可及。”爱曰：“如《三坟》之类，亦有传者，孔子何以删之？”先生曰：“纵有传者，亦于世变渐非所宜。风气益开，文采日胜，至于周末，虽欲变以夏、商之俗，已不可挽，况唐、虞乎？又况羲、黄之世乎？然其治不同，其道则一。孔子于尧、舜则祖述之，于文、武则宪章之。文、武之法，即是尧、舜之道。但因时致治，其设施政令已自不同。即夏、商事业，施之于周，已有不合。故周公思兼三王，其有不合，仰而思之，夜以继日。况太古之治，岂复能行？斯固圣人之所可略也。”又曰：“专事无为，不能如三王之因时致治，而必欲行以太古之俗，即是佛、老的学术。因时致治，不能如三王之一本于道，而以功利之心行之，即是伯者以下事业。后世儒者许多讲来讲去，只是讲得个伯术。”

译文

徐爱向先生请教王通、韩愈。先生说：“韩愈是文人中的雄才，王通是贤能的儒者。王通因文词的缘故推崇尊重韩愈，实际上韩愈远不如王通。”徐爱问：“为什么王通会有仿作经书的过失呢？”先生说：“仿作经书恐怕不能一概判断为错，你认为后世儒者著述的目的，与仿作经书比如何呢？”徐爱回答说：“世上的儒者著述，不无追求名利的目的，但还是期望能够明道的，仿作经书纯是为了名利。”先生说：“著述是为了明道，这些著述效法的是什么呢？”徐爱说：“孔子删定解说六经，来彰明道理。”先生说：“如此说来仿作经书不正是效法孔子吗？”徐爱说：“著述是对于道有所发明。仿作经书，只模拟经书的形式，恐怕对于阐发道理没有用。”先生说：“你认为要阐明的道理，是让人能够返璞归真用在实际的做事中，还是美化言辞只为了在世上争辩喧扰呢？天下大乱，都是由于言辞空虚而实干匮乏。假如道理昭明于天下，则六经不必删定解说，孔子这样做是不得已而为之。

从伏羲画八卦到文王周公，这期间言说易学的如《连山》《归藏》等，纷杂多出，不能计数，《易》的道理大为混乱。孔子认为天下爱好华丽辞藻的风气日渐兴盛，而这些辞藻无限制无穷极，于是他取文王、周公的学说加以阐发说明，认为唯有他们的学说能够深得《易》的宗旨。于是纷繁的说法尽数废除，天下讲《易》开始归一。《书》《诗》《礼》《乐》《春秋》都是如此。《尚书》从《尧典》《舜典》《大禹谟》《皋陶谟》之下，《诗经》自《周南》《召南》之下，像《九丘》《八索》这类淫荡放逸的文词不知道有几千篇。《礼》《乐》里涉及的名称、物类、法度、数目也不可胜数。孔子都对此进行了删定解说以使学问归正，然后各类邪说才废除。在《书》《诗》《礼》《乐》中，孔子何曾添加过一句话呢？现在《礼记》中的各种说法，都是后世的儒者附会的结果，已经并非孔子的旧文。至于《春秋》，虽然号称是孔子所作，实际上是鲁国史官保存下来的旧文。所谓‘笔’，就是记录旧文；所谓‘削’，就是删削繁杂之处，是有删减而没有增加的。孔子解释六经，惧怕繁复的文词混乱天下，想要使之简化，而不能做到，就让天下人努力去除这些浮华的文词追求文词背后的道理，并不是要用这些文词来施行教化。《春秋》以后，繁复的文词越发兴盛，天下更加混乱。秦始皇焚书得罪天下，是出于自己的私人之意，本不该焚烧六经。如果当时他志在明道，把违反经书道理的邪说都取来烧掉，也正暗合了删述的宗旨。从秦、汉以来，著述日盛，如果想都去除是不可能的。只应该效法孔子，编辑那些贴近经书宗旨的来表章，而各种奇怪悖逆的学说，也就渐渐自行废除了。不知王通当时仿作经书是为了什么？我很是认可他的这种做法，我认为即使是圣人复出，也不会改变。天下之所以治理困难，是因为文章看似兴盛实际衰落，人人发表自己的看法，以新奇的说法为优，以炫耀才华来赢取名利，使得天下聪慧明智之人混乱，耳目都被这些内容所堵塞，令天下风气都务在追求修饰文辞，以求得知名于世，而那些敦厚本分崇尚实干、返璞归真的行为反而湮没无闻了，这些道理著述者都应该受到启发。”徐爱问：“著述不能缺少，如果没有《左传》那么《春秋》的经文是难以理解的。”先生说：“《春秋》经文如果必须依赖《传》的阐发才能够清楚，那就成了歇后语了。圣人何苦要作这些艰深隐晦的文词呢？《左传》大多是鲁国史官保存的旧文，如果《春秋》必须依靠这些材料才能够清楚，孔子为何一定要删削它？”徐爱说：“伊川先生也说‘《左传》就像是案子，《春秋》就像是对案子下的判断’，如果只写弑君、讨伐某国，不明白事情的原委，恐怕也难对此下判断。”先生说：“伊川的说法，恐怕也是沿袭了先儒的说法，没有理解圣人作经书的宗旨。例如写了弑君，只要弑君便是罪，何必非要了解弑君的详情呢？征伐应该从天子这里发动，写了讨伐某国就是罪，何必非要了解讨伐某国的详情呢？孔圣人传述六经，目的在于使人心归正，在于让人保存天理去除人的私欲，与存天理去人欲有关的事情，他就会解说。或者是随着人的提问来解答，或是就个人不同的理解来教导，也不会讲太多，就害怕人们专门传达他的说解（而不关注说解背后的道理），所以他说‘我希望不说’如那些放纵私欲、泯灭天理的事情，他如何肯详细说呢？会加重混乱导致奸邪的产生。所以孟子说‘孔子不说齐桓公、晋文公的事情，因此后世就不传这些内容’，这就是孔子的家法。世上的儒者只求讲解称霸的学问，所以要知道许多阴谋诡计，完全是一片追求功利的心，与圣人作经书的意思正好相反，怎么能够思考得通呢？”先生因此感叹：“如果不是达到天德的人，不容易与他说这些道理啊。”先生又说：“孔子说：‘我也见到过史书中有缺漏之文。’孟子说：‘完全相信书，不如没有书。《武成》这篇我认为只取二三策足够。’孔子删定《尚书》，有关唐、虞、夏四五百年间发生的事，不过取了几篇，难道没有一件事值得讲吗？删定到这种程度，圣人之意已经可以了解了。圣人要删去繁复的文词，后儒却要添加。”徐爱说：“圣人作经书，是要去除人欲，保存天理。例如春秋五霸以下的事，圣人不想以详情示人，确实是如此的。至于尧、舜以前的事，为什么也简略不能得见呢？”先生说：“伏羲黄帝之世的事距今遥远，传述的人很少。但也能够想见当时情况。当时淳厚朴素，文词简略不崇尚追求文采。这是太古的治世之时，后世无法企及。”徐爱说：“如《三坟》之类的典籍，也有传述的人，孔子为何要删定呢？”先生说：“即使有传述的人，内容也会随着世道逐渐变化而不合宜了。风气逐渐开放，文采日益繁复，到了周代末年，虽然想要以夏商时代的风俗改变世道，但情况已经不能挽救了，何况是唐、虞之时呢？何况是伏羲、黄帝之世呢？虽然治理的方式不同，但道理都是一样的。孔子遵循传述尧、舜的学说，效法章明文王、武王的学说。文王、武王之法就是尧、舜之道。只是随着时代不同来进行治理，施行的政令自然是不同的。将夏、商的治理方式在周代推行，已经有不符合世情的地方。所以周公思考三王的治道，有不符合世道的，就夜以继日地思考。更何况太古时候的治理方式呢，哪里能够再来施行呢？这正是圣人能删略前代的原因。”先生又说：“专要行无为而治，不能像三王那样根据时代的情况进行治理，而一定想要行太古的风俗，那是佛家、老子的学术。根据时代的情况治理，但不能像三王那样以道为根据，而是以功利之心治理，是争霸的诸侯以下的事业。后世的儒者说来说去，只是在说如何称霸。”

又曰：“唐、虞以上之治，后世不可复也，略之可也；三代以下之治，后世不可法也，削之可也。惟三代之治可行。然而世之论三代者，不明其本，而徒事其末，则亦不可复矣。”

译文

先生又说：“唐、虞以上的治世，后世不能重复，可以略去它；三代以下的治世，后世不能够效法，也可以删掉。惟有三代的治理方式可以推行。然而世上论说三代的人，不明白三代治理的根本，只是效仿细枝末节，所以三代的治世也无法恢复。”

爱曰：“先儒论《六经》，以《春秋》为史。史专记事，恐与《五经》事体终或稍异。”先生曰：“以事言谓之史，以道言谓之经。事即道，道即事。《春秋》亦经，《五经》亦史。《易》是包牺氏之史，《书》是尧、舜以下史，《礼》《乐》是三代史。其事同，其道同，安有所谓异？”

译文

徐爱说：“先入论说六经，认为《春秋》是史书。史书专主记录事件，恐怕与其他五经的体裁有差异。”先生说：“就所记录的事件来说可以称之为史书，就它所申明的道理来说就称之为经书。事情即是道理，道理也即事情。《春秋》也是经书，五经也可当成历史。《周易》是伏羲氏记录的史书，《尚书》是尧、舜以下的历史，《礼》《乐》是三代的历史。书中记录的事件相同，道理也相同，怎能说它们有差别呢？”

又曰：“《五经》亦只是史。史以明善恶，示训戒。善可为训者，时存其迹以示法；恶可为戒者，存其戒而削其事以杜奸。”爱曰：“存其迹以示法，亦是存天理之本然；削其事以杜奸，亦是遏人欲于将萌否？”先生曰：“圣人作经，固无非是此意，然又不必泥着文句。”爱又问：“恶可为戒者，存其戒而削其事以杜奸，何独于《诗》而不删郑、卫？先儒谓‘恶者可以惩创人之逸志’，然否？”先生曰：“《诗》非孔门之旧本矣。孔子云：‘放郑声，郑声淫。’又曰：‘恶郑声之乱雅乐也。’‘郑、卫之音，亡国之音也。’此是孔门家法。孔子所定三百篇，皆所谓雅乐，皆可奏之郊庙，奏之乡党，皆所以宣畅和平，涵泳德性，移风易俗，安得有此？是长淫导奸矣。此必秦火之后，世儒附会，以足三百篇之数。盖淫泆之词，世俗多所喜传，如今闾巷皆然。‘恶者可以惩创人之逸志’，是求其说而不得，从而为之辞。”

译文

先生又说：“五经也只是史书。史书是为了昭明善恶，显示训诫之义的。可以作为训示的良善之事，则将其保存下来以示可以效法；可以作为警戒的恶行，保存警戒的意味而删去其事来杜绝奸邪发生。”徐爱说：“保存下来以示后人可以效法，也是存天理的自然做法；删去其事以杜绝奸邪，也是将人的私欲遏止在萌芽阶段吗？”先生说：“圣人作经书，固然就是这个意思，但不必拘泥于文句。”徐爱又问：“可以作为警戒的恶行，要存警戒意味而删去其事来杜绝奸邪发生，为什么《诗经》独独不删去郑、卫的风诗呢？先儒朱子说‘记录恶事可以用以惩戒人们不要生出放纵的志意’，是这样吗？”先生说：“《诗经》的已经不是孔门所传授的旧本了。孔子说：‘要放绝郑声，郑声细碎靡靡。’又说：‘厌恶郑声扰乱了雅正的音乐。’‘郑、卫的音乐是亡国之音。’这是孔门的家法。孔子所删定的三百篇，都是雅乐，可以在郊庙祭祀的时候演奏，可以在乡间行礼的时候演奏，因为这些音乐平易和畅，能够涵养人的道德，移风易俗，哪里会有郑卫之音在其间呢？如果有的话那就是在助长奸邪之事了。现在之所以有郑卫之音保留，是经过秦焚书后，后儒附会而成的，是为了凑足三百零五篇之数。世人又喜好传播淫泆之词，现在街头巷尾都是如此。说'记录恶事可以用以惩戒人们不要生出放纵的志意'，这是想解释这个问题却没说清，反而为恶行保留下来找到了理由。"

爱因旧说汩没，始闻先生之教，实是骇愕不定，无入头处。其后闻之既久，渐知反身实践，然后始信先生之学为孔门嫡传，舍是皆傍蹊小径、断港绝河矣。如说格物是诚意的工夫，明善是诚身的工夫，穷理是尽性的工夫，道问学是尊德性的工夫，博文是约礼的工夫，惟精是惟一的工夫。诸如此类，始皆落落难合，其后思之既久，不觉手舞足蹈。

译文

我依从旧说日久，刚听闻先生的教诲，着实惊骇不已，无从入手。此后听得久了，逐渐知晓返回到自身去实践，然后开始相信先生的学问得孔门的嫡传，除此以外都只是小道、断港绝河罢了。例如先生讲格物是诚意的功夫，明善是诚身的功夫，穷理是尽性的功夫，道问学是尊德性的功夫，博文是约礼的工夫，惟精是惟一的工夫。诸如此楼，开始都不能完全领会，之后思考日久，不知不觉深得于心而开心得手舞足蹈了。

右曰仁所录。

译文

以上由徐爱记录。

陆澄问："主一之功，如读书则一心在读书上，接客则一心在接客上，可以为主一乎？"先生曰："好色则一心在好色上，好货则一心在好货上，可以为主一乎？是所谓逐物，非主一也。主一是专主一个天理。"

译文

陆澄问："讲主一的功夫，就如读书就一心读书，接客就一心接客，这就算是主一了吗？"先生说："好色就一心在好色上，好货就一心在好货上，这就是主一了吗？这是所谓的追逐事物，并非主一，主一是要专主天理的。"

问立志。先生曰："只念念要存天理，即是立志。能不忘乎此，久则自然心中凝聚，犹道家所谓结圣胎也。此天理之念常存，驯至于美大圣神，亦只从此一念存养扩充去耳。"

译文

徐又问关于立志的问题。先生说："只要每个念头中都存养天理，就是立志。能不忘记这样做，长久以往自然心中就有所凝聚，就像道家讲结出了一个圣胎。这涵养天理的念头常存，达到完美、宏大、神圣，也只是从这一个念头扩充开的。"

日间工夫，觉纷扰则静坐，觉懒看书则且看书，是亦因病而药。

译文

日常下工夫，觉得纷扰的时候就静坐，觉得懒于看书则坚持看书，也是对症下药。

处朋友，务相下则得益，相上则损。

译文

结交朋友，务必要谦下，则会受益，若争个高下会有受损。

孟源有自是好名之病，先生屡责之。一日警责方已，一友自陈日来工夫请正。源从傍曰："此方是寻着源旧时家当。"先生曰："尔病又发。源色变，议拟欲有所辨。"先生曰："尔病又发。"因喻之曰："此是汝一生大病根。譬如方丈地内，种此一大树，雨露之滋，土脉之力，只滋养得这个大根，四傍纵要种些嘉谷，上面被此树叶遮覆，下面被此树根盘结，如何生长得成？须用伐去此树，纤根勿留，方可种植嘉种。不然，任汝耕耘培壅，只是滋养得此根。"

译文

孟源有自以为是贪好名声的毛病，先生屡次批评他。某天先生刚警戒完孟源，一位友人自己陈说了近日所做的工夫并请先生指正。孟源在旁说："这正是寻摸着我旧日的这一套。"先生说："你的毛病又犯了。"孟源变了脸色，想要有所辩解。先生说："你的毛病又犯了。"于是教导他说："这是你这辈子最大的病根。就比如在一丈见方的地界内，种了这一棵大树，雨露滋润，地力供给，只够滋养树根。四周纵然种上粮食，上面被树叶遮蔽，下面是树根盘踞，如何能长成呢？需要砍去此树，不留根须，才能够种粮食。不然，任凭你耕耘栽培，都只是滋养了树根。"

问："后世著述之多，恐亦有乱正学。"先生曰："人心天理浑然，圣贤笔之书，如写真传神，不过示人以形状大略，使之因此而讨求其真耳。其精神意气，言笑动止，固有所不能传也。后世著述，是又将圣人所画，摹仿誊写，而妄自分析加增，以逞其技，其失真愈远矣。"

译文

陆澄问："后世著述繁多，恐怕会扰乱正统的学说。"先生说："人心与天理是浑然一体的，圣贤所书写的书，如同摹画人像传达神态，不过是展示给人一个大概的形状，由此可以探索真理。圣人的精神意气，言笑举动本就不能完全传达。后世著述，是把圣人所画的内容，模仿抄写，并妄加分析增添内容来炫技，距离圣人要传达的真理更加遥远了。"

问："圣人应变不穷，莫亦是预先讲求否？"先生曰："如何讲求得许多？圣人之心如明镜，只是一个明，则随感而应，无物不照，未有已往之形尚在，未照之形先具者。若后世所讲，却是如此，是以与圣人之学大背。周公制礼作乐以文天下，皆圣人所能为，尧、舜何不尽为之而待于周公？孔子删述《六经》以诏万世，亦圣人所能为，周公何不先为之而有待于孔子？是知圣人遇此时，方有此事。只怕镜不明，不怕物来不能照。讲求事变，亦是照时事。然学者却须先有个明的工夫。学者惟患此心之未能明，不患事变之不能尽。"曰："然则所谓'冲漠无朕，而寓象森然已具'者，其言如何？”曰：“是说本自好，只不善看，亦便有病痛。”

译文

陆澄问：“圣人能够完全应对变化的情况，也是提前学习探求过吗？”先生说：“怎能学习探究过那么多呢？圣人的心如同明镜，只因为明亮，所以能够随着感受而应变，没有照不见的事物。已经过去的形象不会还留在镜子中，未照见的形象也不会提前显现出来。如果按照后世所讲的，却是上述情况，这与圣人之学大相违背。周公制礼作乐以使天下文明，都是圣人能做的，尧、舜为何不都做完而要等周公出现才如此呢？孔子删定传述《六经》以教导后世，也是圣人能做的，周公为何不先做而要等待孔子来做呢？由此可以知晓圣人逢此之时，才有这件事。只恐怕镜子不明亮，而不怕不能照见所来之物。讲求事物的变化，也是随时而照。但学者必须要先有个明的功夫。学者只担忧心不能明亮，不担忧事物的变化无穷尽。”陆澄说：“但（程子所说的）‘世界一片混沌没有变化的征兆之时，一切事物之理已经具备’，该如何理解呢？”先生说：“这种说法本是好的，但人们不善于理解，也便有了问题。”

“义理无定在，无穷尽。吾与子言，不可以少有所得而遂谓止此也。再言之，十年、二十年、五十年未有止也。”他日又曰：“圣如尧、舜，然尧、舜之上，善无尽；恶如桀、纣，然桀、纣之下，恶无尽。使桀、纣未死，恶宁止此乎？使善有尽时，文王何以‘望道而未之见’？”

译文

“义理不是固定不变的，它没有穷尽。我跟你讲，你不可因为年少对义理有所领悟就止步于此。进一步讲，对义理的把握十年、二十年、五十年都不能止步。”某天又说：“从夏桀、商纣之后，恶行没有穷尽。假使夏桀、商纣没死，为恶就没了吗？假使为善有穷尽之时，文王为何要不断追求大道而好像未曾见到？”

问：“静时亦觉意思好，才遇事便不同，如何？”先生曰：“是徒知静养而不用克己工夫也。如此临事便要倾倒。人须在事上磨，方立得住，方能静亦定，动亦定。”

译文

陆澄问：“静下来时候也常觉得我所思所想很好，一遇到事就不同，为什么呢？”先生说：“这是只知道静养而没有在克己上下功夫。这样的话遇事就要出问题。人须得经事磨砺，方才能立得住，方才在静下来能坚定，在行动时候也能坚定。”

问上达工夫。先生曰：“后儒教人才涉精微，便谓上达未当学，且说下学。是分下学、上达为二也。夫目可得见，耳可得闻，口可得言，心可得思者，皆下学也。目不可得见，耳不可得闻，口不可得言，心不可得思者，上达也。如木之栽培灌溉，是下学也；至于日夜之所息，条达畅茂，乃是上达。人安能预其力哉？故凡可用功、可告语者，皆下学，上达只在下学里。凡圣人所说，虽极精微，俱是下学。学者只从下学里用功，自然上达去，不必别寻个上达的工夫。”

译文

陆澄请教关于上达天理的工夫。先生说：“后儒教人在刚涉及学问精微处，便说这是上达天理的学问，还不该学习，姑且先学基础的下学的内容。是把上学、下达分为两事。那些能看、能听、能被说出、心能够思考的内容都是下学。看不见、听不到、说不出、思虑不得的内容是上达。就像对树木的栽培灌溉是下学，而树木日夜生长，长得枝叶茂密，则是上达。人怎能干预到这种生长力量呢？所以凡是能够用功、能够讲解的都是下学，上达就在下学里。圣人所说的，即使极其精微，也都是下学。学者要从下学里用功，自然能够上达，不必去再寻找个上达的工夫。”

持志如心痛，一心在痛上，岂有工夫说闲话、管闲事？

译文

坚持志向就像心痛，心痛起来，哪里有工夫说闲话、管闲事？

问：“‘惟精惟一’是如何用功？”先生曰：“惟一是惟精主意，惟精是惟一功夫，非惟精之外复有惟一也。‘精’字从米，姑以米譬之。要得此米纯然洁白，便是惟一意。然非加舂簸筛拣惟精之功，则不能纯然洁白也。舂簸筛拣是惟精之功，然亦不过要此米到纯然洁白而已。博学、审问、慎思、明辨、笃行者，皆所以为惟精而求惟一也。他如博文者，即约礼之功；格物致知者，即诚意之功；道问学即尊德性之功；明善即诚身之功，无二说也。”

译文

陆澄问：“怎样在惟精惟一上用功呢？”先生说：“惟一是惟精的主导，惟精是惟一的功夫，并不是惟精之外还有惟一。‘精’字由‘米’来，姑且用米来比喻。要让米干净洁白，这就是惟一的意思，但没有舂米筛选的惟精之功，就不能够得到干净洁白的米。舂米筛选是惟精的功夫，但也不过是让米洁干净洁白而已。博学、审问、慎思、明辨、笃行等，都是惟精之功，由此来求惟一。其他的如‘博文’是‘约礼’功夫，‘格物致知’是‘诚意’的功夫，‘道问学’是‘尊德性’的功夫，‘明善’是‘诚身’的功夫，不能分开谈惟精和惟一。”

知者行之始，行者知之成。圣学只一个功夫，知行不可分作两事。

译文

知是行的开始，行是知的实现。圣人的学说讲究功夫，知和行不能分为两回事。

漆雕开曰：“吾斯之未能信。”夫子说之。子路使子羔为费宰，子曰：“贼夫人之子。”曾点言志，夫子许之。圣人之意可见矣。

译文

漆雕开说：“我对自己还不够有信心。”夫子听后很高兴。子路让子羔到费地做官，夫子说：“这要害了他人之子。”曾子说起自己志向，夫子赞许。圣人之意从这些表现中可以得见。

问：“宁静存心时，可为未发之中否？”先生曰：“今人存心，只定得气。当其宁静时，亦只是气宁静，不可以为未发之中。”曰：“未便是中，莫亦是求中功夫？”曰：“只要去人欲、存天理，方是功夫。静时念念去人欲、存天理，动时念念去人欲、存天理，不管宁静不宁静。若靠那宁静，不惟渐有喜静厌动之弊，中间许多病痛，只是潜伏在，终不能绝去，遇事依旧滋长。以循理为主，何尝不宁静；以宁静为主，未必能循理。”

译文

陆澄问：“宁静下来存养己心的时候，可以称为是‘未发之中’吗？”先生说：“现在的人存养心只是能安定气息。当宁静的时候，也只是气息宁静，不能当成是‘未发之中’。”徐澄说：“未发出来就是中，不也是求中的功夫吗？”先生说：“只要去人欲、存天理，就是功夫。宁静的时候念着去人欲、存天理，行动的时候念着去人欲、存天理，不管宁静不宁静。若是要靠着宁静才做，那不仅会逐渐导致喜静厌动的弊端，其间还有很多问题，都潜伏着不能够绝除，遇到事情依旧会滋长。以遵循天理为主，哪里会不宁静呢？以保持宁静为主，未必能遵循天理。”

问：“孔门言志，由、求任政事，公西赤任礼乐，多少实用。及曾皙说来，却似耍的事，圣人却许他，是意何如？”曰：“三子是有意必，有意必便偏着一边，能此未必能彼。曾点这意思却无意必，便是‘素其位而行，不愿乎其外’‘素夷狄行乎夷狄，素患难行乎患难，无入而不自得’矣。三子所谓‘汝器也’，曾点便有不器意。然三子之才，各卓然成章，非若世之空言无实者，故夫子亦皆许之。”

译文

陆澄问：“孔门讨论各人的志向，冉有、子路想担任政事，公西赤想从事礼乐之事，多少都是实用的。到曾析说起，却像是志在玩耍之事，圣人却赞许他，是什么意思呢？”先生说：“前三人是有心思和倾向的，有了这些就会偏向一边，能做到此未必能做到彼。曾析却没有这样，这就是处在什么位置就做什么事，不去做分外的事情。处在偏远之地就做偏远之地的事情，处在患难中就做患难中该做的事情，无论处在何种情况都能够自得。前三人是所谓的有才干的人，曾析就有不停留在具体才干层面的意思了。但三人的才干，都卓越显著，并不是世上那些空谈没有实才的人，所以夫子也是嘉许的。”

问：“知识不长进如何？”先生曰：“为学须有本原，须从本原上用力，渐渐盈科而进。仙家说婴儿，亦善譬。婴儿在母腹时，只是纯气，有何知识？出胎后方始能啼，既而后能笑，又既而后能识认其父母兄弟，又既而后能立、能行、能持、能负，卒乃天下之事无不可能。皆是精气日足，则筋力日强，聪明日开，不是出胎日便讲求推寻得来。故须有个本原。圣人到位天地，育万物，也只从喜怒哀乐未发之中上养来。后儒不明格物之说，见圣人无不知，无不能，便欲于初下手时讲求得尽，岂有此理？”又曰：“立志用功，如种树然。方其根芽，犹未有干；及其有干，尚未有枝；枝而后叶，叶而后花实。初种根时，只管栽培灌溉，勿作枝想，勿作叶想，勿作花想，勿作实想。悬想何益？但不忘栽培之功，怕没有枝叶花实？”

译文

陆澄问：“知识没有长进该怎么办？”先生说：“学习需要知道本原，从本原上用功，逐渐能够有所进步。仙家说婴儿就是个好的譬喻。婴儿在母亲腹中，只有一团气，有什么知识呢？降生后才能啼哭，之后能笑，之后能够认识父母兄弟，之后能够站立、行走、持握、承担，最后天下的事情都能做。这都是精气日渐充足，筋骨日渐强壮，聪明日益开发，不是从出生那天就都能推求到的。所以需要有个本原。圣人达到是天地万物各归其位、化育万物的境界，也只是从喜怒哀乐存于胸中未发出来的时候逐渐养成的。后儒不明白格物的道理，见到圣人无所不知，无所不能，就想要在刚下手的时讲求都具备，哪有这样的道理？”先生又说：“立志用功，就像种树，在萌芽之时，还没有树干，到有了树干，还没有树枝，有了树枝而后有叶，有了叶子而后有花和果实。开始养树根的时候，只管栽培灌溉，不要想着树枝、树叶、花朵、果实，还未到那个阶段而作空想有何益处呢？只要不忽视对根的栽培，害怕没有枝、叶、花朵和果实吗？”

问："看书不能明如何？"先生曰："此只是在文义上穿求，故不明。如此，又不如为旧时学问，他到看得多，解得去。只是他为学虽极解得明晓，亦终身无得，须于心体上用功。凡明不得，行不去，须反在自心上体当即可通。盖《四书》《五经》不过说这心体，这心体即所谓道，心体明即是道明，更无二。此是为学头脑处。"

译文

陆澄问："看书不能够明白该怎么办？"先生说："这是只在文义上穿凿寻求，所以不明白。这样做，还不如去学旧日程朱他们的学问，他们看得多，解释得通。但他们虽然解释得极明白，终身也没有收获。须要在心体上用功。凡不明白、不能做的，须返回到自己心体上来想即可明白。《四书》《五经》不过是说这心体的，心体就是道，心体明白道也就明白了，此外没有其他。这就是为学的最紧要处。"

虚灵不昧，众理具而万事出。心外无理，心外无事。

译文

朱子说："让心灵不蒙昧，各种道理都能具备而万事都能表现出来。"这是讲心外没有道理，心外没有事物。

或问："晦庵先生曰：'人之所以为学者，心与理而已。'此语如何？"曰："心即性，性即理，下一'与'字，恐未免为二。此在学者善观之。"

译文

有人问："朱子说'人所学习的，就是心与理'，这话如何理解？"先生说："心就是性，性就是理，下面加一个'与'字，怕被会被当成两件事。这就看学者是否善于观察了。"

或曰："人皆有是心，心即理，何以有为善，有为不善？"先生曰："恶人之心，失其本体。"

译文

有人说："人人都有心，心就是理，为何会有为善和为不善的差别呢？”先生说：“恶人的心，失去了其本体。”

问：“‘析之有以极其精而不乱，然后合之有以尽其大而无余’，此言如何？”先生曰：“恐亦未尽。此理岂容分析，又何须凑合得？圣人说精一自是尽。”

译文

陆澄问：“‘进行分析达到极为精纯的地步而不会混乱，然后将分析的道理合起来就能够穷尽一切而没有遗漏了’，这话如何？”先生说：“恐怕也说得不明白。理哪里能够被分析呢？又哪须要凑合到一起才能明白？圣人讲精一已经讲得很明白了。”

省察是有事时存养，存养是无事时省察。

译文

省察是有事的时候存养，存养是无事时候进行省察。

澄尝问象山在人情事变上做工夫之说。先生曰：“除了人情事变，则无事矣。喜怒哀乐非人情乎？自视听言动，以至富贵、贫贱、患难、死生，皆事变也。事变亦只在人情里。其要只在致中和，致中和只在谨独。”

译文

陆澄请教先生关于陆九渊在人情事变上做功夫的学说。先生说：“除了人情事变，没有其他事了。喜怒哀乐不是人情吗？从视听言动，到富贵、贫贱、患难、死生，都是事变。事变也只存在于人情里。关键在于达到中和，要达到中和就要慎独。”

澄问：“仁、义、礼、智之名，因已发而有？”曰：“然。”他日，澄曰：“恻隐、羞恶、辞让、是非，是性之表德邪？”曰：“仁、义、礼、智也是表德。性一而已，自其形体也谓之天，主宰也谓之帝，流行也谓之命，赋于人也谓之性，主于身也谓之心。心之发也，遇父便谓之孝，遇君便谓之忠，自此以往，名至于无穷，只一性而已。犹人一而已，对父谓之子，对子谓之父，自此以往，至于无穷，只一人而已。人只要在性上用功，看得一

‘性’字分明，即万理灿然。”

译文

陆澄问：“仁义礼智之名，是情感从心中发出之后才有的吗？”先生说：“是的。”某天，陆澄问：“恻隐、羞耻厌恶、推辞谦让、是非判断，是人的本性所表现出来的德行吗？”先生说：“仁义礼智也是表现出来的德行。性只有一而已。就它的形体来说可以称为天，就其主宰一切来说可以称为帝，就其流动周行来说可以称为命，赋予了人就称之为性，作为身的主宰就称为心。从心表现出来，在对待父亲时就称为孝，对待君主就称为忠，从此以往，名称可以无穷多，性只有一而已。这就如同人只有这一个，对于父亲来说是孩子，对孩子来说是父亲，从此以往，称谓可以无穷，人只有一个而已。人只要在性上用功，把性这一字理解分明，万般道理就都洞悉了。”

一日，论为学工夫。先生曰：“教人为学，不可执一偏。初学时心猿意马，拴缚不定，其所思虑多是人欲一边，故且教之静坐、息思虑。久之，俟其心意稍定，只悬空静守，如槁木死灰，亦无用，须教他省察克治。省察克治之功，则无时而可间，如去盗贼，须有个扫除廓清之意。无事时，将好色、好货、好名等私欲逐一追究搜寻出来，定要拔去病根，永不复起，方始为快。常如猫之捕鼠，一眼看着，一耳听着，才有一念萌动，即与克去，斩钉截铁，不可姑容与他方便，不可窝藏，不可放他出路，方是真实用功，方能扫除廓清。到得无私可克，自有端拱时在。虽曰何思何虑，非初学时事。初学必须思省察克治，即是思诚，只思一个天理，到得天理纯全，便是何思何虑矣。”

译文

一天，师生讨论为学的工夫。先生说：“教人学习，不能够执着异端。初学的时候心猿意马，心思定不住，所思考的大多是人的私欲，这样就教他静坐、平息思虑。时间久了，等他的心思稍定下来，如果还是心思悬空静坐不动，如同槁木死灰，也是没用的。须教他自我省察克治私欲，则无时不在用功而没有间断，就如同去除盗贼，须有一个彻底扫除的意念。没事的时候，将喜好美色、贪好财货、追逐名声这些私欲逐一探究找寻出来，一定要除去病根，永远不会再复发，方才觉得快意。就像猫抓老鼠，一看到老鼠，耳一听到老鼠的动静，念头一动，马上就要抓住，斩钉截铁，不可姑息放任，不可窝藏，不可给他出路，这才是真正的用功，才能彻底除去廓清。到了没有私欲需要克服的境地，自会有垂拱端坐的轻松时刻。虽然也叫做‘何思何虑’，已经不是初学时候的事情了。初学之时必须省察可知，这就是心思真诚，只去思考天理，达到天理纯粹完整的境界，就是‘何思何虑’了。”

澄问：“有人夜怕鬼者，奈何？”先生曰：“只是平日不能集义，而心有所慊，故怕。若素行合于神明，何怕之有？”子莘曰：“正直之鬼不须怕，恐邪鬼不管人善恶，故未免怕。”先生曰：“岂有邪鬼能迷正人乎？只此一怕，即是心邪，故有迷之者，非鬼迷也，心自迷耳。如人好色，即是色鬼迷；好货，即是货鬼迷；怒所不当怒，是怒鬼迷；惧所不当惧，是惧鬼迷也。”

译文

陆澄问：“有人夜里怕鬼，怎么办？”先生说：“这只是平日不能够积累义行，心中有愧疚，所以害怕。若平日的行为合乎神明，哪有什么可怕的呢？”马明衡说：“正直的鬼不用怕，恐怕邪恶的鬼不顾人的善恶，所以难免害怕。”先生说：“哪有邪恶的鬼能迷惑正直的人呢？只要有这种害怕，就是心中不正，所以有被迷惑的人，不是鬼迷糊了他，是他的心自己迷惑了。就像人好色，就是被色鬼迷惑；好货，就是被货鬼迷惑；不该发怒的时候发怒，是被怒鬼迷惑；不该恐惧的时候恐惧，是被惧鬼迷惑。”

定者心之本体，天理也。动静所遇之时也。

译文

心的本体是安定的，就是天理。心有动有静是因为所遭遇的情况不同。

澄问《学》《庸》同异。先生曰：“子思括《大学》一书之义，为《中庸》首章。”

译文

陆澄问学习《大学》《中庸》的同异。先生说："子思概括《大学》一书的大义，是《中庸》首章的内容。"

问："孔子正名，先儒说'上告天子，下告方伯，废辄立郢'，此意如何？"先生曰："恐难如此。岂有一人致敬尽礼待我而为政，我就先去废他？岂人情天理？孔子既肯与辄为政，必已是他能倾心委国而听。圣人盛德至诚，必已感化卫辄，使知无父之不可以为人，必将痛哭奔走，往迎其父。父子之爱，本于天性，辄能悔痛真切如此，蒯聩岂不感动底豫？蒯聩既还，辄乃致国请戮。聩已见化于子，又有夫子至诚调和其间，当亦决不肯受，仍以命辄。群臣百姓又必欲得辄为君。辄乃自暴其罪恶，请于天子，告于方伯诸侯，而必欲致国于父。聩与群臣百姓亦皆表辄悔悟仁孝之美，请于天子，告于方伯诸侯，必欲得辄而为之君。于是集命于辄，使之复君卫国。辄不得已，乃如后世上皇故事，率群臣百姓尊聩为太公，备物致养，而始退复其位焉。则君君、臣臣、父父、子子，名正言顺，一举而可为政于天下矣。孔子正名，或是如此。"

译文

陆澄问："孔子讲究名分正当，先儒（朱熹）说这是向上告知天子，向下告诉诸侯，废除公子辄改立公子郢，这种理解如何？"先生说："恐怕不是这样。哪有一人对我极尽礼遇让我辅政，我却要去废除他呢？这哪里合乎人情天理呢？孔子既然肯辅佐公子辄为政，必然是他信任孔子委以重任，听从意见。孔圣人的德行诚挚，必然已经感化了卫辄，让他明白没有父亲也就没有他，卫辄必然要奔走痛哭去迎回他的父亲。父子之间的亲爱，本于天性，卫辄能够这样真切地悔痛，蒯聩哪能不感动呢？蒯聩回来后，卫辄就请求归还国家并惩罚自己。蒯聩已经被儿子感动，又有夫子在其间诚心调和，所以他坚决不接受儿子的让国，仍命卫辄为国君。群臣百姓又都希望卫辄做国君。卫辄于是自陈自己的罪行，向周天子请罪，并告知其他诸侯，一定要将国家交给父亲。蒯聩与群臣、百姓都表彰卫辄能够悔悟有仁心孝顺的美德，请求于周天子，告知其他诸侯，一定要让卫辄做国君。都向卫辄请命，请他复位仍为卫国国君。卫辄不得已，于是就像后世立太上皇那样，率领群臣百姓尊蒯聩为太公，物用齐备来奉养他，然后恢复了君位。于是君臣父子之间名正言顺，有这番行为才可以正当地执政于天下。孔子要端正名分，大约就是要这样吧。”

澄在鸿胪寺仓居，忽家信至，言儿病危，澄心甚忧闷不能堪。先生曰：“此时正宜用功。若此时放过，闲时讲学何用？人正要在此等时磨炼。父之爱子，自是至情，然天理亦自有个中和处，过即是私意。人于此处多认做天理当忧，则一向忧苦，不知已是有所忧患，不得其正。大抵七情所感，多只是过，少不及者。才过便非心之本体，必须调停适中始得。就如父母之丧，人子岂不欲一哭便死，方快于心？然却曰‘毁不灭性’，非圣人强制之也，天理本体自有分限，不可过也。人但要识得心体，自然增减分毫不得。”

译文

陆澄在鸿胪寺暂居，忽然收到家信，信中说儿子病危，陆澄非常担心苦闷不能忍耐。先生说：“这个时候正应该用功。如果把这个时刻放过，无事时讲学有什么用呢？人正要在这种时候磨炼自我。父亲爱孩子，自然是极为深刻的感情，但天理也讲究中和，过度了就是私欲。人在这种时候多认为按照天理应该担忧，于是一味担忧困苦，不知道这已经是有所忧患，没有做到纯正。大约七情所感发，多数情况下是过度的，少数情况下不及。一过度就不是心的本体，必须要调整到适中才行。就像父母去世，人子哪个不是痛哭欲死，心中才能够快慰一些？但圣人却提倡可以因伤心有所毁伤但不可危及性命，这并不是圣人在强行压抑人的感情，是天理本体自有限度，不能太过度。人只要认识了心体，自然就不会过度或不及了。”

不可谓未发之中常人俱有。盖体用一源，有是体即有是用，有未发之中，即有发而皆中节之和。今人未能有发而皆中节之和，须知是他未发之中亦未能全得。

译文

不能说“未发之中”常人都有。因为体和用是同源的，有这个体，就有这个用，有“未发之中”，就有“发而皆中节”的和。现在有人不能够达到“发而皆中节”的和，那么须知他“未发之中”也未能完全做到。

《易》之辞，是“初九，潜龙勿用”六字；《易》之象，是初画；《易》之变，是值其画；《易》之占，是用其辞。

译文

《周易》的爻辞是“初九，潜龙勿用”六字；《周易》的象是开始画出的卦爻象；《周易》的变化是有新的卦爻象；《周易》的占断是利用卦爻辞。

夜气，是就常人说。学者能用功，则日间有事无事，皆是此气翕聚发生处。圣人则不消说夜气。

译文

夜间养气，是就常人而言的。学者如果能够用功，那么白天无论有事无事，气都可以收缩汇聚生发。圣人是不需要讲夜间养气的。

澄问“操存舍亡”章。曰：“‘出入无时，莫知其乡。’此虽就常人心说，学者亦须是知得心之本体，亦元是如此，则操存功夫，始没病痛。不可便谓出为亡，入为存。若论本体，元是无出入的。若论出入，则其思虑运用是出。然主宰常昭昭在此，何出之有？既无所出，何入之有？程子所谓腔子，亦只是天理而已。虽终日应酬而不出天理，即是在腔子里。若出天理，斯谓之放，斯谓之亡。”又曰：“出入亦只是动静，动静无端，岂有乡邪？”

译文

陆澄询问《孟子》“操则存，舍则亡”一章。先生说：“这章讲‘（心）出入不定，不知道它的方向’，这虽然是就常人的心来说的，学者也须知心的本体原本也是这样，这样在操守存养上下功夫才能没有毛病。不能直接把‘出’等同于‘亡’，‘入’等同于‘存’。若要论本体，本是没有出入的。若论出入，那么思虑运用是‘出’，但作为主宰的本体昭然在此，哪里有什么出入呢？既然没有出，哪会有入？程子所说的‘（心要在）腔子’，也只是讲天理罢了。虽然终日应酬也不超出天理，这就是在腔子里，若是超出了天理，就叫做‘放’，这就是‘亡’。”先生又说：“出入也只是动静，动静没有端绪，哪会有确定的方向呢？”

王嘉秀问：“佛以出离生死诱人入道，仙以长生久视诱人入道，其心亦不是要人做不好，究其极至，亦是见得圣人上一截，然非入道正路。如今仕者有由科，有由贡，有由传奉，一般做到大官，毕竟非入仕正路，君子不由也。仙佛到极处，与儒者略同，但有了上一截，遗了下一截，终不似圣人之全。然其上一截同者，不可诬也。后世儒者，又只得圣人下一截，分裂失真，流而为记诵词章，功利训诂，亦卒不免为异端。是四家者终身劳苦，于身心无分毫益。视彼仙佛之徒，清心寡欲，超然于世累之外者，反若有所不及矣。今学者不必先排仙佛，且当笃志为圣人之学。圣人之学明，则仙佛自泯。不然，则此之所学，恐彼或有不屑，而反欲其俯就，不亦难乎？鄙见如此，先生以为何如？”先生曰：“所论大略亦是。但谓上一截、下一截，亦是人见偏了如此。若论圣人大中至正之道，彻上彻下，只是一贯，更有甚上一截、下一截？‘一阴一阳之谓道’，但仁者见之便谓之仁，知者见之便谓之智，百姓又日用而不知，故君子之道鲜矣。仁、智岂可不谓之道？但见得偏了，便有弊病。”

译文

王嘉秀问：“佛教以出离生死诱导人信奉，仙道以长生不老诱导人信奉。他们的本意也不是要人做不好的事，追究到极致，也是能得见圣人之上的一部分内容的，但这并非入道的正途。就像现在任官的人，有通过科举，有通过举荐，有通过传奉，一样都做到大官，但不由正途入仕，君子是不取的。仙佛到极致，与儒者大略相同，但有了这上面的一截，缺少了下面这一截，终究不如圣人那样齐全。这相同的上面一部分内容，不可视为虚的。后世的儒者，又只修得了圣人下面这一截，分裂失去了圣人真意，流于记诵、词章，功利、训诂，最终也不免成为异端。上述说的这四种情况令人终身劳苦，却对身心毫无益处。他们与仙佛之徒清心寡欲，超脱在世事负累之外相比，反而是有所不及的。现在的学者也不必预先排斥仙佛，只笃定志向专心于圣人之学。圣人的学说昭明，仙佛之说自然就泯灭了。否则对于圣人之学，那些学仙佛的人或许会不屑，而还想要他们来相信，不是很难吗？我的浅见是这样的，先生认为如何？”先生说：“你说得大致是对的。但所谓上一截、下一截，也是人理解有偏颇导致的。若讨论圣人大中至正之道，上下通彻，一以贯之，那有什么上一截、下一截？一阴一阳叫做道，仁者见此就称其为仁，智者见之就称其为智，百姓日常用到了道但对道并没有自觉，所以君子的道鲜为人知。仁、智能说不是道吗？但如果有了偏见，就会有弊病。”

蓍固是易，龟亦是易。

译文

用蓍草占卜是易学，用龟壳占卜也是易学。

问：“孔子谓武王未尽善，恐亦有不满意？”先生曰：“在武王自合如此。”曰：“使文王未没，毕竟如何？”曰：“文王在时，天下三分已有其二，若到武王伐商之时，文王若在，或者不致兴兵，必然这一分亦来归了。文王只善处纣，使不得纵恶而已。”

译文

陆澄问：“孔子说武王没有尽善，恐怕仍有不满意的地方吧？”先生说：“对武王的评价本就该如此。”陆澄问：“假使文王没有去世，最后会怎么样呢？”先生说：“文王在世的时候，占有了天下三分之二，如果到了武王伐纣的时候文王还在，或许不至于会兴兵讨伐，剩下的这三分之一也自己来归附了。文王只要妥善地处理纣王，使他不要放纵行恶就可以了。”

问孟子言“执中无权犹执一”。先生曰：“中只是天理，只是易。随时变易，如何执得？须是因时制宜，难预先定一个规矩在。如后世儒者要将道理一一说得无罅漏，立定个格式，此正是执一。”

译文

陆澄问："孟子说坚持中道而没有权变就犹如执一。"先生说："中只是天理，只是变化。随时变化，怎么能够执呢？须随时变化得宜，很难预先设定一个规矩。像后世的儒者要把道理一条一条讲得没有任何漏洞，确立一个格式，这正是执一。"

唐诩问："立志是常存个善念，要为善去恶否？"曰："善念存时，即是天理。此念即善，更思何善？此念非恶，更去何恶？此念如树之根芽，立志者长立此善念而已。'从心所欲不逾矩'，只是志到熟处。"

译文

唐诩问："确立志向是常常要存善念，关键在于做善事去除恶念吗？"先生说："存有善念的时候，就是天理。这个念头就是善的，还考虑什么善呢？这个念头不是恶的，哪还要去除恶？这个念就像树的树根、嫩芽，立志的人要确立善念而已。依从心中所想不逾越规矩，就是立志达到了成熟。"

精神、道德、言动，大率收敛为主，发散是不得已。天地人物皆然。

译文

精神、道德、言行举动，大都以收敛为主，发散是不得已才做的。天地人物都是如此。

问："文中子是如何人？"先生曰："文中子庶几具体而微，惜其蚤死。"问："如何却有续经之非？"曰："续经亦未可尽非。"请问。良久曰："更觉良工心独苦。"

译文

陆澄问："王通是个什么样的人？"先生说："王通几乎是个全面的人，只在细微处有欠缺，可惜他去世很早。"陆澄问："为何他会有仿造经书的过失？"先生说："延续经书也不能完全视为过错。"陆澄请教。良久先生说："我更能理解'良工心独苦'。"

许鲁斋谓"儒者以治生为先"之说，亦误人。

译文

许鲁斋说儒者以谋生为先的学说，也是误人子弟。

问仙家元气、元神、元精。先生曰：“只是一件，流行为气，凝聚为精，妙用为神。”

译文

陆澄请教元气、元神、元精。先生说：“三者是一回事，流动运行是元气，凝聚是元精，巧妙运用是元神。”

喜怒哀乐本体自是中和的，才自家着些意思，便过不及，便是私。

译文

喜怒哀乐本体自然是中和的，自己刚附着些个人的想法，就会过度或不及，就是私欲。

问“哭则不歌”。先生曰：“圣人心体自然如此。”

译文

陆澄请教（《论语》中孔子）哭完不再歌唱。先生说：“圣人的心体本就是这样。”

克己须要扫除廓清，一毫不存方是。有一毫在，则众恶相引而来。

译文

克己需要扫除廓清自己的私欲，丝毫不存才算做到。有一毫在，那各种恶就会被吸引而来。

问《律吕新书》，先生曰：“学者当务为急，算得此数熟，亦恐未有用，必须心中先具礼乐之本方可。且如其书说多用管以候气，然至冬至那一刻时，管灰之飞或有先后，须臾之间，焉知那管正值冬至之刻？须自心中先晓得冬至之刻始得。此便有不通处。学者须先从礼乐本原上用功。”

译文

陆澄请教《律吕新书》，先生说：“学者有当务之急。只把这些数算得清楚，恐怕还没用，必须心中现有礼乐的根本才行。并且像书中所说多用乐管来察知气，但到了冬至那一刻，管里的灰飞起来有先后的差别，须臾之间，怎么知道哪个乐管正当冬至呢？须自己心中先知晓冬至时刻才能够理解。这里就有不通的地方。学者须得先从礼乐的本原上用功。”

曰仁云：“心犹镜也。圣人心如明镜，常人心如昏镜。近世格物之说，如以镜照物，照上用功，不知镜尚昏在，何能照？先生之格物，如磨镜而使之明，磨上用功，明了后亦未尝废照。”

译文

徐爱说：“心就像镜子。圣人心如明镜，常人心如昏暗的镜子。近世的格物质说，如同用镜子照物，在照这个行动上用功，不知道还有昏暗的镜子存在，哪里能照呢？先生的格物学说，如同先打磨镜子使之明亮，在打磨上用功，等镜明了就不会照不见了。”

问道之精粗。先生曰：“道无精粗，人之所见有精粗。如这一间房，人初进来，只见一个大规模如此。处久，便柱壁之类一一看得明白。再久，如柱上有些文藻，细细都看出来，然只是一间房。”

译文

陆澄请教道的精粗问题。先生说：“道没有精粗之分，是人的见识有精粗的差别。就像这间房子，人刚进来，只能看个大概的轮廓。待得久了，柱子、墙壁都能够看清。再久一些，柱子上的纹饰，细节都能够看出来，然而这间房还是这间房。”

先生曰：“诸公近见时，少疑问，何也？人不用功，莫不自以为已知为学，只循而行之是矣。殊不知私欲日生，如地上尘，一日不扫，便又有一层。着实用功，便见道无终穷，愈探愈深，必使精白无一毫不彻方可。”

译文

先生说：“诸位近来相见的时候，疑问少了，为什么呢？人不用功，都是自认为已经明白了，为学只要循着前人行进就可以了。殊不知私欲每日产生，如同地上的尘土，一天不清扫，就会积累一层。踏实用功，就会看到求道是没有穷尽的，越是探索越是深入，务必要做到精细纯白没有丝毫不透彻的地方才行。”

问：“知至然后可以言诚意。今天理人欲，知之未尽，如何用得克己工夫？”先生曰：“人若真实切己，用功不已，则于此心天理之精微日见一日，私欲之细微亦日见一日。若不用克己工夫，终日只是说话而已，天理终不自见，私欲亦终不自见。如人走路一般，走得一段，方认得一段，走到歧路处，有疑便问，问了又走，方渐能到得欲到之处。今人于已知之天理不肯存，已知之人欲不肯去，且只管愁不能尽知，只管闲讲，何益之有？且待克得自己无私可克，方愁不能尽知，亦未迟在。”

译文

陆澄问：“（《大学》中说）‘所知达到极致然后才可以说诚意’。现在天理人欲，所知还没有穷尽，怎么在克己上用功呢？”先生说：“人如果踏实地践行，用功不停，则心中对于天理的精微之妙日益得见，私欲的细微之处也日益得见。如果不用克己的功夫，终日只是说话而已，终究不会明白天理，也无法明白私欲。这就像人走路一样，走一段路，才认得一段，走到岔路口，有疑惑就要问路，问明白了再走，才能渐渐走到目的地。今人对于已明白的天理不肯存养，已明白的人欲也不肯去除，只管发愁不能全知，只管讲闲话，有什么益处呢？只有等到把私欲去除到无可再去的地步，再发愁不能全知也不迟。”

问：“道一而已，古人论道往往不同，求之亦有要乎？”先生曰：“道无方体，不可执着。却拘滞于文义上求道，远矣。如今人只说天，其实何尝见天？谓日、月、风、雷即天，不可；谓人、物、草、木不是天，亦不可。道即是天，若识得时，何莫而非道？人但各以其一隅之见认定，以为道止如此，所以不同。若解向里寻求，见得自己心体，即无时无处不是此道。亘古亘今，无终无始，更有甚同异？心即道，道即天，知心则知道知天。”又曰：“诸君要实见此道，须从自己心上体认，不假外求始得。”

译文

陆澄问："道就是一，古人论及道意见往往不同，求道也有关键吗？"先生说："道没有形状实体，不能够执着。局限于从文义上求道，会离道越来越远。现在的人只管说天，其实何尝见过天？说日、月、风、雷就是天，这样不可。说人、物、草、木不是天，这样也不可。道就是天，若能意识到，什么不是道呢？人只靠着各自的片面认识来认定什么是道，以为道就仅是他所认知的这样，所以各人对道的意见不同。若知道向内寻求，见到自己心的本体，则无时无处不是道。古今延续，没有始终，哪有什么异同？心就是道，道就是天，明白心就明白道明白天。"先生又说："诸位要实际地见到道，须从自己心上来体察辨认，不借助外在方才能够实现。"

问："名物度数，亦须先讲求否？"先生曰："人只要成就自家心体，则用在其中。如养得心体，果有未发之中，自然有发而中节之和，自然无施不可。苟无是心，虽预先讲得世上许多名物度数，与己原不相干，只是装缀，临时自行不去，亦不是将名物度数全然不理，只要知所先后，则近道。"又曰："人要随才成就，才是其所能为。如夔之乐，稷之种，是他资性合下便如此。成就之者，亦只是要他心体纯乎天理。其运用处，皆从天理上发来，然后谓之才。到得纯乎天理处，亦能不器。使夔、稷易艺而为，当亦能之。"又曰："如'素富贵行乎富贵，素患难行乎患难'，皆是不器，此惟养得心体正者能之。"

译文

陆澄问："名称、物体、规则、数目，也是需要先探求的吧？"先生说："人只要能成就自己的心体，那对这些东西的运用就在其中了。如果能够养成心体，有未发之中，自然就有发而中节的和，自然怎样施为都可以。如果没有养成心体，虽然预先能明白世上许多的名称、物体、规则、数目，与自己原也不相干，只是临时的装饰点缀，自然怎么行动都没用，也不是全然不理会名称、物体、规则、数目，是要知道为学的先后，那么就接近道了。"先生又说："人要根据自己的才能成就自己，才能就是他所能做的，如夔才能在于音乐，稷在于种植，是他们的资质本性如此。有所成就也只是他们的心体达到了纯粹天理的境地。在运用的时候，都从天理上生发出来，然后被称为才能。达到了纯粹天理，也能不限于具体的才器。假使令夔、稷互换才能，他们也能胜任。”先生又说：“处在富贵时行富贵当行的事情，处在患难中行患难时当行的事情，这都是不限于某种具体的才能。能做到这样惟有哪些养心体得正的人。”

与其为数顷无源之塘水，不若为数尺有源之井水，生意不穷。时先生在塘边坐，傍有井，故以之喻学云。

译文

与其做几顷没有源头的塘水，不如做只有几尺深的井水，生机无穷。当时先生在池塘边坐着，旁边有井，因此取之来比喻为学要有源头。

问：“世道日降，太古时气象如何复见得？”先生曰：“一日便是一元。人平旦时起坐，未与物接，此心清明景象，便如在伏羲时游一般。”

译文

陆澄问：“世道日渐衰落，太古时的气象怎样才能再见到呢？”先生说：“一天就是一元。人日出时起床坐下，还没有与物有交接，此时心中有清明景象，就像在伏羲之时遨游一般。”

问：“心要逐物，如何则可？”先生曰：“人君端拱清穆，六卿分职，天下乃治。心统五官，亦要如此。今眼要视时，心便逐在色上；耳要听时，心便逐在声上。如人君要选官时，便自去坐在吏部；要调军时，便自去坐在兵部。如此，岂惟失却君体，六卿亦皆不得其职。”

译文

陆澄问：“心要追逐外物，怎么办呢？”先生说：“人君端坐垂衣拱手清明肃穆，六卿分别有具体的职务，天下才能够得到治理。以心来统领五官，也要这样。现在眼睛要看时，心就追随在美色上；耳要听时，心就追随在声音上。这就如同人君要选官，便亲自去坐在吏部；要调动军队，便亲自坐在兵部。这样做，不仅是失去了为君的体统，六卿也不能各司其职。”

善念发而知之，而充之；恶念发而知之，而遏之。知与充与遏者，志也，天聪明也。圣人只有此，学者当存此。

译文

善念发出来能意识到，而去充盈它；恶念发出来能意识到，而去遏制它。能意识与能充盈能遏制，都是有志向，是天赋予的聪慧。圣人有这种天生智慧，学者当存养这种智慧。

澄曰：“好色、好利、好名等心，固是私欲。如闲思杂虑，如何亦谓之私欲？”先生曰：“毕竟从好色、好利、好名等根上起，自寻其根便见。如汝心中决知是无有做劫盗的思虑，何也？以汝元无是心也。汝若于货色名利等心，一切皆如不做劫盗之心一般，都消灭了，光光只是心之本体，看有甚闲思虑？此便是寂然不动，便是未发之中，便是廓然大公，自然感而遂通，自然发而中节，自然物来顺应。”

译文

陆澄说：“好色、好利、好名等心思，固然是私欲。那些闲杂的思虑，为什么也被称为私欲呢？”先生说：“闲杂的思虑归根结底也是从好色、好利、好名上生起的，自行去寻找根源就能看到。例如你心中一定知道自己是没有做劫匪盗贼的思虑的，为何？因为你本没有这个心思。如果对于货色名利的心思，都像不做劫匪盗贼的心思一般清楚，那么这些欲望就都被消灭了，干净的只有心的本体，看还有什么闲杂的思虑？这就是沉寂不动，就是‘未发之中’，就是‘廓然大公’，自然能做到‘感而遂通’，自然能‘发而中节’，自然‘物来顺应’了。”

问志至气次。先生曰：“‘志之所至，气亦至焉’之谓，非极至次贰之谓。持其志则养气在其中，无暴其气则亦持其志矣。孟子救告子之偏，故如此夹持说。”

译文

陆澄请教“志至气次”。先生说：“这句话的意思是心志所到之处，意气也会到达。并不是说心志是极致的，意气是次等的。保持心志那么存养意气就在其中了。不要损害意气也就在保持心志了。孟子为了纠正告子的偏颇，所以这样把二者合起来讲。”

问：“先儒曰：‘圣人之道，必降而自卑；贤人之言，则引而自高。’如何？”先生曰：“不然。如此却乃伪也。圣人如天，无往而非天。三光之上天也，九地之下亦天也。天何尝有降而自卑？此所谓大而化之也。贤人如山岳，守其高而已。然百仞者不能引而为千仞，千仞者不能引而为万仞，是贤人未尝引而自高也，引而自高则伪矣。”

译文

陆澄问：“先儒说：‘圣人之道，一定是自己降低身份而谦卑的；贤人之言，则是拔高而自以为高明的。’这话怎么理解？”先生说：“不是这样的。这样就是虚伪的。圣人像天，往哪里去都有天。日月星之上是天，九泉之下也是天。天哪里会降低而自谦呢？这就是所谓的大而化之。贤人像山岳，守着他的高度罢了。但是百仞高的山不能拔高到千仞那么高，千仞高的山不能拔高到万仞那么高，贤人也没有拔高而自以为高明，如果这样做了就是虚伪。”

问：“伊川谓不当于喜怒哀乐未发之前求中，延平却教学者看未发之前气象，何如？”先生曰：“皆是也。伊川恐人于未发前讨个中，把中做一物看，如吾向所谓认气定时做中，故令只于涵养省察上用功。延平恐人未便有下手处，故令人时时刻刻求未发前气象，使人正目而视惟此，倾耳而听惟此，即是戒慎不睹，恐惧不闻的工夫。皆古人不得已诱人之言也。”

译文

陆澄问：“伊川说不应该在喜怒哀乐未发出来前求中，延平却教学者观察未发之前的情况，如何理解呢？”先生说：“这些说法都是对的。伊川怕人在未发前求中，把中当成一个事物来看待，就像我以前所说的把意气坚定时当成做到了中，所以让人只从涵养省察上用功。延平担心人没有下手处，所以让人时刻观察未发之前的情况，让人只去正视、细听相关的情况，这是在谨防不听不闻上下工夫。二人所说都是前人不得已所说的教导之言。”

澄问：“喜怒哀乐之中和，其全体常人固不能有。如一件小事当喜怒者，平时无有喜怒之心，至其临时亦能中节，亦可谓之中和乎？”先生曰：“在一时一事，固亦可谓之中和，然未可谓之大本达道。人性皆善，中和是人人原有的，岂可谓无？但常人之心既有所昏蔽，则其本体虽亦时时发见，终是暂明暂灭，非其全体大用矣。无所不中，然后谓之大本；无所不和，然后谓之达道。惟天下之至诚，然后能立天下之大本。”曰：“澄于‘中’字之义尚未明。”曰：“此须自心体认出来，非言语所能喻。中只是天理。”曰：“何者为天理？”曰：“去得人欲，便识天理。”曰：“天理何以谓之中？”曰：“无所偏倚。”曰：“无所偏倚是何等气象？”曰：“如明镜然，全体莹彻，略无纤尘染着。”曰：“偏倚是有所染着。如着在好色、好利、好名等项上，方见得偏倚。若未发时，美色名利皆未相着，何以便知其有所偏倚？”曰：“虽未相着，然平日好色、好利、好名之心，原未尝无。既未尝无，即谓之有；既谓之有，则亦不可谓无偏倚。譬之病疟之人，虽有时不发，而病根原不曾除，则亦不得谓之无病之人矣。须是平日好色、好利、好名等项一应私心，扫除荡涤，无复纤毫留滞，而此心全体廓然，纯是天理，方可谓之喜怒哀乐未发之中，方是天下之大本。”

译文

陆澄问：“喜怒哀乐达到的中和，常人不能全部具有。如对于一件小事该喜怒，平时没有喜怒之心，临到面对这件事也能做到合乎法度，这样可以称为中和吗？”先生说：“在一时一事上的做法，也可以称之为中和，但还不能说达到了根本和至道。人性都是善的，中和是每个人原本具有的，哪可说没有呢？但常人的心常被遮蔽，他的本体虽然也时常生发显现，终究是时明时灭，不是完全发挥了本体的大作用。能做到无所不中，才能称为达到了根本，无所不和，才能称为实现了至道。惟天下至诚之人，能够树立天下的根本。”陆澄说：“我对于‘中’字的含义还不明白。”先生说：“这须要从内心体察识别，不是言语能晓喻的。中就是天理。”陆澄说：“什么是天理？”先生说：“去除人欲，就能识别天理。”陆澄说：“天理为何能称为中？”先生说：“因为天理没有偏颇。”陆澄说：“没有偏颇是什么样子的？”先生说：“就像明镜，通体晶莹透彻，没有纤尘沾染。”陆澄说：“有偏颇就是如尘土沾在镜上，如被好色、好利、好名等沾染，就会表现出偏颇，若是未发出来，没色名利都没有来沾染，怎么知道有偏颇呢？”先生说：“虽然没有被沾染，但平日未尝没有好色、好利、好名之心，既然未尝没有，就叫做有；既然有，那也不能说是没有偏颇。就像生了疟疾的人，虽然有不发病的时刻，但病根没有去除也不能说是无病之人。须在平日里把好色、好利、好名等私心彻底扫荡干净，不再有丝毫滞留，这样心通体廓清，纯然是天理，才可以说这是喜怒哀乐未发之中，这才是天下的根本。”

问：“‘颜子没而圣学亡’，此语不能无疑。”先生曰：“见圣道之全者惟颜子，观喟然一叹可见。其谓‘夫子循循然善诱人，博我以文，约我以礼’，是见破后如此说。博文约礼，如何是善诱人？学者须思之。道之全体，圣人亦难以语人，须是学者自修自悟。颜子虽欲从之，末由也已，即文王望道未见意。望道未见乃是真见。颜子没，而圣学之正派遂不尽传矣。”

译文

陆澄说：“‘颜回去世后孔子的学说就亡了’，对这话不能做到无疑问。”先生说：“见到过孔子之道的全貌之人惟有颜子，这从他的感叹中能够看出。颜回说：‘夫子循循善诱，以文来使我广博，以礼来约束我。’这是他完全理解夫子的教育后才能这样说。博文约礼，是怎样循循善诱的？学者须要思考这个问题。道的全貌，圣人也难以说给人听，须学者自我修炼自我体悟。颜子讲‘虽想要跟从，却找不到跟随的途径’，这是文王望见了道却说未见的意思。这是真的有所认识。颜回去世后，圣人之学的正传就无法完全传授下去了。”

问：“身之主为心，心之灵明是知，知之发动是意，意之所着为物，是如此否？”先生曰：“亦是。”

译文

陆澄问：“身的主宰是心，心的灵明是知，知发动出来就是意，有意附着是物，是这样吗？”先生说：“也对。”

只存得此心常见在，便是学。过去未来事，思之何益？徒放心耳！

译文

只要时常能保持本心，就是学习。过去未来的事情，多想无益处，只是徒然放纵心罢了。

言语无序，亦足以见心之不存。

译文

言语没有顺序，就足以看出心没有被存养。

尚谦问：“孟子之‘不动心’，与告子异？”先生曰：“告子是硬把捉着此心，要他不动，孟子却是集义到自然不动。”又曰：“心之本体原自不动，心之本体即是性，性即是理，性元不动，理元不动。集义是复其心之本体。”

译文

尚谦问：“孟子的不动心与告子有差别吗？”先生说：“告子是硬把握这此心，让心不动。孟子是积累德义使得心自然不动。”先生又说：“心的本体原本不动，心的本体就是性，性就是理，性原是不动的，理原是不动的。积累德义恢复心的本体。”

万象森然时，亦冲漠无朕。冲漠无朕，即万象森然。冲漠无朕者一之父，万象森然者精之母。一中有精，精中有一。

译文

万物之理已森然具备时，也就虚寂无形，虚寂无形就是万物之理已具备。冲漠无联是“一”的父，万象森然是“精”的母，一中有精，精中有一。

心外无物，如吾心发一念孝亲，即孝亲便是物。

译文

心外无物，就像我心中发出了孝顺父母的念头，孝敬父母就是物。

先生曰："今为吾所谓格物之学者，尚多流于口耳。况为口耳之学者，能反于此乎？天理人欲，其精微必时时用力省察克治，方日渐有见。如今一说话之间，虽只讲天理，不知心中倏忽之间，已有多少私欲。盖有窃发而不知者，虽用力察之，尚不易见，况徒口讲而可得尽知乎？今只管讲天理来顿放着不循，讲人欲来顿放着不去，岂格物致知之学？后世之学，其极至，只做得个义袭而取的工夫。"

译文

先生说："现在做我所说的格物之学的人，尚且多流于口说耳闻。何况这样做的人，也超不出这套皮毛学问。天理人欲，及其精微必然要时刻用功省察克治，才能够日渐有发现。如今说话间，虽然只是在讲天理，不知道心中瞬间已经有多少私欲。有私自产生而意识不到的问题，即使用力检视，尚且不容易发现，何况只是嘴上讲讲哪能全部知晓呢？现在只管讲天理却放一边不遵循它，只管讲人欲也放着不去除，这哪是格物致知之学呢？后世的学问，做到极致，也只做了个在大义上沿袭的工夫。"

问格物。先生曰："格者，正也。正其不正，以归于正也。"

译文

陆澄问格物。先生说："格，是正的意思。端正不正的东西，以让人回归到正道。"

问："知止者，知至善只在吾心，元不在外也，而后志定？"曰："然。"

译文

陆澄问："知止，说的是认识到极致的善只存在于我心中，原本就不在外，这样就能够志意坚定了对吗？"先生说："是。"

问："格物于动处用功否？"先生曰："格物无间动静，静亦物也。孟子谓‘必有事焉’，是动静皆有事。”

译文

陆澄问：“格物需要在动处用功吗？”先生说：“格物没有动静的差别，静也是物。孟子说‘一定要做养气的事’讲的是无论动静都有事。”

工夫难处，全在格物致知上，此即诚意之事。意既诚，大段心亦自正，身亦自修。但正心修身工夫，亦各有用力处。修身是已发边，正心是未发边。心正则中，身修则和。

译文

下工夫的难处，都在格物致知上，这是诚意的事情。意诚挚，大概心自己就归正了，身就自行修养了。但正心修身的工夫，也各有用力的地方。修身是已发，正心是未发。心归正就是中，身修养就是和。

自“格物致知”至“平天下”，只是一个“明明德”。虽亲民，亦明德事也。明德是此心之德，即是仁。仁者以天地万物为一体，使有一物失所，便是吾仁有未尽处。

译文

从“格物致知”到“平天下”，就是一个“明明德”。虽然讲“亲”，也是“明明德”的事。“明德”是明心中的德，这就是仁。仁者亦天地万物为一体，即使有一物不能安处，也是我的仁德没有尽到。

只说“明明德”而不说“亲民”，便似老、佛。

译文

只说“明明德”而不说“亲民”，就像老子、佛家的学说了。

至善者性也，性元无一毫之恶，故曰至善。止之，是复其本然而已。

译文

极致的善是天性，天性原本没有丝毫恶，所以叫至善。止于这种至善，是恢复天性本来的样子。

问："知至善即吾性，吾性具吾心，吾心乃至善所止之地，则不为向时之纷然外求，而志定矣。定则不扰扰而静，静而不妄动则安，安则一心一意只在此处，千思万想，务求必得此至善，是能虑而得矣。如此说是否？"先生曰："大略亦是。"

译文

陆澄问："知道至善是我的天性，我的天性在我心中的具备，我的心就是至善所停留的地方，那么就不会像过去那样混乱地向外探求，这样心志就坚定了。坚定就不会被侵扰从而能够安静，能够安静则不妄动心思，那么就会安处。安处那么就会一心一意在至善上，各种念头，都务在求得至善，这是能经过思虑后得到的。这样说对吗？"先生说："大概是对的。"

问："程子云：'仁者以天地万物为一体。'何墨氏'兼爱'反不得谓之仁？"先生曰："此亦甚难言，须是诸君自体认出来始得。仁是造化生生不息之理，虽弥漫周遍，无处不是，然其流行发生，亦只有个渐，所以生生不息。如冬至一阳生，必自一阳生，而后渐渐至于六阳。若无一阳之生，岂有六阳？阴亦然。惟其渐，所以便有个发端处；惟其有个发端处，所以生；惟其生，所以不息。譬之木，其始抽芽，便是木之生意发端处。抽芽然后发干，发干然后生枝生叶，然后是生生不息。若无芽，何以有干有枝叶？能抽芽，必是下面有个根在。有根方生，无根便死。无根何从抽芽？父子兄弟之爱，便是人心生意发端处，如木之抽芽。自此而仁民，而爱物，便是发干生枝生叶。墨氏'兼爱'无差等，将自家父子兄弟与途人一般看，便自没了发端处。不抽芽便知得他无根，便不是生生不息，安得谓之仁？孝弟为仁之本，却是仁理从里面发生出来。"

译文

陆澄问："程子说'仁者以天地为一体'，为什么墨家讲兼爱反而不能成为仁呢？"先生说："这也很难说，须你们自己体察认识才算明白。仁是造化生生不息的道理，虽然弥漫遍布四周，无处不在，但它的流行发生，也是个逐渐的过程，所以是生生不息。就像冬至一阳生，必然是一阳先生，而后逐渐到六阳生出。如果没有一阳之生，哪有六阳呢？阴也是如此。惟讲到逐渐的过程，才有个发端处；惟有有了发端处，才能够生发出来；能够生发出来，所以没有停歇。就像是树木，开始抽芽，这就是树木生机的发端处。抽芽后长树干，长了树干后生出枝叶，然后是生生不息。如果没有萌芽，那会有树干枝叶呢？能抽芽，下面必然有个树根。有树根才能够生发，没有树根就会死。没有根从哪里抽芽呢？父子兄弟之间的亲爱，就是人心意的发端处，就像是木的抽芽。从这里推及仁爱百姓，到爱物，便是长树干枝叶。墨家讲兼爱没有差等，是把自家的父子兄弟与路人一样看待，这样就没了发端处，不能够抽芽就知道这样是无根的，这就不能生生不息，怎能称为仁呢？孝悌是仁的根本，仁的道理是从孝悌中生发出来的。”

问：“延平云：‘当理而无私心。’当理与无私心如何分别？”先生曰：“心即理也，无私心即是当理，未当理便是私心。若析心与理言之，恐亦未善。”又问：“释氏于世间一切情欲之私都不染着，似无私心。但外弃人伦，却似未当理。”曰：“亦只是一统事，都只是成就他一个私已的心。”

译文

陆澄问：“延平说‘合理而没有私心’，合理和无私心怎样分别呢？”先生说：“心就是理，无私心就是合理，不合理就是私心。如果把心和理分开来讲，恐怕不妥。”陆澄又问：“佛家对于世间一切的情欲之私心都不沾染，似乎是没有私心的。但抛弃掉人伦，却不合理。”先生说：“这是一回事，都只是成就了个人满足自己私欲的心。”

侃问：“持志如心痛，一心在痛上，安有工夫说闲语，管闲事。”先生曰：“初学工夫，如此用亦好，但要使知出入无时，莫知其乡。心之神明，原是如此，工夫方有着落。若只死死守着，恐于工夫上又发病。”

译文

薛侃问：“坚持志向如心痛，心有痛，哪有工夫说闲话，管闲事。”先生说：“初学下工夫，这么用很好。但要知道心出入没有定时，没有方向。心的神明原本是这样的，认识到了这点工夫才有着落。只死守着你说的方法，恐怕在工夫上又要出问题。”

侃问：“专涵养而不务讲求，将认欲作理，则如之何？”先生曰：“人须是知学。讲求亦只是涵养，不讲求只是涵养之志不切。”曰：“何谓知学？”曰：“且道为何而学？学个甚？”曰：“尝闻先生教，学是学存天理。心之本体即是天理，体认天理只要自心地无私意。”曰：“如此则只须克去私意便是，又愁甚理欲不明？”曰：“正恐这些私意认不真。”曰：“总是志未切。志切，目视耳听皆在此，安有认不真的道理？是非之心人皆有之，不假外求。讲求亦只是体当自心所见，不成去心外别有个见。”

译文

薛侃问：“专心涵养不忙着讲求，讲私欲认成了天理，该怎么办？”先生说：“人须要明白什么是学。讲求也是涵养，不讲求只是涵养的志向不切实。”薛侃问：“什么叫明白学习？”先生说：“且述说为何要学？学什么？”薛侃说：“我曾听先生教诲，学习是学存养天理。心的本体就是天理，体认天理只要心中没有私意。”先生说：“这样的话只需要去除私意就可以，又发愁什么天理和私欲不清楚呢？”薛侃说：“正是怕认不清这些私意。”先生说：“还是志意不切实。志意切实了，眼见耳听都在心上，哪有认不真切的道理？是非之心人人都有，不假借外部来探求。讲求也只是体察自己心之所见，不是心外另有个所见。”

先生问在坐之友，比来工夫何似。一友举虚明意思。先生曰：“此是说光景。”一友叙今昔异同。先生曰：“此是说效验。”二友惘然，请是。先生曰：“吾辈今日用功，只是要为善之心真切。此心真切，见善即迁，有过即改，方是真切工夫。如此则人欲日消，天理日明。若只管求光景，说效验，却是助长外驰病痛，不是工夫。”

译文

先生问在座的朋友，最近的工夫做得如何？一位朋友举虚心明亮来说明。先生说：“这是在说境况。”一位朋友讲今昔的差别。先生说：“这是在讲效果。”两人感到迷惘，请教先生。先生说：“我辈今日用功，只要做到为善的心真切。心真切，见到善的就思考改进，见到错的就思考改正，这样私欲日渐消除，天理日渐明朗。如果只管求境况、说效果，是助长了向外探求的问题，这不是工夫。”

朋友观书，多有摘议晦庵者。先生曰：“是有心求异，即不是。吾说与晦庵时有不同者，为入门下手处有毫厘千里之分，不得不辩。然吾之心与晦庵之心未尝异也。若其余文义解得明当处，如何动得一字。”

译文

朋友看书，多摘录讨论朱子。先生说：“这是有心找不同，这是不对的。我的说法时常与朱子的不同，是由于入门下手之处有差之毫厘谬以千里的原因，不得不辨明。但我的心与朱子之心未尝有差别。若是他的文义解释明白得当处，我如何会改动一字呢？”

希渊问：“圣人可学而至，然伯夷、伊尹于孔子才力终不同，其同谓之圣者安在？”先生曰：“圣人之所以为圣，只是其心纯乎天理，而无人欲之杂。犹精金之所以为精，但以其成色足而无铜铅之杂也。人到纯乎天理方是圣，金到足色方是精。然圣人之才力亦有大小不同，犹金之分两有轻重。尧、舜犹万镒，文王、孔子犹九千镒，禹、汤、武王犹七八千镒，伯夷、伊尹犹四五千镒。才力不同而纯乎天理则同，皆可谓之圣人。犹分两虽不同，而足色则同，皆可谓之精金。以五千镒者而入于万镒之中，其足色同也。以夷、尹而厕之尧、孔之间，其纯乎天理同也。盖所以为精金者，在足色而不在分两；所以为圣者，在纯乎天理而不在才力也。故虽凡人而肯为学，使此心纯乎天理，则亦可为圣人。犹一两之金比之万镒，分两虽悬绝，而其到足色处可以无愧。故曰‘人皆可以为尧、舜’者以此。学者学圣人，不过是去人欲而存天理耳，犹炼金而求其足色。金之成色所争不多，则煅炼之工省而功易成，成色愈下则煅炼愈难。人之气质清浊粹驳，有中人以上，中人以下。其于道有生知安行，学知利行。其下者必须人一己百，人十己千，及其成功则一。后世不知作圣之本是纯乎天理，却专去知识才能上求圣人，以为圣人无所不知，无所不能，我须是将圣人许多知识才能逐一理会始得。故不务去天理上着工夫，徒弊精竭力，从册子上钻研，名物上考索，形迹上比拟，知识愈广而人欲愈滋，才力愈多而天理愈蔽。正如见人有万镒精金，不务煅炼成色，求无愧于彼之精纯，而乃妄希分两，务同彼之万镒，锡、铅、铜、铁杂然而投，分两愈增而成色愈下，既其梢末，无复有金矣。”时曰仁在傍，曰：“先生此喻足以破世儒支离之惑，大有功于后学。”先生又曰：“吾辈用功只求日减，不求日增。减得一分人欲，便是复得一分天理。何等轻快脱洒！何等简易！”

译文

蔡希渊问：“圣人可以通过学习达到。但伯夷、伊尹与孔子的才力终究不同，他们为何同被称为圣人呢？”先生说：“圣人之所以为圣，只是他的心中纯然是天理，没有私欲的掺杂。犹如精金之所为精，只因为它的成色中没有铜铅的掺杂。人达到纯然天理的境界就是圣，金到足色就是精金。但圣人的才力也有大小的差别，就像金也有斤两轻重的不同。尧舜如同万镒重的金子，文王、孔子犹如九千镒的金子，禹、汤、武王犹如七八千镒的金子，伯夷、伊尹犹如四五千镒的金子，才力不同但纯然天理的境界是相同的。都可以成为圣人。这就像金子斤两不同，但都在成色上是相同的，都能称为足金。把五千镒放入万镒的金子中，其成色是相同的。将伯夷、伊尹放在尧、孔子之间，他们有纯然天理的境界是相同的。精金之所以为精金，在足色而不在斤两上；圣者在于有无纯粹天理的境界而不在才力。所以即使是凡人如果肯学习，让心达到纯然天理，也可以成为圣人。就像一两金与万镒金相比，斤两虽然差别巨大，但其成色是不逊色的。所以说人人都可以成为尧、舜。学者学习圣人，不过是学习他们去除人欲存养天理，犹如炼金是求金子的成色。金的成色区别不多，那么锻炼的工夫就简省而容易成功，成色越差越难炼就真金。人的气质清浊驳杂，有中人之上的资质，有中人之下的资质。对于道有生而知之就行正道，也有通过学习后能行正道的。资质差一些的人，别人做一分自己要做百分，别人做十分自己要做千分，那么最终成功的结果会是一样的。后世不知道成为圣人的根本是纯然天理，却只在知识才能上求得圣人，认为圣人无所不知，无所不能。我须把圣人所知道的许多知识逐一领会才能算成为了圣人。所以不在存养天理上下功夫，殚精竭虑，从书上钻研，从名物上考察，从行迹上模仿，知识学得越来越广而私欲滋生得越来越多，才力越多天理越是被遮蔽。正像有人见到万镒的精金，不花功夫在锻炼成色上，来求得在成色上与万镒的金没差别，而是妄图在斤两上做到一致，把锡、铅、铜、铁混同投入一起，斤两增加而成色更差，到最后，不复有金子了。”当时徐爱在一旁，说：“先生这个比喻足以破除世上儒者学习时候支离破碎的困惑了，对后学大有帮助。”先生又说：“我辈用功只求日渐减少，不求日渐增加。减去一分人欲，就能够恢复得见一分天理。这是何等轻快洒脱！何等简易！”

士德问曰：“格物之说，如先生所教，明白简易，人人见得。文公聪明绝世，于此反有未审，何也？”先生曰：“文公精神气魄大，是他早年合下便要继往开来，故一向只就考索著述上用功。若先切己自修，自然不暇及此。到得德盛后，果忧道之不明。如孔子退修六籍，删繁就简，开示来学，亦大段不费甚考索。文公早岁便著许多书，晚年方悔是倒做了。”士德曰：“晚年之悔，如谓‘向来定本之悟’。又谓‘虽读得书，何益于吾事’，又谓此‘与守书籍，泥言语，全无交涉’。是他到此方悔从前用功之错，方去切己自修矣。”曰：“然。此是文公不可及处。他力量大，一悔便转，可惜不久即去世，平日许多错处皆不及改正。”

译文

杨士德问：“格物之说，正如先生所教授是明白简易，人人可以明白的。朱子聪敏绝世，对此为什么反而有未弄清楚的地方，为什么呢？”先生说：“朱子的精神气魄宏大，他早年便立志要把圣人的学说继往开来，所以一直以来在考察求索撰述著书上用功。若是先切合自己先修行，自然无暇来做这些事。等到德行盛满后，果然开始担忧圣人之道不能昭明。就像孔子退居修订六经，删繁就简，来开示给后学，也不惜花费大段笔墨来考察求索。朱子早年就已经著了许多书，晚年才后悔是做反了。”杨士德说：“朱子晚年后悔，比如他说‘过去定本有错误处’。又说：‘即使读得了书，对于我的修养有什么益处？’又说：‘这与守着书籍，拘泥于书中字句是完全无关的。’这是他到晚年才后悔以前用功用错了，才开始切身自我修养。”先生说：“是的。这正是朱子不可企及之处。他力量大，一后悔就转变，可惜在这之后不久就去世了，平日里的许多错误还没来得及改正。”

侃去花间草，因曰：“天地间何善难培，恶难去？”先生曰：“未培未去耳。少间，曰：此等看善恶，皆从躯壳起念，便会错。”侃未达。曰：“天地生意，花草一般，何曾有善恶之分？子欲观花，则以花为善，以草为恶；如欲用草时，复以草为善矣。此等善恶，皆由汝心好恶所生，故知是错。”曰：“然则无善无恶乎？”曰：“无善无恶者理之静，有善有恶者气之动。不动于气，即无善无恶，是谓至善。”曰：“佛氏亦无善无恶，何以异？”曰：“佛氏着在无善无恶上，便一切都不管，不可以治天下。圣人无善无恶，只是无有作好，无有作恶，不动于气。然遵王之道，会其有极，便自一循天理，便有个裁成辅相。”曰：“草既非恶，即草不宜去矣。”曰：“如此却是佛、老意见。草若有碍，何妨汝去？”曰：“如此又是作好作恶。”曰：“不作好恶，非是全无好恶，却是无知觉的人。谓之不作者，只是好恶一循于理，不去又着一分意思。如此，即是不曾好恶一般。”曰：“去草如何是一循于理，不着意思？”曰：“草有妨碍，理亦宜去，去之而已。偶未即去，亦不累心。若着了一分意思，即心体便有贻累，便有许多动气处。”曰：“然则善恶全不在物？”曰：“只在汝心，循理便是善，动气便是恶。”曰：“毕竟物无善恶。”曰：“在心如此，在物亦然。世儒惟不知此，舍心逐物，将格物之学错看了，终日驰求于外，只做得个义袭而取，终身行不著，习不察。”曰：“‘如好好色，如恶恶臭’，则如何？”曰：“此正是一循于理，是天理合如此，本无私意作好作恶。”曰：“‘如好好色，如恶恶臭’，安得非意？”曰：“却是诚意，不是私意。诚意只是循天理。虽是循天理，亦着不得一分意，故有所忿懥好乐则不得其正。须是廓然大公，方是心之本体。知此即知未发之中。”伯生曰：“先生云‘草有妨碍，理亦宜去’。缘何又是躯壳起念？”曰：“此须汝心自体当。汝要去草，是甚么心？周茂叔窗前草不除，是甚么心？”

译文

薛侃除去花间杂草，说：“世间为什么善的东西难以培养，恶的东西难以除去呢？”先生说：“是没有去培养没有去扫除。”不久，先生说：“这样看待善恶，都是从躯壳上动念头，这就会导致错误。”薛侃不明白。先生说：“天地生养万物之意，对于花草来讲都是一样的，何曾有善恶的分别？你想看花，就以花为善的，以草为恶的；如想要用草，又会认为草是善的了。这样的善恶，都是由你心中的好恶生出来的，所以我知道这一定是错的。”薛侃说：“这样讲的话，难道是无善无恶吗？”先生说：“无善无恶是天理安静的表现，有善有恶是气的运动。气不动，就无善无恶，可以称为至善。”薛侃说：“佛家也讲无善无恶，与您所说有什么不同？”先生说：“佛家执着在无善无恶上，其他的一切都不管，这样不可以治理天下。圣人无善无恶，只是因为没有好恶，不动气。但遵循王道，到了极致，便会自然遵循天理，这样就能够去决策辅助（治理天下了）。”薛侃说：“草既然不是恶的，那么草就不应该除去。”先生说：“这样想就是佛家、道家的想法了。草如果有所妨碍，你为何不去除它呢？”薛侃说：“这样做就是出于好恶来作为了。”先生说：“不以好恶来作为，并不是完全没有好恶，否则就是无知觉的人了。说不以好恶来作为，是好恶遵循天理，不执着在好恶上。这样，就像是没有好恶一般。”薛侃问：“除草怎么做到遵循天理，不执著于自己的私意呢？”先生说：“草妨碍到你，理应去除，那就去除它即可。偶尔没有除掉，也不必累心记挂着。若是执着在私意上，那么心体就会有负累，就会有很多动气的地方。”薛侃说：“这样说来善恶全都不在物上了吗？”先生说：“善恶只在你心中，遵循天理就是善，动气就是恶。”薛侃说：“毕竟物没有善恶。”先生说：“在心中就是这样的，在物也如此。世上的儒者不知道这个道理，舍去本心追逐物利，把格物之学理解错了。整天向外求索，只做个在大义上因袭求取，终身行为不体现天理，学习也无法体察。”薛侃说：“‘如好好色，如恶恶臭’如何理解？”先生说：“这正是遵循天理，是天理本就如此。本就没有私意来作恶作善的。”薛侃说：“‘如好好色，如恶恶臭’，如何能没有私意呢？”先生说：“这当中表现的是诚意，不是私意。诚意是遵循天理的。即使是遵循天理，也不能执着于丝毫私意。所以有所愤懑好乐就不算正确。须要做到廓然大公，才是心的本体。能理解这点就是‘未发之中’。”伯生说：“先生说‘草有妨碍，理应去除它’，为何又说这是从躯壳上起来的念头？”先生说：“这须要你心中体会到应当除去杂草。你要除草，是什么心？周茂叔窗前的草不除，是什么心？”

先生谓学者曰：“为学须得个头脑，工夫方有着落。纵未能无间，如舟之有舵，一提便醒。不然，虽从事于学，只做个义袭而取，只是行不著，习不察，非大本达道也。”又曰：“见得时，横说竖说皆是。若于此处通，彼处不通，只是未见得。”

译文

先生对学生说：“学习须要先有个主导，工夫才有着落。纵使不能无间断地学习，也能像船有舵一样，一提便醒悟。否则，即使专门学习，也只学个大概意思，落实不到行为中，学了也不能体察，这不是学习的根本和正途。”先生又说：“理解了学的主旨，横竖来讲都是对的。若在这里不通，在那里不通，就是没有理解学习的主旨。”

或问：“为学以亲故，不免业举之累。”先生曰：“以亲之故而业举，为累于学，则治田以养其亲者，亦有累于学乎？先正云‘惟患夺志’。但恐为学之志不真切耳。”

译文

有人问：“学习是因为父母的原因，不免也科举的负担。”先生说：“因为父母的关系参加科举，拖累了学习，那么种田奉养父母的人，也会拖累学习吗？程颐说‘只担忧意志丧失’，所担忧的只是学习的意志不真切。”

崇一问：“寻常意思多忙，有事固忙。无事亦忙，何也？”先生曰：“天地气机，元无一息之停。然有个主宰，故不先不后，不急不缓，虽千变万化，而主宰常定，人得此而生。若主宰定时，与天运一般不息，虽酬酢万变，常是从容自在，所谓‘天君泰然，百体从令’。若无主宰，便只是这气奔放，如何不忙？”

译文

崇一问：“平时思想多有忙乱，有事的时候固然是忙的。无事的时候也忙乱，这是为什么呢？”先生说：“天地的气机，原本就没有一会会停息。但有个主宰在，所以不先不后，不急不缓，虽然千变万化，主宰是固定不变的。人秉天地的气机而生，若主宰安定时，像天一般运行不息，虽然应对酬答万般变化，也常是从容自在的，就是所谓的‘天君泰然不动，全体听从命令’。若是没有主宰，那么气息奔放，如何能不忙乱呢？”

先生曰：“为学大病在好名。”侃曰：“从前岁自谓此病已轻，比来精察，乃知全未，岂必务外为人？只闻誉而喜，闻毁而闷，即是此病发来。”曰：“最是。名与实对，务实之心重一分，则务名之心轻一分。全是务实之心，即全无务名之心。若务实之心如饥之求食，渴之求饮，安得更有工夫好名？”又曰：“‘疾没世而名不称’，‘称’字去声读，亦‘声闻过情，君子耻之’之意。实不称名，生犹可补，没则无及矣。四十五十而无闻，是不闻道，非无声闻也。孔子云：‘是闻也，非达也。’安肯以此望人？”

译文

先生说：“做学问最大的问题就在好求名声。”薛侃说：“从前年起，自我觉得这个毛病已经减轻了，近来仔细审查，才知这个毛病还未改正，这岂不是务在外表看来已经改正专门给别人看的吗？听到赞誉就高兴，听到诋毁就苦闷，就是这个毛病又犯了。”先生说：“讲得极对。名与实相对，务实之心增加一分，求名之心就减轻一分。全是务实之心，也就全没有求名之心。若务实之心能像饿了求食物，渴了要饮水，哪有工夫求名呢？”先生说：“‘疾没世而名不称’的‘称’字应该读去声，意思是得到的声名超过了实际情况，君子以此为耻辱的意思。名实不符，活着的时候仍可以弥补，死去了就无法改正了。（孔子讲）四十五十无闻，是说没有闻道，并非指没有名声。孔子说：‘这个闻，不是显达的意思。’哪里会以此来看待人呢？”

侃多悔。先生曰：“悔悟是去病之药，然以改之为贵。若留滞于中，则又因药发病。”

译文

薛侃多有悔悟。先生说：“悔悟是去除毛病的药方，但以能改正为贵。若是滞留在后悔上，则又是因药而发病了。”

德章曰：“闻先生以精金喻圣，以分两喻圣人之分量，以锻炼喻学者之工夫，最为深切。惟谓尧、舜为万镒，孔子为九千镒，疑未安。”先生曰：“此又是躯壳上起念，故替圣人争分两。若不从躯壳上起念，即尧、舜万镒不为多，孔子九千镒不为少，尧、舜万镒只是孔子的，孔子九千镒只是尧、舜的，原无彼我，所以谓之圣。只论精一，不论多寡，只要此心纯乎天理处同，便同谓之圣。若是力量气魄，如何尽同得？后儒只在分两上较量，所以流入功利。若除去了比较分两的心，各人尽着自己力量精神，只在此心纯天理上用功，即人人自有，个个圆成，便能大以成大，小以成小，不假外慕，无不具足。此便是实实落落明善诚身的事。后儒不明圣学，不知就自己心地良知良能上体认扩充，却去求知其所不知，求能其所不能，一味只是希高慕大，不知自己是桀、纣心地，动辄要做尧、舜事业，如何做得？终年碌碌，至于老死，竟不知成就了个甚么，可哀也已！”

译文

德章说：“听闻先生用足金来比喻圣人，用金子的分量来比喻圣人的分量，用炼金来比喻学者下工夫，说得切入切实。惟有说尧、舜像万镒的金子，孔子像九千镒的金子，我还有疑问。”先生说：“这又是从躯壳上起念头了，所以替圣人来争分量。若是不从躯壳上起念头，即使说尧、舜是万镒的金子也不为多，孔子是九千镒的金子也不为少。尧、舜的万镒就是孔子的，孔子的九千镒也是尧、舜的，原本没有彼此，所以称之为圣。只论精一，不论多少，只要心中做到了纯然都是天理，就同可以被称为圣人。若是讲力量气魄，如何能都一样呢？后儒只在分量上比较，所以流于功利。若是去掉了比较分量的心，每个人都尽自己的力量精神，在追求纯粹天理上用功，那么人人有收获，个个能圆满成就。才能大成就大，才能小成就小，不需羡慕外在的，内心都是满足的。这就是实实在在明善诚心的事。后儒不明白圣人的学说，不知道从自己的心地良知上去体认道扩充，却要追求能做到无所不知，无所不能，一味追求高大，不知道自己的心还是桀、纣般的心，动不动就要做尧、舜的事业，怎么能做得成？终年忙忙碌碌，到了年老身死，最后也不知道成就了些什么，这是多么可悲啊！”

侃问：“先儒以心之静为体，心之动为用，如何？”先生曰：“心不可以动静为体用。动静，时也。即体而言，用在体，即用而言，体在用，是谓体用一源。若说静可以见其体，动可以见其用，却不妨。”

译文

薛侃问：“先儒说心静是体，心动是用，怎么理解呢？”先生说：“不能把心的动静理解为体用。动静说的是时的问题。就体而说，其用在体，就用来说，其体在用，体用是同源的。如果说心静能见到体，心动能见到用，这是无妨的。”

问：“上智下愚如何不可移？”先生曰：“不是不可移，只是不肯移。”

译文

薛侃问：“聪慧的人和愚笨的人，为什么不能变动呢？”先生说：“不是不能变动，是不肯变动。”

问子“夏门人问交”章。先生曰：“子夏是言小子之交，子张是言成人之交，若善用之，亦俱是。”

译文

薛侃请教子夏门人问交章。先生说：“子夏说的是小孩之间的交往，子张说的是成人间的交往，若好好用这些说法，都是对的。”

子仁问：“‘学而时习之，不亦说乎’，先儒以学为效先觉之所为，如何？”先生曰：“学是学去人欲，存天理。从事于去人欲，存天理，则自正。诸先觉考诸古训，自下许多问辨、思索、存省、克治工夫，然不过欲去此心之人欲，存吾心之天理耳。若曰效先觉之所为，则只说得学中一件事，亦似专求诸外了。'时习'者，坐如尸，非专习坐也，坐时习此心也；立如斋，非专习立也，立时习此心也。'说'是'理义之说我心'之'说'，人心本自说理义，如目本说色，耳本说声，惟为人欲所蔽所累，始有不说。今人欲日去，则理义日洽浃，安得不说？"

译文

子仁问："'学而时习之，不亦说乎'，朱子认为讲的是学习应该仿效先觉者的所作所为，如何理解呢？"先生说："学习是学去人欲，存天理。从事于去人欲、存天理，自然就会归于正道。那些先觉者考察古训，自然下了很多询问分辨、思索、存养省察、克治的工夫，但不过是为了除去人的私欲，保存心中的天理。若说仿效先觉者的所为，只说到了学习中的一件事，也似乎是专门向外求索了。'时习'就是'坐如尸'，不是专门去练习坐，而是说坐的时候要修习此心；'立如斋'不是专门练习站立，是站立的时候修习此心。'说'是'理义之说我心'之'说'，人心本就因理义而愉悦，如同眼睛喜颜色，耳喜声音，当被私欲遮蔽拖累的时候，就会有不快乐，现在人欲日渐消除，理义日渐广博，哪能不愉悦呢？"

国英问："曾子三省虽切，恐是未闻一贯时工夫。"先生曰："一贯是夫子见曾子未得用功之要，故告之。学者果能忠恕上用功，岂不是一贯？一如树之根本，贯如树之枝叶，未种根，何枝叶之可得？体用一源，体未立，用安从生？谓曾子于其用处，盖已随事精察而力行之，但未知其体之一，此恐未尽。"

译文

国英问："曾子吾日三省吾身之说虽然真切，怕是还没有听闻'一以贯之'的工夫。"先生说："'一以贯之'是夫子见到曾子没有把握用功的要领，所以告知他的。学者能在忠恕上用功，岂不就是做到了'一以贯之'？'一'就像树的根本，'贯'就像树的枝叶，没有根，哪里会长枝叶？体用是同源的，本体未定，用怎会生发出来呢？说曾子在用的方面，已经根据事物仔细审查并力行了，但还不知其本体的'一'这话恐怕没说完。"

黄诚甫问"汝与回也孰愈"章。先生曰："子贡多学而识，在闻见上用功，颜子在心地上用功，故圣人问以启之。而子贡所对又只在知见上，故圣人叹惜之，非许之也。"

译文

黄诚甫请教汝与回也孰愈章。先生说："子贡学识丰富，在所见所闻上用功，颜回在心地上用功，所以圣人要问子贡来启发他。而子贡所答只在所知所见上，所以圣人感叹惋惜，而不赞许。"

颜子不迁怒，不贰过，亦是有未发之中始能。

译文

颜子不迁怒于他人，不重复过错，也是有"未发之中"才能做到这样。

"种树者必培其根，种德者必养其心。欲树之长，必于始生时删其繁枝；欲德之盛，必于始学时去夫外好。如外好诗文，则精神日渐漏泄在诗文上去，凡百外好皆然。"又曰："我此论学是无中生有的工夫，诸公须要信得及，只是立志。学者一念为善之志，如树之种，但勿助勿忘，只管培植将去，自然日夜滋长，生气日完，枝叶日茂。树初生时，便抽繁枝，亦须刊落，然后根干能大。初学时亦然，故立志贵专一。"

译文

"种树的人一定要培养树根，养德者一定要存养其心。想要树木长大，一定要从删减多余的树枝开始；想要德行盛满，一定要从去除向外追求的倾向开始。例如外在的喜好诗文，那么精神逐渐就花在了诗文上去，所有种种对外的爱好都是如此。"先生又说："我所谈的论学是无中生有的功夫，诸位要相信，就专心在立志上。学者有一心为善的志向，就像种树，只要不去拔苗助长不忘这个志向，只管去培育，自然会日夜滋长，生气日渐完备，枝叶日益茂密。树初生的时候，就会抽条长多余的枝叶，也须除去，这样树根才能长大。初学的时候也是这样，所以立志贵在专一。"

因论先生之门，某人在涵养上用功，某人在识见上用功。先生曰："专涵养者，日见其不足；专识见者，日见其有余。日不足者，日有余矣；日有余者，日不足矣。”

译文

谈及先生门下，有人在涵养上用功，有人在见识上用功。先生说：“专注在涵养上用功的人，日日能见到自己的不足；专注在见识上用功的人，日日能见到自己有余。日见不足的人，会日渐有余，日渐有余的人，会日渐不足。”

梁日孚问：“居敬穷理是两事，先生以为一事，何如？”先生曰：“天地间只有此一事，安有两事？若论万殊，礼仪三百，威仪三千，又何止两？公且道居敬是如何？穷理是如何？”曰：“居敬是存养工夫，穷理是穷事物之理。”曰：“存养个甚？”曰：“是存养此心之天理。”曰：“如此亦只是穷理矣。”曰：“且道如何穷事物之理？”曰：“如事亲，便要穷孝之理；事君，便要穷忠之理。”曰：“忠与孝之理，在君亲身上？在自己心上？若在自己心上，亦只是穷此心之理矣。”曰：“且道如何是敬？”曰：“只是主一。”“如何是主一？”曰：“如读书，便一心在读书上；接事，便一心在接事上。”曰：“如此则饮酒，便一心在饮酒上；好色，便一心在好色上。却是逐物，成甚居敬功夫？”日孚请问。曰：“一者天理，主一是一心在天理上。若只知主一，不知一即是理，有事时便是逐物，无事时便是着空。惟其有事无事，一心皆在天理上用功，所以居敬亦即是穷理。就穷理专一处说，便谓之居敬；就居敬精密处说，便谓之穷理。却不是居敬了，别有个心穷理；穷理时，别有个心居敬。名虽不同，功夫只是一事。就如《易》言‘敬以直内，义以方外’，敬即是无事时义，义即是有事时敬，两句合说一件。如孔子言‘修己以敬’，即不须言义，孟子言‘集义’即不须言敬，会得时，横说竖说工夫总是一般。若泥文逐句，不识本领，即支离决裂，工夫都无下落。”问：“穷理何以即是尽性？”曰：“心之体性也，性即理也。穷仁之理，真要仁极仁，穷义之理，真要义极义。仁义只是吾性，故穷理即是尽性。如孟子说充其恻隐之心，至仁不可胜用，这便是穷理工夫。”日孚曰：“先儒谓一草一木亦皆有理，不可不察，如何？”先生曰：“夫我则不暇，公且先去理会自己性情，须能尽人之性，然后能尽物之性。”日孚悚然有悟。

译文

梁日孚问：“居敬和穷理是两件事，先生认为是一件事，为何呢？”先生说：“天地间只有这一件事，哪有两件呢？若要论各种差别，那礼仪三百，威仪三千，何止两件？你且来说说居敬是什么？穷理是什么？”梁日孚说：“居敬是存养工夫，穷理是穷极事物之理。”先生说：“存养什么？”梁日孚回到说：“是存养心中的天理。”先生说：“这样说的话居敬也是穷理。”先生说：“再说说怎样穷极事物之理？”梁日孚说：“例如侍奉双亲，就是要穷极孝顺的道理；侍奉君主，就是要穷极忠诚的道理。”先生说：“忠与孝的道理，在君主和双亲身上吗？还是在自己心上？如果是在自己心上的话，那这仍是穷极心中之理。你且说说如何算是敬呢？”梁日孚说：“就是主一。”先生说：“怎样做是主一呢？”梁日孚说：“例如读书，就一心在读书上；处理事情，就一心在处理事情上。”先生说：“照这样说，饮酒就一心在饮酒上，好色就一心在好色上。这是追逐物欲，能养成什么居敬的功夫？”梁日孚向先生求教。先生说：“一是天理，主一就是一心在天理上。如果只知道主一，不知道一就是天理，有事的时候就是追逐物欲，没事的时候就是没有着落。无论有事无事，专心在天理上用功，所以居敬也是穷理。就穷理的专一方面来说，就称之为居敬；就居敬的精微之处来说，就称之为穷理。而不是在居敬了，另外有个心去穷理；穷理时，另外有个心来居敬。二者名称虽然不同，但下的功夫是一样的。就如《周易》说‘敬以直内，义以方外’，敬就是无事时候做到义，义就是有时候能做到敬，两句合起来讲的是一件事。如孔子说‘修己以敬’不需要提义，孟子说‘集义’就不须说敬。明白这些，横竖说来工夫都是一样的。若是拘泥在文句，不理解本旨，就会支离破碎，工夫没有着落。”梁日孚问：“穷理为什么就是尽性呢？”先生说：“心的本体是性，性就是理。穷尽仁之理，是让仁成为极致的仁，穷尽义之理，是让义成为极致的义。仁义都是我的本性，所以说穷理就是尽性。如孟子说‘充实恻隐之心’，极致的仁可以使用了。这就是穷理的工夫。”梁日孚说：“先儒说一草一木也都有理，不能不察知，这话怎么理解呢？”先生说：“我无暇这样做，你先去理解自己的性情，要做到能穷尽人之性，然后才能去穷尽物之性。”日孚惊骇而有所领悟。

惟乾问：“知如何是心之本体？”先生曰：“知是理之灵处。就其主宰处说，便谓之心；就其禀赋处说，便谓之性。孩提之童，无不知爱其亲，无不知敬其兄，只是这个灵能不为私欲遮隔，充拓得尽，便完。完是他本体，便与天地合德。自圣人以下，不能无蔽，故须格物以致其知。”

译文

冀元亨问：“知为什么是心的本体？”先生说：“知是天理的灵处。就其主宰之处而言，就称之为心；就其禀赋之处来说，就称之为性。小孩子都知道亲爱父母，敬爱兄长，这个灵能够不被私欲遮蔽隔绝，能充实拓展，这样就能够完整。完整了就是他的本体，就与天地之德相合。圣人以下，不能够做到无遮蔽，所以需要通过格物来致知。”

守衡问：“《大学》工夫只是诚意，诚意工夫只是格物。修、齐、治、平，只诚意尽矣。又有‘正心之功，有所忿懥好乐则不得其正’，何也？”先生曰：“此要自思得之，知此则知未发之中矣。守衡再三请。曰：为学工夫有浅深。初时若不着实用意去好善恶恶，如何能为善去恶？这着实用意便是诚意。然不知心之本体原无一物，一向着意去好善恶恶，便又多了这分意思，便不是廓然大公。《书》所谓无有作好作恶，方是本体。所以说‘有所忿懥好乐则不得其正’。正心只是诚意工夫，里面体当自家心体，常要鉴空衡平，这便是未发之中。”

译文

守衡问：“《大学》的工夫只是诚意，诚意的工夫只是格物。修身、齐家、治国、平天下，都是诚意尽到了。还有正心的功夫，如果有忿懥好乐就不能正心，为什么？”先生说：“这你要自己思索，明白了这个道理，你就知道‘未发之中’了。”守衡再三请教。先生说：“学习的工夫有深浅，开始的时候如果不实实在在去喜好善的厌恶恶的，怎么做到为善去恶呢？这种实在的用意就是诚意。然而如果不知道心的本体原本没有一物，一直用意在好善恶恶上，就多了一分意思，就不是廓然大公了。《尚书》所谓不要根据好恶来作为，这样才是本体。所以说有忿懥好乐就不能够规正。正心只是诚意的功夫，从中体会到自己心的本体，常常要如镜子般空明、保持衡常平和，这就是'未发之中'了。"

正之问："戒惧是己所不知时工夫，慎独是己所独知时工夫，此说如何？"先生曰："只是一个工夫，无事时固是独知，有事时亦是独知。人若不知于此独知之地用力，只在人所共知处用功，便是作伪，便是见君子而后厌然。此独知处便是诚的萌芽，此处不论善念恶念，更无虚假，一是百是，一错百错，正是王霸、义利、诚伪、善恶界头。于此一立立定，便是端本澄源，便是立诚。古人许多诚身的工夫，精神命脉全体只在此处。真是莫见莫显，无时无处，无终无始，只是此个工夫。今若又分戒惧为己所不知，即工夫便支离，亦有间断。既戒惧即是知，己若不知，是谁戒惧？如此见解，便要流入断灭禅定。"曰："不论善念恶念，更无虚假，则独知之地更无无念时邪？"曰："戒惧亦是念。戒惧之念，无时可息。若戒惧之心稍有不存，不是昏聩，便已流入恶念。自朝至暮，自少至老，若要无念，即是己不知，此除是昏睡，除是槁木死灰。"

译文

正之问："戒惧是自己未意识到之时的工夫，慎独是自己独自知道时候的工夫，这话怎么样？"先生说："这是同一个工夫，无事的时候固然是只有自己知道，有事的时候也是只有自己知道。人如果不知道在自己知道的时候用功，只在人都知道的时候用功，这便是作伪，就是见到君子就掩饰自己。这种只有自己知道之时就是诚的萌芽，这时无论善念恶念，都没有虚假。一对百对，一错百错，正是王霸、义利、诚伪、善恶的分界。在这时候一旦能立定，就是端正根本澄清源头，便是立诚。古人许多讲诚身的工夫，精神命脉全部都在这里。这真是不见不显，无时无处，无终无始，只是讲这个工夫。现在如果又要分戒惧是自己不知的情况下才有的工夫，就是工夫支离破碎了，下功夫也会有间断。既然戒惧就是知，自己若是不知道，是谁在戒惧呢？这样的见解，就要流入佛教讲的那套断灭禅定了。”

志道问：“荀子云‘养心莫善于诚’，先儒非之，何也？”先生曰：“此亦未可便以为非。诚字有以工夫说者，诚是心之本体，求复其本体，便是思诚的工夫。明道说‘以诚敬存之’，亦是此意。《大学》‘欲正其心，先诚其意’。荀子之言固多病，然不可一例吹毛求疵。大凡看人言语，若先有个意见，便有过当处。‘为富不仁’之言，孟子有取于阳虎，此便见圣贤大公之心。”

译文

至道问：“荀子说养心没有比诚更好的了，先儒认为此说不对，为什么呢？”先生说：“也不能就认为不对。诚有在工夫上谈论的，诚是心的本体，求恢复本体，就是思诚的工夫。程子说‘以诚敬之心存养它’就是这个意思。《大学》讲要正心，先诚意。荀子的话固然有毛病，但不能吹毛求疵。凡是看人的言语，如果先有成见，就会有不合适的地方。‘为富不仁’就是孟子取了阳虎的意思，这就可以看到圣贤大公无私的心。”

萧惠问：“己私难克，奈何？”先生曰：“将汝己私来，替汝克。”先生曰：“人须有为己之心，方能克己；能克己，方能成己。”萧惠曰：“惠亦颇有为己之心，不知缘何不能克己？”先生曰：“且说汝有为己之心是如何？”惠良久曰：“惠亦一心要做好人，便自谓颇有为己之心。今思之，看来亦只是为得个躯壳的己，不曾为个真己。”先生曰：“真己何曾离着躯壳？恐汝连那躯壳的己也不曾为。且道汝所谓躯壳的己，岂不是耳目口鼻四肢？”惠曰：“正是。为此，目便要色，耳便要声，口便要味，四肢便要逸乐，所以不能克。”先生曰：“‘美色令人目盲，美声令人耳聋，美味令人口爽，驰骋田猎令人发狂’，这都是害汝耳目口鼻四肢的，岂得是为汝耳目口鼻四肢？若为着耳目口鼻四肢时，便须思量耳如何听，目如何视，口如何言，四肢如何动。必须非礼勿视听言动，方才成得个耳目口鼻四肢，这个才是为着耳目口鼻四肢。汝今终日向外驰求，为名为利，这都是为着躯壳外面的物事。汝若为着耳目口鼻四肢，要非礼勿视听言动时，岂是汝之耳目口鼻四肢自能勿视听言动？须由汝心。这视听言动皆是汝心。汝心之视，发窍于目；汝心之听，发窍于耳；汝心之言，发窍于口；汝心之动，发窍于四肢。若无汝心，便无耳目口鼻。所谓汝心，亦不专是那一团血肉。若是那一团血肉，如今已死的人，那一团血肉还在，缘何不能视听言动？所谓汝心，却是那能视听言动的，这个便是性，便是天理。有这个性，才能生这性之生理，便谓之仁。这性之生理，发在目便会视，发在耳便会听，发在口便会言，发在四肢便会动，都只是那天理发生，以其主宰一身，故谓之心。这心之本体，原只是个天理，原无非礼，这个便是汝之真己。这个真己，是躯壳的主宰。若无真己，便无躯壳，真是有之即生，无之即死。汝若真为那个躯壳的己，必须用着这个真己，便须常常保守着这个真己的本体，戒慎不睹，恐惧不闻，惟恐亏损了他一些，才有一毫非礼萌动，便如刀割，如针刺，忍耐不过，必须去了刀，拔了针，这才是有为己之心，方能克己。汝今正是认贼作子，缘何却说有为己之心，不能克己？”

译文

萧惠问：“人的私欲难以克制，怎么办？”先生说：“把你的私欲讲讲，我替你克制。”先生说：“人须有为自己的心，才能够克制自己。能克制自己，才能够成就自己。”萧惠说：“我也有为己的心，不知为什么不能够克己。”先生说：“且说说你的为己之心是怎样的？”萧惠思考良久说：“我一心要做好人，就认为我颇有为自己之心。现在思考，看来这只是为了得到个躯壳罢了，不是真的为己。”先生说：“真的为己哪里曾离开过躯壳？恐怕你连躯壳都不曾为过。且说你所说的躯壳的自己，不是指耳目口鼻四肢吗？”萧惠说：“是的。为了这个躯壳的自己，眼睛要看色，耳要听声，口要尝味，四肢要安逸快乐，所以不能克制。”先生说：“‘美色让人眼盲，美味让口中失去味觉，驰骋田猎让人发狂’，这些都是危害你的耳目口鼻四肢的，哪里是为了你的耳目口鼻四肢呢？若是为了耳目口鼻四肢，就须要思考耳怎么听，眼怎么看，口怎么说，四肢怎么动。必须是不符合礼仪就不去视听言动，才算是为了你的耳目口鼻四肢，要做到不符合礼仪就不去视听言动，哪里是你的耳目口鼻四肢去做到的，须由你的心来做。视听言动都是你的心。你的心要看，开窍在目；你的心要听，开窍在耳；你的心要说，开窍在口；你的心要动，开窍在四肢。若是你没有心，就没有耳目口鼻。所谓你的心，也不是专指那一团血肉。如果是指那一团血肉的话，已经死去的人那一团血肉还在，为什么不能视听言动呢？所谓你的心，是那个能视听言动的心，这就是性，就是天理。有了这个性，才能够生发出性的生存之理，就称之为仁。这性的生存之理，发出在眼中就会看，发出在耳中就会听，发出在口中就会言，发出在四肢就会动，这都是天理发动的表现，因为它主宰了一身，所以称之为心。这心的本体，原本只是个天理。原本就没有不合礼的问题，这个就是你真正的自己。这个真正的自己，是躯壳的主宰。如果没有真正的自己，也就没有躯壳，真是有它则生，无它则死。你若真的是为了那个躯壳的自己，必须用到这个真正的自己，便须要常常保守真正的自己的那个本体。警戒自己所未见，恐惧自己所未闻，唯恐亏损了那个真正的自己，刚有丝毫不合礼的行为萌发，就如刀割针刺，难以忍耐，必须去了刀、拔了针，这才是有为自己之心，这才能克己。你现在正是认贼作子，为什么说有为己之心，但不能克己呢？”

有一学者病目，戚戚甚忧。先生曰：“尔乃贵目贱心。”

译文

有一学生眼睛生病，十分忧戚。先生说：“你这是贵重眼睛而轻贱心啊！”

萧惠好仙、释。先生警之曰：“吾亦自幼笃志二氏，自谓既有所得，谓儒者为不足学。其后居夷三载，见得圣人之学若是其简易广大，始自叹悔错用了三十年气力。大抵二氏之学，其妙与圣人只有毫厘之间。汝今所学，乃其土苴，辄自信自好若此，真鸱鸮窃腐鼠耳。”惠请问二氏之妙。先生曰：“向汝说圣人之学简易广大，汝却不问我悟的，只问我悔的。”惠惭谢，请问圣人之学。先生曰：“汝今只是了人事问，待汝办个真要求为圣人的心来与汝说。”惠再三请。先生曰：“已与汝一句道尽，汝尚自不会！”

译文

萧惠爱好仙道、佛道、先生警醒他说："我也从小相信这两派，自认为在这方面有所认识，认为儒者不值得学习。之后居住在边地三年，见到圣人之学如此的简易广大，才自己叹息后悔错用了三十年的气力。仙道、佛道的学说，其微妙处于圣人之学相差不多。你所学的，只是糟粕，动辄自信自己就是爱好这些东西，这就像是鸱鸮得到腐烂的老鼠一样。"萧惠请教先生两家的精妙之处。先生说："我之前跟你讲了圣人之学简易广大，你却不问我对此的领悟，只问我后悔的。"萧惠惭愧，于是请教圣人之学。先生说："你现在只是随着人的话来问一问，等到你真的想探求圣人之心，我再来与你说。"萧惠再三请教。先生说："已经和你一句话说尽了，你还是不会！"

刘观时问："未发之中是如何？"先生曰："汝但戒慎不睹，恐惧不闻，养得此心纯是天理，便自然见。"观时请略示气象。先生曰："哑子吃苦瓜，与你说不得。你要知此苦，还须你自吃。"时曰仁在傍，曰："如此才是真知，即是行矣。"一时在座诸友皆有省。

译文

刘观时问："未发之中是怎样的？"先生说："你要警惕未见的，恐惧未听的，存养到心中纯然是天理，未发之中自然就显现出来了。"刘观时请先生稍微讲解未发之中的气象。先生说："哑巴吃苦瓜，与你说不得。你要想知道这份苦，还须得自己吃才行。"当时徐爱在旁，说："这样才是真知，就是去行。"一时间在座的诸位友人都有所省悟。

萧惠问死生之道。先生曰："知昼夜即知死生。"问昼夜之道。曰："知昼则知夜。"曰："昼亦有所不知乎？"先生曰："汝能知昼？懵懵而兴，蠢蠢而食，行不著，习不察，终日昏昏，只是梦昼。惟息有养，瞬有存，此心惺惺明明，天理无一息间断，才是能知昼。这便是天德，便是通乎昼夜之道而知，更有甚么死生？"

译文

萧惠请教生死之道。先生说："知道昼夜就知道生死。"萧惠请教昼夜之道。先生说："知道昼就知道夜。"萧惠说："对于昼还有不知的吗？"先生说："你能知道昼吗？懵懂地起床，混乱地吃饭，行为不体察，终日昏沉，只是如做梦一般的白天。惟能做到休息的时候能修养，每个瞬间都在存养本心，心中清明，天理没有一时的间断，这才能叫做知道昼。这就是天德，这就是明白了昼夜的道理，还有什么生死呢？"

马子莘问："修道之教，旧说谓圣人品节吾性之固有，以为法于天下，若礼乐刑政之属。此意如何？"先生曰："道即性即命，本是完完全全，增减不得，不假修饰的。何须要圣人品节？却是不完全的物件。礼乐刑政是治天下之法，固亦可谓之教，但不是子思本旨。若如先儒之说，下面由教入道的，缘何舍了圣人礼乐刑政之教，别说出一段戒慎恐惧工夫？却是圣人之教为虚设矣。"子莘请问。先生曰："子思性、道、教，皆从本原上说。天命于人，则命便谓之性；率性而行，则性便谓之道；修道而学，则道便谓之教。率性是诚者事，所谓自诚明，谓之性也。修道是诚之者事，所谓自明诚，谓之教也。圣人率性而行，即是道。圣人以下，未能率性，于道未免有过不及，故须修道。修道则贤知者不得而过，愚不肖者不得而不及，都要循着这个道，则道便是个教。此'教'字与'天道至教''风雨霜露无非教也'之'教'同。'修道字'与'修道以仁'同。人能修道，然后能不违于道，以复其性之本体，则亦是圣人率性之道矣。下面'戒慎恐惧'便是修道的工夫，'中和'便是复其性之本体，如《易》所谓穷理尽性，以至于命，中和位育，便是尽性至命。"

译文

马子莘问："修道的教诲，旧日的学说认为圣人的品节我的心中本来也有，以此来垂法天下，像是礼乐刑政之类。这个认识怎么样？"先生说："道就是性就是命，本来是完全的，不能增减，不假修饰。哪里需要强调是圣人的品节呢？这么说已经是把道当成不完全的物件了。礼乐刑政是治理天下的法度，也可称之为教化，但这不是子思的本旨。如果像先儒所说，之后那些由教诲而入道的人，为什么舍弃了圣人关于礼乐刑政的教诲呢？另外再讲出一套戒慎恐惧的功夫呢？这样圣人的教化不就成为虚设了吗？”子莘请教。先生说：“子思的性、道、教，都是从本原上来说的。天命在人这里，命就称为性；随性而行，性就称为道；修道而学，道就称为教。率性是诚挚的事，就是所谓的由真诚能够达到明理，就可以称之为性。修道是诚挚的事，就是所谓的由明理而达到真诚，就可称之为教。圣人率性而行，就是道。圣人之下，不能够率性而行，对于道的领悟难免有过度或不及，因此需要修道。修道则知道贤者智者不会过度，愚笨不肖者不会不及，都要遵循着这个道理，这个道理就是教化。这个教与‘天道至教’‘风雨霜露无非教也’的教相同。‘修道’与‘修道以仁’同意。人能修道，然后能不违反道，因为他能够恢复性的本体，这也是圣人率性的那个道了。后面儒者所说的戒慎恐惧也是修道的功夫，修到中和就是恢复了性的本体，像《周易》所说的‘穷理尽性，以至于命’中和和位育，就是能尽性至于天命。”

黄诚甫问：“先儒以孔子告颜渊为邦之问，是立万世常行之道，如何？”先生曰：“颜子具体圣人，其于为邦的大本大原都已完备。夫子平日知之已深，到此都不必言，只就制度文为上说。此等处亦不可忽略，须要是如此方尽善。又不可因自己本领是当了，便于防范上疏阔，须是要放郑声，远佞人。盖颜子是个克己向里、德上用心的人，孔子恐其外面末节或有疏略，故就他不足处帮补说。若在他人，须告以为政在人，取人以身，修身以道，修道以仁，达道，九经及诚身许多工夫，方始做得。这个方是万世常行之道。不然只去行了夏时，乘了殷辂，服了周冕，作了《韶》舞，天下便治得？后人但见颜子是孔门第一人，又问个‘为邦’，便把做天大事看了。”

译文

黄诚甫问：“朱熹认为孔子对于颜渊治国之问的回答，是能确立于万世常行的道理，怎么样呢？”先生说：“颜回得到了圣人学说的真传。他关于治国的原理和根本都已经完备了。夫子平日里对此的认识已经深入，到这里都不必一一言说，只就着制度为文上来教导。这些地方也不可忽略，须要做到夫子所言才算尽善。也不能因为自己本领学到了，就疏于防范，须要放逐郑声、远离奸人。因为颜回是个克己向内在用功、在修德上用心的人，孔子担心他对于外部的细枝末节有所疏漏，所以针对他的不足之处帮他补救。如果是对于其他人，夫子就须告诉他们为政在于人，用人在身，修身要以道，修道要以仁，达道，九经以及其他使身诚挚的工夫，才能够考虑治国。这个才是万世常行的道理。不然只是施行夏时的历法，乘坐殷时的车子，舞虞舜的《韶》舞，天下就能得到治理吗？后人只看到颜回是孔门第一人，他又问及治国，就把这件事当成了天大的事来看待了。”

蔡希渊问：“文公《大学》新本，先格致而后诚意工夫，似与首章次第相合。若如先生从旧本之说，即诚意反在格致之前，于此尚未释然。”先生曰：“《大学》工夫即是明明德，明明德只是个诚意，诚意的工夫只是格物致知。若以诚意为主，去用格物致知的工夫，即工夫始有下落，即为善去恶，无非是诚意的事。如新本先去穷格事物之理，即茫茫荡荡，都无着落处，须用添个‘敬’字，方才牵扯得向身心上来，然终是没根源。若须用添个‘敬’字，缘何孔门倒将一个最紧要的字落了，直待千余年后要人来补出？正谓以诚意为主，即不须添‘敬’字。所以提出个诚意来说，正是学问的大头脑处。于此不察，真所谓毫厘之差，千里之谬。大抵《中庸》工夫只是诚身，诚身之极便是至诚；《大学》工夫只是诚意，诚意之极便是至善。工夫总是一般。今说这里补个‘敬’字，那里补个‘诚’字，未免画蛇添足。”

译文

蔡希渊问：“朱子对《大学》的新解，先讲格致，后讲诚意的工夫，似乎与第一章的顺序是相合的。若是依照先生对旧本的说法，诚意反而在格致之前，对此我还没有想明白。”先生说：“《大学》的工夫就是明明德，明明德就是诚意，诚意的工夫就是格物致知。若是以诚意为主，去下格物致知的工夫，工夫才有着落。即使是为善去恶，无非也就是诚意的事。像新本那样先去穷究格物致知之理，则会茫然空荡，没有着落，须要加上个敬字，才能够牵扯到身心上来，但终究是没有根源的。如果要加上个敬字，为什么孔门反倒把这个最紧要的字遗落了？要等到千年后等人来补上呢？正所谓以诚意为主，不要增加敬字。之所以要拿诚意出来讲，因为这正是学问最要紧的主导的地方。对此不能察知，真就是差之毫厘谬以千里了。《中庸》大抵上在讲诚身的工夫，诚身做到极致就是至诚了；《大学》的工夫只是诚意，诚意做到极致就是至善了。工夫都是一样的，现在说这里要增加个敬字，那里要增加个诚字，未免是画蛇添足。”

卷之二　语录二

传习录中

德洪曰："昔南元善刻《传习录》于越，凡二册。下册摘录先师手书，凡八篇。其答徐成之二书，吾师自谓：'天下是朱非陆，论定既久，一旦反之为难。二书姑为调停两可之说，使人自思得之。'故元善录为下册之首者，意亦以是欤！今朱、陆之辨明于天下久矣。洪刻先师《文录》，置二书于《外集》者，示未全也，故今不复录。其余指'知行之本体'，莫详于答人论学与答周道通、陆清伯、欧阳崇一四书。而谓'格物为学者用力日可见之地'，莫详于答罗整庵一书。平生冒天下之非诋推陷，万死一生，遑遑然不忘讲学，惟恐吾人不闻斯道，流于功利机智，以日堕于夷狄禽兽而不觉。其一体同物之心，终身，至于毙而后已。此孔、孟以来贤圣苦心，虽门人子弟未足以慰其情也。是情也，莫详于答聂文蔚之第一书。此皆仍元善所录之旧。而揭'必有事焉'即'致良知'功夫，明白简切，使人言下即得入手，此又莫详于答文蔚之第二书，故增录之。元善当时汹汹，乃能以身明斯道，卒至遭奸被斥，油油然惟以此生得闻斯学为庆，而绝无有纤芥愤郁不平之气。斯录之刻，人见其有功于同志甚大，而不知其处时之甚艰也。今所去取，裁之时义则然，非忍有所加损于其间也。”

译文

钱德洪说：“以前南元善在浙江刊刻《传习录》总共两册。下册摘录先师亲笔书信，共八篇。他回复徐成之的书信有两篇，先生认为：‘天下肯定朱熹否定陆九渊的观点成为定论已久，一旦要反对这个观点必定十分困难。这封书信是调停两种学说，让人自己思考有所认知。’所以元善收录在下卷之首，大约也是这个意思吧。现在天下对于朱子、陆九渊争辩的看法已十分清楚。我刊刻先师的《文录》，将这两封书信收在《外集》中，表示还不够完善，所以现今不再收录。其他讲明‘知行的本体’，没有比《答人论学》、回复周道通、陆清伯、欧阳崇的四封书信中所言更详尽的了。讲‘格物是学者平日里应当下功夫之处’，没有比回复罗整庵的书信中所言更详尽了。先生平生不顾天下的非难诋毁陷害，万死一生，惶惶不安仍不忘讲学，惟恐我等学生不能闻得这些道理，而流于追逐功利炫耀机智，以至于日渐堕落得如同野人禽兽一样，而不能察觉。先生讲求与万物一体的用心，终身争论，直到去世才停止。这是孔孟以来圣贤的苦心，即使是门人弟子也不足以宽慰他的感情。这种情感，没有比回复聂文蔚的书信中所言更详尽的了。这些内容仍依照元善旧日所收录来编排。而揭示‘必有事焉’即‘致良知’功夫，明白简要，令人当下就入手，对此的记录没有比回复聂文蔚的第二封书信中所言更详尽了，所以增加收录进来。元善当时情势危急，还能以身来发明先生之道，最终被奸人排斥，油然以此生听闻了先生的学说感到庆幸，而全然没有丝毫愤慨郁闷不平之气。传习录的刊刻，人人都可见它对于同志于学的人助益甚大，而不知元善当日所处境况的艰难。现在对于内容的取舍，是根据时段不同所作的裁断，不会对南元善所刊刻之本有所损坏。”

答顾东桥书

来书云："近时学者务外遗内，博而寡要，故先生特倡'诚意'一义，针砭膏肓，诚大惠也。"

译文

来信说："近来的学者务求于外而不遗漏内在，所知广博却少得要领，所以先生特别要提倡'诚意'之义，来针砭现在的毛病，诚然是大惠学者。"

吾子洞见时弊如此矣，亦将何以救之乎？然则鄙人之心，吾子固已一句道尽，复何言哉！复何言哉！若"诚意"之说，自是圣门教人用功第一义。但近世学者乃作第二义看，故稍与提掇紧要出来，非鄙人所能特倡也。

译文

你能够如此清晰地认识到时弊，将打算怎样去补救呢？我的心意，你已经一言说尽了，我还需要多说什么呢？"诚意"的说法，自然是圣人教人用功的第一要义。但近世的学者都将其视只有第二等的意义，所以我要稍微将其中关键之处提出来，并非我能自己特意提倡的。

来书云："但恐立说太高，用功太捷，后生师传，影响谬误，未免坠干佛氏明心见性、定慧顿悟之机，无怪闻者见疑。"

译文

来信说："只担忧立论太高，功用太快，门生为师传授，会有谬误，未免堕入了佛家明心见性、定慧顿悟的话机中，不奇怪听闻的人会感到疑惑。"

区区"格致诚正"之说，是就学者本心日用事为间，体究践履，实地用功，是多少次第，多少积累在，正与空虚顿悟之说相反。闻者本无求为圣人之志，又未尝讲究其详，遂以见疑，亦无足怪。若吾子之高明，自当一语之下便了然矣，乃亦谓立说太高，用功太捷，何邪？

译文

我讲“格物致知诚意正心”之说，是根据学者本心在日常做事的时候，要体察讲究去实际践履，实地用功，这当中要讲次序，有多少积累，正和空虚顿悟的说法相反。听闻的人本没有追求成为圣人的意志，又没有详细地体会我所说的详情，因此感到疑惑，这不足为怪。像你这般高明，自然是一句话之后就能够明白的，你也说害怕立说太高，用功太快，为什么呢？

来书云：“所喻知行并进，不宜分别前后，即《中庸》‘尊德性而道问学’之功交养互发、内外本末一以贯之之道。然工夫次第，不能无先后之差，如知食乃食，知汤乃饮，知衣乃服，知路乃行，未有不见是物，先有是事。此亦毫厘倏忽之间，非谓截然有等，今日知之而明日乃行也。”

译文

来信说：“老师所晓喻的是知行并进，不应该分前后，就是《中庸》中的‘尊德性’‘道问学’的功夫要相互存养发明，内外本末一以贯之。但功夫次第，不可能没有先后的差别，例如知道是食物才会吃，是汤才会喝，是衣服才会穿，是道路才会走，没有不见到这个事物，就能先做这件事的。差别体现在毫厘瞬间，不是说截然有差别，不是今天知道了明天才会去施行。”

既云交养互发，内外本末一以贯之，则知行并进之说无复可疑矣。又云工夫次第，不能无先后之差，无乃自相矛盾已乎？知食乃食等说，此尤明白易见。但吾子为近闻障蔽，自不察耳。夫人必有欲食之心，然后知食。欲食之心即是意，即是行之始矣。食味之美恶，必待入口而后知，岂有不待入口而已先知食味之美恶者邪？必有欲行之心，然后知路。欲行之心即是意，即是行之始矣。路岐之险夷，必待身亲履历而后知，岂有不待身亲履历而已先知路岐之险夷者邪？知汤乃饮，知衣乃服，以此例之，皆无可疑。若如吾子之喻，是乃所谓不见是物而先有是事者矣。吾子又谓此亦毫厘倏忽之间，非谓截然有等，今日知之而明日乃行也，是亦察之尚有未精。然就如吾子之说，则知行之为合一并进，亦自断无可疑矣。

译文

既然说相互存养发明，内外本末一以贯之，那么就应该明白知行并进的道理没有什么再可疑惑的了。你又讲工夫次第，不可能没有先后的差别，这不是自相矛盾吗？知道了是食物才去吃的几个说法，尤其明白易见。但你被近日所闻遮蔽了，自己没有察觉到。人一定要先有饮食之心，然后知道进食。有饮食之心就是意，就是行动的开始了。食物味道的好坏，必定要等入口后才知，有不等入口就已经先知道食物味道好坏的吗？一定要有想走路的心，然后才会知道路。想要走的心就是意，就是行动的开始。路况的险易，一定要等亲自走过去才知道，有不等亲自走过就知道路况的吗？知汤乃饮，知衣乃服，以上述解释为例，都无疑问。假如像你所说，这就是还没有见到这件事物，先有这件事情了。你又讲差别体现在毫厘瞬间，不是截然有差等的，不是今天知晓明天才会施行。也是你的体察还没有精到。然而就如你所说，知行合一并进，也是没有什么可疑问的。

来书云："真知即所以为行，不行不足谓之知，此为学者吃紧立教，俾务躬行则可。若真谓行即是知，恐其专求本心，遂遗物理，必有暗而不达之处。抑岂圣门知行并进之成法哉？"

译文

来信说："真知是可以实行的，不能实行不足以称为知，这是为学者提出的紧要的原则，使得学者能够用力在躬行上才可以。若真的说行就是知，恐怕会专求本心，对于物理就遗落了，一定会有昏暗不理解的地方，这难道是圣人门下所传的知行并进的成法吗？"

知之真切笃实处，即是行；行之明觉精察处，即是知。知行工夫本不可离，只为后世学者分作两截用功，失却知行本体，故有合一并进之说。真知即所以为行，不行不足谓之知，即如来书所云知食乃食等说可见，前已略言之矣。此虽吃紧救弊而发，然知行之体本来如是，非以己意抑扬其间，姑为是说以苟一时之效者也。专求本心，遂遗物理，此盖失其本心者也。夫物理不外于吾心，外吾心而求物理，无物理矣。遗物理而求吾心，吾心又何物邪？心之体，性也，性即理也。故有孝亲之心，即有孝之理，无孝亲之心，即无孝之理矣。有忠君之心，即有忠之理，无忠君之心，即无忠之理矣。理岂外于吾心邪？晦庵谓："人之所以为学者，心与理而已。心虽主乎一身，而实管乎天下之理。理虽散在万事，而实不外乎一人之心。"是其一分一合之间，而未免已启学者心理为二之弊。此后世所以有专求本心，遂遗物理之患，正由不知心即理耳。夫外心以求物理，是以有暗而不达之处，此告子义外之说，孟子所以谓之不知义也。心一而已，以其全体恻怛而言谓之仁，以其得宜而言谓之义，以其条理而言谓之理。不可外心以求仁，不可外心以求义，独可外心以求理乎？外心以求理，此知行之所以二也。求理于吾心，此圣门知行合一之教，吾子又何疑乎？

译文

知的真切笃实处，就是行；行的明白体察处，就是知。知行的工夫本来不可互相离开来谈，只因为后世的学者分成两回事来用功，失去了知行的本体，所以会有合一并进的学说。真知是可以实行的，不能实行不足以称为知，就是你信中所说的知道是食物才能吃等说法，前面我已经大略讲过了。这种说法虽然是为了补救偏弊所发的，但应该知道知行的本体本来就是这样。并不是以自己的意念在其中取舍出来，以为这个说法求个一时的效果。专门探求本心，就会遗落物理，这是失了本心。物理也不在我心之外，在我心之外求物理，就没有物理了。抛开物理来探求本心，本心又是什么呢？心的本体是性，性是理。所以有孝顺双亲的心，就有孝顺的理，没有孝顺双亲的心，就没有孝顺的理。有忠君的心，就有忠君的理，没有忠君的心，就没有忠君的理。理哪能在我的心之外呢？朱子说："人之所以要学习，为了心和理而已。心虽然主宰一身，而实际上统管天下之理。理虽然分散在万事中，而实际上不在一人心之外。"是这种一分一合之间，难免会开启学者把心和理分成两件事的弊病。这就是为什么后世会有专门求本心，会遗落物理的担忧，这正是不知道心就是理。在心之外求物理，因而有昏暗不理解的地方，这是告子的义外之说。孟子之所以说他不知义，心是一体的，以心对人的恻隐之心而言称之为仁，以心能合宜而言称之为义，以心有条理而言称之为理。不能从心外求仁，不能从心外求义，难道独独能从心外求理吗？在心外求理，是知行为什么会分成两回事的原因。在我心上求理，这是圣人门下知行合一的学说，你又有什么疑问呢？

来书云："所释《大学》古本，谓致其本体之知，此固孟子尽心之旨。朱子亦以虚灵知觉为此心之量。然尽心由于知性，致知在于格物。"

译文

来信说："先生解释的《大学》古本，说'致其本体之知'，就是孟子尽心的主旨。朱子也认为清虚空灵的心能够知觉道理，而穷尽心的容量。但您解释说尽心是由于知性，致知在于格物。"

"尽心由于知性，致知在于格物"，此语然矣。然而推本吾子之意，则其所以为是语者，尚有未明也。朱子以尽心、知性、知天为物格、知致，以存心、养性、事天为诚意、正心、修身，以夭寿不贰，修身以俟为知至、仁尽、圣人之事。若鄙人之见，则与朱子正相反矣。夫尽心、知性、知天者，生知安行，圣人之事也；存心、养性、事天者，学知利行，贤人之事也；夭寿不贰，修身以俟者，困知勉行，学者之事也。岂可专以尽心、知性为知，存心、养性为行乎？吾子骤闻此言，必又以为大骇矣。然其间实无可疑者，一为吾子言之。夫心之体，性也；性之原，天也。能尽其心，是能尽其性矣。《中庸》云："惟天下至诚为能尽其性。"又云"知天地之化育""质诸鬼神而无疑"，知天也。此惟圣人而后能然，故曰此生知安行，圣人之事也。存其心者，未能尽其心者也，故须加存之之功。必存之既久，不待于存而自无不存，然后可以进而言尽。盖知天之"知"，如知州、知县之"知"。知州则一州之事皆己事也，知县则一县之事皆己事也，是与天为一者也。事天则如子之事父，臣之事君，犹与天为二也。天之所以命于我者，心也，性也，吾但存之而不敢失，养之而不敢害，如父母全而生之，子全而归之者也。故曰此学知利行，贤人之事也。至于夭寿不贰，则与存其心者又有间矣。存其心者虽未能尽其心，固已一心于为善，时有不存，则存之而已。今使之夭寿不贰，是犹以夭寿贰其心者也。犹以夭寿贰其心，是其为善之心犹未能一也，存之尚有所未可，而何尽之可云乎？今且使之不以夭寿贰其为善之心，若曰死生夭寿皆有定命，吾但一心于为善，修吾之身，以俟天命而已，是其平日尚未知有天命也。事天虽与天为二，然已真知天命之所在，但惟恭敬奉承之而已耳。若俟之云者，则尚未能真知天命之所在，犹有所俟者也。故曰所以立命。立者，创立之立，如立德、立言、立功、立名之类。凡言立者，皆是昔未尝有而今始建立之谓，孔子所谓“不知命，无以为君子者也”。故曰此困知勉行，学者之事也。今以尽心、知性、知天为格物致知，使初学之士尚未能不贰其心者，而遽责之以圣人生知安行之事，如捕风捉影，茫然莫知所措其心，几何而不至于“率天下而路”也？今世致知格物之弊，亦居然可见矣。吾子所谓务外遗内，博而寡要者，无乃亦是过欤？此学问最紧要处，于此而差，将无往而不差矣。此鄙人之所以冒天下之非笑，忘其身之陷于罪戮，呶呶其言，其不容已者也。

译文

“尽心是由于知性，致知在于格物”，这话是对的。然而推求你的意思，你之所以讲这样的话，还是有不明白的地方。朱子认为做到尽心、知性、知天是物格、知致，认为存心、养性、事天是诚意、正心、修身，认为不管寿命几何没有二心，修养自身以待天命，是知至、仁尽、圣人之事。我的意见与朱子正相反。尽心、知性、知天属于生知安行，是圣人的事；存心、养性、事天，是学知立行，是贤人的事。不管寿命几何没有二心，修养自身以待天命，困知勉行，是学者的事。岂能认为尽心、知性是知，存心、养性是行呢？你一听此言，必然大为惊骇。但期间实际上没有可疑问的地方。我来为你解说。心的本体是性；性的本原是天，能尽心，就是能尽性。《中庸》说：“惟有天下至诚的人能尽其性。”又说“知道天地化于万物”“向鬼神验证而没有疑惑”，就是知天。这是惟有成为圣人而后才能做到的，所以说生知安行，是圣人的事。存养其心，还没能尽心的，须加强存养的功夫。存养的日久，不需要存养而自然无所不存养，然后可以进一步讲尽的问题。知天之“知”如同知州、知县之“知”。做知州那么一州的事情都是自己的事情，做知县那么一县的事情都是自己的事情，这是与知天一样的。知天就像孩子侍奉父亲，臣子侍奉君主，依然与天不同。天所授命给我的是心，是性，我只管保存它而不敢有所丢失，养护它而不敢损害，就像是父母把孩子完整的生下来，孩子最终要完整的归于父母。因此说学知利行，是贤人的事。至于夭寿不贰，又与存其心有差别。存养其心的人虽然还不能尽心，固然已经有一心用在为善上，有时没有存养，那么存养心即可。现在谈到夭寿不贰，仍然有二心。依然因为夭寿将其心分成为了二，是为善的心仍不能专一。存养心还有做不到的地方，谈何尽心呢？现在且让夭寿不去把其为善的心分为二，就像是说夭寿都有定数，我只专心在为善上，修养我自身，以等待天命而已，这是他平日还不知有天命。侍奉天虽然与天是两回事，但已经真切地知道了天命所在，只恭敬供奉顺承天久可以了。如果讲要等待天命，是还不知道天命的所在，仍有所等待。所以说要立命。立，是创立之立，如立德、立言、立功、立名之类的。凡是说到立，都是之前还没有现在开始建立，就是孔子所谓“不知命，无以为君子”。所以说困知勉行，是学者的事。现在认为尽心、知性、知天是格物致知，初学的人还不能做到专心，就督促他要去做圣人生知安行的事，这就如同捕风捉影，茫然不知道怎样用心了。怎样才能不至于“率天下而路”呢？现在世上讲格物致知的弊端，可以清楚地看到了。你所说的务在于向外探求而遗落了内在，所知广博而少得要点的，不也是过失吗？这是学问最紧要的地方，在这里有差池，那么之后就都会有错误。这就是我为什么要冒着天下的非难耻笑，不管身陷罪戮，反复讲这些话的理由。

来书云：“闻语学者乃谓即物穷理之说，亦是玩物丧志，又取其厌繁就约，涵养本原数说标示学者，指为晚年定论，此亦恐非。”

译文

来信说：“听闻先生给学生讲过朱子所言‘即物穷理’也是玩物丧志，又取了朱子‘厌繁就约’‘涵养本原’等几种说法提醒展示给学生，认为这是朱子晚年定论，这恐怕不对。”

朱子所谓格物云者，在即物而穷其理也。即物穷理，是就事事物物上求其所谓定理者也。是以吾心而求理于事事物物之中，析心与理而为二矣。夫求理于事事物物者，如求孝之理于其亲之谓也。求孝之理于其亲，则孝之理其果在于吾之心邪？抑果在于亲之身邪？假而果在于亲之身，则亲没之后，吾心遂无孝之理欤？见孺子之入井，必有恻隐之理，是恻隐之理果在于孺子之身欤？抑在于吾心之良知欤？其或不可以从之于井欤？其或可以手而援之欤？是皆所谓理也，是果在于孺子之身欤？抑果出于吾心之良知欤？以是例之，万事万物之理，莫不皆然。是可以知析心与理为二之非矣。夫析心与理而为二，此告子义外之说，孟子之所深辟也。务外遗内，博而寡要，吾子既已知之矣。是果何谓而然哉？谓之玩物丧志，尚犹以为不可欤？若鄙人所谓致知格物者，致吾心之良知于事事物物也。吾心之良知，即所谓天理也。致吾心良知之天理于事事物物，则事事物物皆得其理矣。致吾心之良知者，致知也。事事物物皆得其理者，格物也。是合心与理而为一者也。合心与理而为一，则凡区区前之所云，与朱子晚年之论，皆可以不言而喻矣。

译文

朱子所谓的格物，就是就事物来穷究他的道理。即物穷理，就是在事事物物上探求所谓的定理。因此我的心求理于事事物物之中，分心和理为二事。在事事物物上求理的人，就像是在双亲身上求孝顺的道理一样。这样做，孝顺的道理果然我心中吗？或者是在双亲身上吗？那么亲人去世后，我的心中难道就没了孝顺之理吗？见到孩子落井，必然有恻隐之理，是恻隐的道理在孩子身上吗？抑或是在我的良知上呢？不能跟着跳入井中吧？抑或是可以施以援手？这都是所谓的理，是在孩子身上，还是出于我的良知呢？以此为例，那万事万物的道理，莫不如此。所以把心和理分为二事是不对的。把心和理分为二事是告子的义外之说，是孟子深以为应该避免的。务在于向外探求而遗落了内在，所知广博而少得要点，你既然已经知道，为什么还会这样说呢？将我的心良知的天理作用于事事物物上，那么事事物物都得到了天理。用我心中的良知，就是致知。事事物物都得天理，就是格物。是将心和理合为一件事。将心和理合为一，那么我前面所说，与朱子晚年的定论，都可以不言而喻。

来书云："人之心体本无不明，而气拘物蔽鲜有不昏，非学问思辨以明天下之理，则善恶之机，真妄之辨，不能自觉，任情恣意，其害有不可胜言者矣。"

译文

来信说："人的心体本来没有不明的，而被气拘束，被外物遮蔽鲜少有不昏暗的。不通过学问思辨来弄清天下之理，那么善恶的机要，真妄的分别，不能够自我觉察，肆意妄为，危害不能胜数。"

此段大略似是而非，盖承沿旧说之弊，不可以不辨也。夫学问思辨行皆所以为学，未有学而不行者也。如言学孝，则必服劳奉养，躬行孝道，然后谓之学，岂徒悬空口耳讲说，而遂可以谓之学孝乎？学射则必张弓挟矢，引满中的；学书则必伸纸执笔，操觚染翰。尽天下之学无有不行，而可以言学者，则学之始固已即是行矣。笃者，敦实笃厚之意，已行矣，而敦笃其行，不息其功之谓尔。盖学之不能以无疑，则有问，问即学也，即行也。又不能无疑，则有思，思即学也，即行也。又不能无疑，则有辨，辨即学也，即行也。辨既明矣，思既慎矣，问既审矣，学既能矣，又从而不息其功焉。斯之谓笃行，非谓学问思辨之后而始措之于行也。是故以求能其事而言谓之学，以求解其惑而言谓之问，以求通其说而言谓之思，以求精其察而言谓之辨，以求履其实而言谓之行。盖析其功而言则有五，合其事而言则一而已。此区区心理合一之体，知行并进之功，所以异于后世之说者，正在于是。今吾子特举学问思辨以穷天下之理，而不及笃行，是专以学问思辨为知，而谓穷理为无行也已。天下岂有不行而学者邪？岂有不行而遂可谓之穷理者邪？明道云：只穷理，便尽性至命。故必仁极仁，而后谓之能穷仁之理；义极义，而后谓之能穷义之理。仁极仁则尽仁之性矣，义极义则尽义之性矣。学至于穷理至矣，而尚未措之于行，天下宁有是邪？是故知不行之不可以为学，则知不行之不可以为穷理矣。知不行之不可以为穷理，则知知行之合一并进，而不可以分为两节事矣。夫万事万物之理，不外于吾心，而必曰穷天下之理，是殆以吾心之良知为未足，而必外求于天下之广以裨补增益之，是犹析心与理而为二也。夫学问思辨笃行之功，虽其困勉至于人一己百，而扩充之极，至于尽性知天，亦不过致吾心之良知而已。良知之外，岂复有加于毫末乎？今必曰穷天下之理，而不知反求诸其心，则凡所谓善恶之机，真妄之辨者，舍吾心之良知，亦将何所致其体察乎？吾子所谓气拘物蔽者，拘此蔽此而已。今欲去此之蔽，不知致力于此，而欲以外求，是犹目之不明者，不务服药调理以治其目，而徒伥伥然求明于其外，明岂可以自外而得哉？任情恣意之害，亦以不能精察天理于此心之良知而已。此诚毫厘千里之谬者，不容于不辨，吾子毋谓其论之太刻也。

译文

这一段看似是对的，其实不对，是因为这里沿袭朱子旧说中存在的问题，不可不辨析清楚。学问思辨行都是为了学习，没有学习了而不去施行的。就像是说学习孝的道理，必定要服侍奉养，亲自行孝，然后才能说是学习了，哪能只是空空地口说耳听，而后就能说是学习了呢？学习射箭一定会张弓搭箭，拉满弓弦射中靶子；学习书法必然要铺开纸张拿起笔，用墨下笔。天下的学问无不是要去实行的，而后可以说是学习了，这样讲的话学习的开始就是行。笃是敦厚笃实的意思，已经实行过，而敦厚这种行为，这说的是不停止下功夫。学习不可能没有疑问，那就会有请教，请教就是学习，也是实行。请教的时候不可能没有疑问，那就会有思考，思考就是学习，也是实行。思考的时候不可能没有疑问，那就会有辨析，辨析就是学习，也是实行。辨析清楚了，思虑审慎，请教细查，能够做到学习了。又不停止这种用功。这就叫做笃厚行为。并不是说问学思辨之后才开始实行。所以就能够成事而言称之为学，以能答疑解惑而言称之为问，以贯通学说而言称之为思，以体察精微而言称之为辨，以能实际去践履这些事情而言称之为行。分开这些功夫来说有上述五者，讲这些事情合起来看只有一而已。这就是我所说的心和理合一的本体，知行并进的功夫，与后世的学说不同之处，正在这里。现在你特地举出通过学问思辨来穷天下之理，而不论及笃行，是专门把学问思辨当做知，而说穷理没有行。天下哪里有不实行而学的人呢？哪有不去实行就可以称之为穷理的呢？程子说“只去穷理，就能尽性达到天命”，所以一定要行仁才能达到仁的极致，之后才能说穷尽了仁的道理；行义才能达到义的极致，之后才能说穷尽了义的道理。行仁到仁的极致就尽了仁的性，行义到义的极致就尽了义的性。学习达到穷究天理的极致，而没有施之于行的，天下有这样的事情吗？因此知道不实行不可以为学，不实行就不可以穷理。知道了不实行就不能穷理，那就知道知行合一并进，不能够分成两件事。万事万物之理，不在我心之外，而一定要说是穷尽天下之理，是因为我心中的良知仍然没有完足，一定要求之于天下的广博来助益增补它，这仍是把心和理分成两事。学问思辨笃行的功夫，虽然资质有困顿勉强，做到了别人做一分我做百分，功夫扩充到极致，达到尽性知天命，也不过是达成了我心中的良知罢了。良知之外，外界还有丝毫能够增加的吗？现在一定要说穷天下之理，而不知道反过来求于自己的心，凡是谈善恶的机要，真妄的差别，抛开心中的良知，怎么样才能够体察到呢？你所说的被气拘束被物遮蔽，就是拘束遮蔽在这里了，现在要除掉这些壁障，不知道用力在这里，而想要向外探求，就像是眼睛不明的人，不务在服药调理治疗眼睛，而徒然向外寻求光明，光明岂能从外面得到呢？纵情肆意的危害，也是由于不能够在心的良知上来精确地察知天理。这真是差之毫厘谬以千里，不能不说辨析清楚，你不要说我所言太苛刻了。

来书云："教人以致知明德，而戒其即物穷理，诚使昏暗之士深居端坐，不闻教告，遂能至于知致而德明乎？纵令静而有觉，稍悟本性，则亦定慧无用之见，果能知古今，达事变，而致用于天下国家之实否乎？其曰知者意之体，物者意之用，格物如格君心之非之格，语虽超悟独得，不踵陈见，抑恐于道未相吻合。"

译文

来信说："教导人致知明德，却警戒不要即物穷理，如果让愚昧的人深居端坐，不听您的教诲，就能达到知致和德明吗？纵然是让他们静下来有所觉察，稍微省悟了其本性，也是佛家讲的定慧无用的见解。难道真的能知古今，达于事变，而作用于国家的实际中吗？您说知是意的本体，物是意的用，格物就如'格君心之非'的'格'，话虽然是有超然的悟性才能说出的，不重复陈见，但恐怕与道并不相合吧？”

区区论致知格物，正所以穷理，未尝戒人穷理，使之深居端坐而一无所事也。若谓即物穷理，如前所云务外而遗内者，则有所不可耳。昏暗之士，果能随事随物精察此心之天理，以致其本然之良知，则虽愚必明，虽柔必强，大本立而达道行，九经之属可一以贯之而无遗矣。尚何患其无致用之实乎？彼顽空虚静之徒，正惟不能随事随物精察此心之天理，以致其本然之良知，而遗弃伦理，寂灭虚无以为常，是以要之不可以治家国天下。孰谓圣人穷理尽性之学而亦有是弊哉？心者身之主也，而心之虚灵明觉，即所谓本然之良知也。其虚灵明觉之良知，应感而动者谓之意。有知而后有意，无知则无意矣。知非意之体乎？意之所用，必有其物，物即事也。如意用于事亲，即事亲为一物；意用于治民，即治民为一物；意用于读书，即读书为一物；意用于听讼，即听讼为一物。凡意之所用无有无物者，有是意即有是物，无是意即无是物矣。物非意之用乎？格字之义，有以“至”字训者，如“格于文祖”“有苗来格”，是以“至”训者也。然格于文祖，必纯孝诚敬，幽明之间，无一不得其理，而后谓之格。有苗之顽，实以文德诞敷而后格，则亦兼有正字之义在其间，未可专以“至”字尽之也。如“格其非心”，大臣格君心之非之类，是则一皆正其不正以归于正之义，而不可以“至”字为训矣。且《大学》格物之训，又安知其不以正字为训，而必以至字为义乎？如以至字为义者，必曰穷至事物之理，而后其说始通。是其用功之要全在一穷字，用力之地全在一理字也。若上去一穷，下去一理字，而直曰致知在至物，其可通乎？夫穷理尽性，圣人之成训，见于《系辞》者也。苟格物之说而果即穷理之义，则圣人何不直曰致知在穷理，而必为此转折不完之语，以启后世之弊邪？盖《大学》格物之说，自与《系辞》穷理大旨虽同，而微有分辨。穷理者，兼格致诚正而为功也。故言穷理，则格致诚正之功皆在其中；言格物，则必兼举致知、诚意、正心，而后其功始备而密。今偏举格物而遂谓之穷理，此所以专以穷理属知，而谓格物未尝有行，非惟不得格物之旨，并穷理之义而失之矣。此后世之学所以析知行为先后两截，日以支离决裂，而圣学益以残晦者，其端实始于此。吾子盖亦未免承沿积习见，则以为于道未相吻合，不为过矣。

译文

我论说格物致知，正是用来穷理，不是让人不要去穷理，而深居端坐而无所事事。若说即物穷理，就如前面讲的务在向外探求而遗落内在，那么就是不能做的。愚昧的人，如果能够随着事物深刻地察觉到心中的天理，达到心中原本的良知，即使愚昧必然能变明白，即使柔弱必然能够变强，根本树立起来了，通达的道路必然能够走通，九经之类就可以一以贯之没有遗落。哪还会担忧没有致用的实行呢？那些执着在空虚之说上的人，正是不能够随着事情深刻察觉到心中的天理，来达到他本体的良知，而抛弃伦理，把寂静幻灭虚无当做常道，因此就不能治理国家天下。谁说圣人穷理尽性的学说也有这种弊端呢？心是身之主，而心的虚灵明觉，就是所谓的本来就有的良知。心虚灵明觉的良知，有所感应而动就称之为意。有知而后有意，无知就无意。知难道不是意的本体吗？意起作用，必然有物，物就是事。如意用在侍奉双亲，那事亲就是一物；意用在治民，那治民就是一物；意作用于读书，那读书就是一物；意用在听诉讼上，那诉讼就是一物。凡是意要起作用一定有物，有意就会有这个物，无意也就没有这个物。物不是意的用吗？对格字的训诂，有用“至”来训的，如“格于文祖”“有苗来格”都是以“至”来训的。但“格于文祖”必然是纯孝诚敬的，阴阳两边，都有这个道理，之后才能说“格”。有苗氏顽固，实际上用文德教化后才能“格”，这当中也兼有使之规正的意思在，不能说“至”的意思就能概括完了。如“格其非心”，大臣“格君心之非”都是纠正错误使之归于正途，而不能用“至”来训解。况且《大学》的格物之训，又怎么知道它不以“正”字来训解，而必定是用“至”字来解义呢？如果要用“至”来解释，一定会说穷尽事物之理，之后这种解释才能讲通。这样的话，用功的关键就都在一个“穷”字上，用力的地方全在一个“理”字上。若上面去掉穷字，下面去掉理字，这句话就成了“致知在至物”，这能解释通吗？穷理尽性，是圣人既成的训诫，见于《周易·系辞传》中。假如格物之说果真就是穷理的意思，那圣人何不直接说致知在穷理，而必然要说这样有转折不完整的话，来开启后世的弊病呢？因为《大学》的格物之说，与《周易·系辞传》的穷理大旨虽然相同，但在细微处有分别。穷理，兼有格物致知诚意正心而要下功夫。所以说到穷理，那么格物致知诚意正心都在其中；说格物，必然兼有致知诚意正心，而后格物的功夫才能够完备严密。现在单举格物就说这是穷理，这是专把穷理视为知，而说格物中没有行，不但没有领会格物的主旨，连同穷理的含义也丧失了。这就是后世的学说把知行分成两段的原因，学说日渐支离破碎，而圣人的学说越发残缺晦暗，发端实在是开始于这里。你也未免承袭积累了惯常的见解，则以为我的学说与道不吻合，这么讲不为过吧。

来书云："谓致知之功，将如何为温凊，如何为奉养？即是诚意，非别有所谓格物，此亦恐非。"

译文

来信说："您所说的致知的功夫，怎样让父母冬暖夏凉？怎样才是奉养父母？这就是诚意，并非另外有一套格物的功夫，这么讲恐怕不对。"

此乃吾子自以己意揣度鄙见，而为是说，非鄙人之所以告吾子者矣。若果如吾子之言，宁复有可通乎？盖鄙人之见，则谓意欲温凊，意欲奉养者，所谓意也，而未可谓之诚意。必实行其温凊奉养之意，务求自慊而无自欺，然后谓之诚意。知如何而为温凊之节，知如何而为奉养之宜者，所谓知也，而未可谓之致知。必致其知如何为温凊之节者之知，而实以之温凊，致其知如何为奉养之宜者之知，而实以之奉养，然后谓之致知。温凊之事，奉养之事，所谓物也，而未可谓之格物。必其于温凊之事也，一如其良知之所知，当如何为温凊之节者而为之，无一毫之不尽；于奉养之事也，一如其良知之所知，当如何为奉养之宜者而为之，无一毫之不尽，然后谓之格物。温凊之物格，然后知温凊之良知始致；奉养之物格，然后知奉养之良知始致，故曰物格而后知至。致其知温凊之良知，而后温凊之意始诚，致其知奉养之良知，而后奉养之意始诚，故曰知至而后意诚。此区区诚意、致知、格物之说盖如此。吾子更熟思之，将亦无可疑者矣。

译文

这只是你以己意揣度我的见解而讲出来的这个说法，并不是我所讲给你的。如果真如你所言，哪里能讲通呢？我的意思是想要父母冬暖夏凉，想要奉养父母，这就是所谓的意，还不能称之为诚意。一定要把这个意实行了，务求自己感到快乐而没有自我欺骗，然后才能称之为诚意。知道什么是让父母冬暖夏凉，知道怎样奉养父母才合宜，是所谓的知，还不能称之为致知。一定要将认知落实在行动上，实际上做到了让父母冬暖夏凉，做到了奉养父母，才能称之为致知。让父母冬暖夏凉，奉养父母，是所谓的物，还不能称之为格物。对于这些事，一定要如心中的良知所知的那样，做到了这些事，没有丝毫未做到的，然后才能称之为格物。让父母冬暖夏凉的物格，然后知晓让父母冬暖夏凉的良知才实现；奉养父母的物格，然后知晓奉养父母的良知才实现，所以说“物格然后知至”实现了让父母冬暖夏凉的良知，之后让父母冬暖夏凉之意才诚挚；实现了奉养父母的良知，之后奉养父母之意才诚挚，所以说“知至而后意诚”。我关于诚意、致知、格物的说法是这样的。你要再深思熟虑，也就没有疑惑的了。

来书云：“道之大端易于明白，所谓良知良能，愚夫愚妇可与及者。至于节目时变之详，毫厘千里之谬，必待学而后知。今语孝于温凊定省，孰不知之？至于舜之不告而娶，武之不葬而兴师，养志养口，小杖大杖，割股庐墓等事，处常处变，过与不及之间，必须讨论是非，以为制事之本，然后心体无蔽，临事无失。”

译文

来信说：“道大的方面是容易明白的，所谓良知良能，愚夫愚妇也可以企及。至于细节条目随时变化的详情，是差之毫厘谬以千里的，一定要通过学习后才能够知道。现在说让父母冬暖夏凉，晨昏定省，谁不知道呢？至于舜不告父母就娶妻，武王不葬文王就兴兵，曾子养父亲是尊父亲的意志，曾元养父亲就是养口，父亲用小杖打就承受大杖打就躲避，割股事亲，结庐守墓等，出于惯常与变化、过度和不及之间，必须讨论是非，以此作为规定事情的根本，然后心的本体才能够没有遮蔽，面对事情的时候才能无过失。”

道之大端易于明白，此语诚然。顾后之学者，忽其易于明白者而弗由，而求其难于明白者以为学，此其所以道在迩而求诸远，事在易而求诸难也。孟子云：“夫道若大路然，岂难知哉？人病不由耳。”良知良能，愚夫愚妇与圣人同，但惟圣人能致其良知，而愚夫愚妇不能致，此圣愚之所由分也。节目时变，圣人夫岂不知？但不专以此为学。而其所谓学者，正惟致其良知，以精察此心之天理，而与后世之学不同耳。吾子未暇良知之致，而汲汲焉顾是之忧，此正求其难于明白者以为学之弊也。夫良知之于节目时变，犹规矩尺度之于方圆长短也。节目时变之不可预定，犹方圆长短之不可胜穷也。故规矩诚立，则不可欺以方圆，而天下之方圆不可胜用矣。尺度诚陈，则不可欺以长短，而天下之长短不可胜用矣。良知诚致，则不可欺以节目时变，而天下之节目时变不可胜应矣。毫厘千里之谬，不于吾心良知一念之微而察之，亦将何所用其学乎？是不以规矩而欲定天下之方圆，不以尺度而欲尽天下之长短，吾见其乖张谬戾，日劳而无成也已。吾子谓语孝于温凊定省，孰不知之？然而能致其知者鲜矣。若谓粗知温凊定省之仪节，而遂谓之能致其知，则凡知君之当仁者，皆可谓之能致其仁之知，知臣之当忠者，皆可谓之能致其忠之知，则天下孰非致知者邪？以是而言，可以知致知之必在于行，而不行之不可以为致知也明矣。知行合一之体，不益较然矣乎？夫舜之不告而娶，岂舜之前已有不告而娶者为之准则？故舜得以考之何典，问诸何人而为此邪？抑亦求诸其心一念之良知，权轻重之宜，不得已而为此邪？武之不葬而兴师，岂武之前已有不葬而兴师者为之准则？故武得以考之何典，问诸何人而为此邪？抑亦求诸其心一念之良知，权轻重之宜，不得已而为此邪？使舜之心而非诚于为无后，武之心而非诚于为救民，则其不告而娶与不葬而兴师，乃不孝不忠之大者。而后之人不务致其良知，以精察义理于此心感应酬酢之间，顾欲悬空讨论此等变常之事，执之以为制事之本，以求临事之无失，其亦远矣！其余数端，皆可类推，则古人致知之学，从可知矣。

译文

道大的方面是容易明白的，诚然如此。看后世的学者，忽略容易明白的内容不用，而去追求那些难以明白的并学习它，这就是道在近处而到远方去找，事情容易却求之于困难。孟子说：“道就像大路一样，很难知晓吗？人的问题在于不循着大道来做。”良知良能，愚夫愚妇与圣人同样具备，但只有圣人能够致其良知，而愚夫愚妇不能，这就是圣人和愚夫愚妇的差别。细节条目随着时代而变化，圣人难道不知吗？但圣人不把这些东西当成学问。而他们所谓的学，正惟有致其良知，以深刻体察心中的天理，这是与后世之学不同的地方的。你还没有顾得上致良知，却汲汲于担忧这些，这正是犯了把那些难以明白的内容当做了学问的毛病。良知对于节目时变，犹如规矩尺度对于方圆长短一样。节目时变不能预先确定，犹如方圆长短不能穷尽。所以规矩一旦确定，就不可在方圆的尺寸上有欺骗，而天下的所有方圆都可以用此规矩。尺度一旦陈列，就不能在长短的尺寸上有欺骗，而天下所有的长短都能用此尺度。良知诚致，就不能节目时变上有欺骗，天下的节目变化都可以应对。差之毫厘谬以千里的谬误，不在心中良知的细微处去体察，将要怎样运用所学呢？这是不用规矩而想确定天下的方圆，不用尺度而想确定天下的长短，我见到这种做法乖张荒谬，日日劳累而无所成。你说谈到温清定省，谁人不知呢？然而能做好致其知的人是很少的。若说粗略知道温清定省的仪节，就能说是致其知，那凡知道为君应该仁爱，都能说是能说是实现了仁爱的良知，知道为臣应该忠诚，都能说是实现了忠诚的良知，那么天下哪有做不到致知的呢？由此而言，可以知道致知一定在于实行，不实行就不会有致知，这是很清楚的。知行合一的本体，与此相较不也非常清楚了吗？舜不告父母就娶妻，难道是舜之前就有这样的准则了吗？所以舜能考之于什么典籍，向什么人询问来这样做呢？武王不葬文王就兴兵，是武王之前已经有这样的准则吗？武王能考之于什么典籍，向什么人询问来这样做呢？抑或是他是求之于心中的良知，权衡了轻重之宜，不得已才这样做呢？假如舜的心中不是诚挚的担忧无后，武王的心不是诚挚地为了救民，那么他们不告而娶和不葬而兴兵，就是大的不忠不孝。后世之人不务求致良知，不去深切体察义理于心上于应对酬酢之间，只空谈这些不寻常的事情，拿着这些作为确立规则的根本，以求在面对事情的时候没有过失，这就离得太远了。其他几件事例，可以此类推，那古人致知之学，从中就可以得知了。

来书云："谓《大学》格物之说专求本心，犹可牵合，至于《六经》《四书》所载多闻多见、前言往行、好古敏求、博学审问、温故知新、博学详说、好问好察，是皆明白求于事为之际，资于论说之间者，用功节目固不容紊矣。"

译文

来信说："您说《大学》格物之说专门探求本心，还可牵强理解，至于说《六经》《四书》所记载的多闻多见、前言往行、好古敏求、博学审问、温故知新、博学详说、好问好察等事，都是在做事的时候清楚探讨到的，用于论说之时的，用功的细节目次不容混乱。"

格物之义，前已详悉，牵合之疑，想已不俟复解矣。至于多闻多见，乃孔子因子张之务外好高，徒欲以多闻多见为学，而不能求诸其心，以阙疑殆，此其言行所以不免于尤悔，而所谓见闻者，适以资其务外好高而已。盖所以救子张多闻多见之病，而非以是教之为学也。夫子尝曰："盖有不知而作之者，我无是也。"是犹孟子是非之心，人皆有之之义也。此言正所以明德性之良知，非由于闻见耳。若曰多闻择其善者而从之，多见而识之，则是专求诸见闻之末，而已落在第二义矣，故曰知之次也。夫以见闻之知为次，则所谓知之上者果安所指乎？是可以窥圣门致知用力之地矣。夫子谓子贡曰："赐也，汝以予为多学而识之者欤？非也，予一以贯之。"使诚在于多学而识，则夫子胡乃谬为是说以欺子贡者邪？一以贯之，非致其良知而何？《易》曰："君子多识前言往行，以畜其德。"夫以畜其德为心，则凡多识前言往行者，孰非畜德之事？此正知行合一之功矣。好古敏求者，好古人之学而敏求此心之理耳。心即理也。学者，学此心也；求者，求此心也。孟子云："学问之道无他，求其放心而已矣。"非若后世广记博诵古人之言词以为好古，而汲汲然惟以求功名利达之具于其外者也。博学审问，前言已尽。

温故知新，朱子亦以温故属之尊德性矣。德性岂可以外求哉？惟夫知新必由于温故，而温故乃所以知新，则亦可以验知行之非两节矣。博学而详说之者，将以反说约也。若无反约之云，则博学详说者果何事邪？舜之好问好察，惟以用中而致其精一于道心耳。道心者，良知之谓也。君子之学，何尝离去事为而废论说？但其从事于事为论说者，要皆知行合一之功，正所以致其本心之良知，而非若世之徒事口耳谈说以为知者，分知行为两事，而果有节目先后之可言也。

译文

格物之义，前面已经详细说明，你认为牵强的疑惑，想来已经不需要等我为你解答了。至于说“多闻多见”是孔子因为子张务在向外追求好高骛远，徒然想要以多闻多见作为学问，而不能够求之于心，会导致阙疑的危险，因此他所言所行就不免于后悔，而所谓的见闻，恰好资助了他这种向外探求好高骛远的倾向。孔子是为了补救子张多闻多见的毛病，并不是教导子张把多闻多见当学问。夫子曾说：“大约有那种不知道而造作的人，我不是这样的。”这就犹如孟子所说的“是非之心，人人都有”。这话正是用来说明德性的良知，不是从闻见来的。说“多闻，选择善者跟随，多见而认识它”是专求于闻见的细枝末节，已经落在了第二义，所以说这是关于知的次要之事了。以见闻所知为次要的事，那所谓知之上的事情是指什么呢？这是可以窥见圣人门下致知用功之处。夫子对子贡说：“赐啊，你认为我是学识多的人吗？不是的，我的学说是一以贯之的。”假使夫子的学说在于多学而识，那么夫子为什么会错说这话来欺骗子贡呢？一以贯之，不是致良知是什么呢？《周易》说：“君子多识前言往行，以畜其德。”以积畜德行为心，那凡是说多认识前言往行，哪个不是畜德的事呢？这正是知行合一的功夫。“好古敏求”是爱好古人的学问而敏于探求心中的理。心就是理。学习，是要学习这种心。追求，是要追求这种心。孟子说：“学问之道无他，求其放心而已矣。”不是像后世那样把广泛背诵古人的言词当成好古，而汲汲于求功名利益这些外在的能体现显达的东西。关于“博学审问”，前言已经说尽了。“温故知新”，朱子也认为讲的是尊德性。德性岂能向外探求？要知新一定要通过温故，通过温故乃能知新，这也可以验证知行不是两回事。“博学而详说之”说的是返回到简约。若没有返回到简约的说法，那博学详说说的是什么事呢？舜好问好察，就是做到执中而能达到精一专注于道心。道心，说的就是良知。君子的学问，何曾离开做事、抛开辩论呢？但做事和辩论，都要用到知行合一的功夫，这样正是用来致其本心的良知，而不像后世的人只是口耳听听说说就以为做到知了，把知和行分为两件事，而后果然有细节目次的先后可以来讲。

来书云：“杨、墨之为仁义，乡愿之辞忠信，尧、舜、子之之禅让，汤、武、楚项之放伐，周公、莽、操之摄辅，谩无印正，又焉适从？且于古今事变，礼乐名物，未尝考识，使国家欲兴明堂，建辟雍，制历律，草封禅，又将何所致其用乎？故《论语》曰‘生而知之’者，义理耳。若夫礼乐名物，古今事变，亦必待学而后有以验其行事之实，此则可谓定论矣。”

译文

来信说：“杨朱、墨子讲行仁义，乡愿讲忠信，尧、舜、子之禅让，汤、武、楚霸王项羽被放逐杀戮，周公、王莽、曹操的摄位辅政，这些事情复杂无可考证，又该信从哪家的说法呢？况且对于古今事情发生的剧变，礼乐名物等内容，都未尝考订认识，想要让国家兴建明堂、辟雍，制定历法律令，草拟封禅流程，又将如何实现作用呢？所以《论语》说‘生来就知道’，是知道义理。那些礼乐名物、古今事情发生的变化，一定需要通过学习，之后要在实践中进行检验，才能称为定论。”

所喻杨、墨、乡愿、尧、舜、子之、汤、武、楚项、周公、莽、操之辨，与前舜、武之论，大略可以类推。古今事变之疑，前于良知之说，已有规矩尺度之喻，当亦无俟多赘矣。至于明堂、辟雍诸事，似尚未容于无言者。然其说甚长，姑就吾子之言而取正焉，则吾子之惑将亦可以少释矣。夫明堂、辟雍之制，始见于吕氏之《月令》，汉儒之训疏，《六经》《四书》之中未尝详及也。岂吕氏、汉儒之知，乃贤于三代之贤圣乎？齐宣之时，明堂尚有未毁，则幽、厉之世，周之明堂皆无恙也。尧、舜茅茨土阶，明堂之制未必备，而不害其为治。幽、厉之明堂，固犹文、武、成、康之旧，而无救于其乱。何邪？岂能以不忍人之心而行不忍人之政，则虽茅茨土阶，固亦明堂也。以幽、厉之心而行幽、厉之政，则虽明堂，亦暴政所自出之地邪？武帝肇讲于汉，而武后盛作于唐，其治乱何如邪？天子之学曰辟雍，诸侯之学曰泮宫，皆象地形而为之名耳。然三代之学，其要皆所以明人伦，非以辟不辟、泮不泮为重轻也。孔子云："人而不仁，如礼何？人而不仁，如乐何？"制礼作乐，必具中和之德，声为律而身为度者，然后可以语此。若夫器数之末，乐工之事，祝史之守，故曾子曰："君子所贵乎道者三，笾豆之事，则有司存也。"尧命羲、和，钦若昊天，历象日月星辰，其重在于敬授人时也。舜在璇玑玉衡，其重在于以齐七政也。是皆汲汲然以仁民之心，而行其养民之政，治历明时之本，固在于此也。羲、和历数之学，皋、契未必能之也，禹、稷未必能之也，尧、舜之知而不遍物，虽尧、舜亦未必能之也。然至于今，循羲、和之法而世修之，虽曲知小慧之人、星术浅陋之士，亦能推步占候而无所忒，则是后世曲知小慧之人，反贤于禹、稷、尧、舜者邪？封禅之说，尤为不经，是乃后世佞人谀士，所以求媚于其上，倡为夸侈，以荡君心，而靡国费。盖欺天罔人，无耻之大者，君子之所不道，司马相如之所以见讥于天下后世也。吾子乃以是为儒者所宜学，殆亦未之思邪？夫圣人之所以为圣者，以其生而知之也。而释《论语》者曰："'生而知之'者，义理耳。若夫礼乐名物，古今事变，亦必待学而后有以验其行事之实。"夫礼乐名物之类，果有关于作圣之功也。而圣人亦必待学而后能知焉，则是圣人亦不可以谓之生知矣。谓圣人为生知者，专指义理而言，而不以礼乐名物之类，则是礼乐名物之类无关于作圣之功矣。圣人之所以谓之生知者，专指义理，而不以礼乐名物之类，则是学而知之者，亦惟当学知此义理而已，困而知之者，亦惟当困知此义理而已。今学者之学圣人，于圣人之所能知者，未能学而知之，而顾汲汲焉求知圣人之所不能知者以为学，无乃失其所以希圣之方欤？凡此皆就吾子之所惑者，而稍为之分释，未及乎拔本塞源之论也。夫拔本塞源之论不明于天下，则天下之学圣人者将日繁日难，斯人沦于禽兽夷狄，而犹自以为圣人之学，吾之说虽或暂明于一时，终将冻解于西而冰坚于东，雾释于前而云滃于后，呶呶焉危困以死，而卒无救于天下之分毫也已。夫圣人之心，以天地万物为一体，其视天下之人，无外内远近，凡有血气，皆其昆弟赤子之亲，莫不欲安全而教养之，以遂其万物一体之念。天下之人心，其始亦非有异于圣人也。特其间于有我之私，隔于物欲之蔽，大者以小，通者以塞，人各有心，至有视其父子兄弟如仇雠者。圣人有忧之，是以推其天地万物一体之仁以教天下，使之皆有以克其私，去其蔽，以复其心体之同然。其教之大端，则尧、舜、禹之相授受，所谓"道心惟微，惟精惟一，允执厥中"。而其节目则舜之命契，所谓父子有亲，君臣有义，夫妇有别，长幼有序，朋友有信五者而已。唐、虞、三代之世，教者惟以此为教，而学者惟以此为学。当是之时，人无异见，家无异习，安此者谓之圣，勉此者谓之贤，而背此者虽其启明如朱，亦谓之不肖。下至闾井、田野，农、工、商、贾之贱，莫不皆有是学，而惟以成其德行为务。何者？无有闻见之杂，记诵之烦，辞章之靡滥，功利之驰逐，而但使之孝其亲，弟其长，信其朋友，以复其心体之同然。是盖性分之所固有，而非有假于外者，则人亦孰不能之乎？学校之中，惟以成德为事，而才能之异，或有长于礼乐，长于政教，长于水土播植者，则就其成德，而因使益精其能于学校之中。迨夫举德而任，则使之终身居其职而不易。用之者惟知同心一德，以共安天下之民，视才之称否，而不以崇卑为轻重，劳逸为美恶。效用者亦惟知同心一德，以共安天下之民。苟当其能，则终身处于烦剧而不以为劳，安于卑琐而不以为贱。当是之时，天下之人熙熙皞皞，皆相视如一家之亲。其才质之下者，则安其农、工、商、贾之分，各勤其业以相生相养，而无有乎希高慕外之心。其才能之异若皋、夔、稷、契者，则出而各效其能，若一家之务，或营其衣食，或通其有无，或备其器用，集谋并力，以求遂其仰事俯育之愿，惟恐当其事者之或怠而重己之累也。故稷勤其稼，而不耻其不知教，视契之善教，即己之善教也；夔司其乐，而不耻于不明礼，视夷之通礼，即己之通礼也。盖其心学纯明，而有以全其万物一体之仁，故其精神流贯，志气通达，而无有乎人己之分，物我之间。譬之一人之身，目视、耳听、手持、足行，以济一身之用。目不耻其无聪，而耳之所涉，目必营焉；足不耻其无执，而手之所探，足必前焉。盖其元气充周，血脉条畅，是以痒疴呼吸，感触神应，有不言而喻之妙。此圣人之学所以至易至简，易知易从，学易能而才易成者，正以大端惟在复心体之同然，而知识技能非所与论也。三代之衰，王道熄而霸术焻；孔、孟既没，圣学晦而邪说横。教者不复以此为教，而学者不复以此为学。霸者之徒，窃取先王之近似者，假之于外，以内济其私己之欲，天下靡然而宗之，圣人之道遂以芜塞。相仿相效，日求所以富强之说，倾诈之谋，攻伐之计，一切欺天罔人，苟一时之得以猎取声利之术，若管、商、苏、张之属者，至不可名数。既其久也，斗争劫夺，不胜其祸。斯人沦于禽兽夷狄，而霸术亦有所不能行矣。世之儒者，慨然悲伤，搜猎先圣王之典章法制，而掇拾修补于煨烬之余。盖其为心，良亦欲以挽回先王之道。圣学既远，霸术之传积渍已深，虽在贤知，皆不免于习染。其所以讲明修饰，以求宣畅光复于世者，仅足以增霸者之藩篱，而圣学之门墙遂不复可睹。于是乎有训诂之学，而传之以为名；有记诵之学，而言之以为博；有词章之学，而侈之以为丽。若是者纷纷籍籍，群起角立于天下，又不知其几家。万径千蹊，莫知所适。世之学者，如入百戏之场，欢谑跳踉，骋奇斗巧，献笑争妍者，四面而竞出，前瞻后盼，应接不遑，而耳目眩瞀，精神恍惑，日夜遨游淹息其间，如病狂丧心之人，莫自知其家业之所归。时君世主亦皆昏迷颠倒于其说，而终身从事于无用之虚文，莫自知其所谓。间有觉其空疏谬妄，支离牵滞，而卓然自奋，欲以见诸行事之实者，极其所抵，亦不过为富强功利五霸之事业而止。圣人之学日远日晦，而功利之习愈趋愈下。其间虽尝瞽惑于佛、老，而佛、老之说卒亦未能有以胜其功利之心。虽又尝折衷于群儒，而群儒之论终亦未能有以破其功利之见。盖至于今，功利之毒沦浃于人之心髓而习以成性也，几千年矣。相矜以知，相轧以势，相争以利，相高以技能，相取以声誉。其出而仕也，理钱谷者则欲兼夫兵刑，典礼乐者又欲与于铨轴，处郡县则思藩臬之高，居台谏则望宰执之要。故不能其事，则不得以兼其官；不通其说，则不可以要其誉。记诵之广，适以长其敖也；知识之多，适以行其恶也；闻见之博，适以肆其辨也；辞章之富，适以饰其伪也。是以皋、夔、稷、契所不能兼之事，而今之初学小生皆欲通其说，究其术。其称名僭号，未尝不曰吾欲以共成天下之务，而其诚心实意之所在，以为不如是则无以济其私而满其欲也。呜呼！以若是之积染，以若是之心志，而又讲之以若是之学术，宜其闻吾圣人之教，而视之以为赘疣枘凿，则其以良知为未足，而谓圣人之学为无所用，亦其势有所必至矣。呜呼！士生斯世，而尚何以求圣人之学乎？尚何以论圣人之学乎？士生斯世而欲以为学者，不亦劳苦而繁难乎？不亦拘滞而险艰乎？呜呼！可悲也已！所幸天理之在人心，终有所不可泯，而良知之明，万古一日，则其闻吾拔本塞源之论，必有恻然而悲，戚然而痛，愤然而起，沛然若决江河而有所不可御者矣。非夫豪杰之士，无所待而兴起者，吾谁与望乎？

译文

你提及的这些人物的区别，与此前讲到的舜和武王的讨论，大致可以类推。关于古今事变的疑问，前面在讲到良知的时候已经用规矩尺度等做过比喻说明了，应当无需再多赘述。至于说明堂、辟雍等事，似乎还没有谈及。但将这些问题说来话长，我姑且针对你所言来讲，那你的疑惑或许能够稍微得到开释。明堂、辟雍的规制最早见于《吕氏春秋》的《月令篇》，汉儒的训释中，《六经》《四书》都未详谈。难道吕不韦、汉儒的知识，要超过三代的圣贤吗？齐宣王时期，明堂还没有被毁，到周幽王、厉王的时代，周的明堂也完好。尧、舜住的茅草屋，用的土台阶，明堂的制度还没有完备，这也不妨害他们进行治理。幽王、厉王的明堂，固然与旧日文王、武王、成王、康王的规制一样，然而不能补救统治的昏乱。为什么呢？只要仁爱之人行仁爱之政，即使茅屋和土台阶，也是明堂。以像幽王厉王一般的昏聩之心行政，虽然有明堂，不也是暴政所出之处吗？武帝曾讨论在汉朝建立明堂，武则天大作明堂于唐代，他们的治理情况如何呢？天子的学校叫作辟雍，诸侯的学校叫做泮宫，都是取象地形来命名的。然而三代的教育，都是要人明白人伦，并不是要看辟雍、泮宫修建的形制、外观如何。孔子说："为人而不仁爱，有礼又如何呢？有乐又如何呢？"制礼作乐，一定要有中和的德行，以声来和律以身来度量，然后可以谈论这些问题。如果讲器物数量的多少，是乐工的职事，工祝史官的责任。所以曾子说："君子所宝贵的是道，奉献祭品这些事项，相关的执事官员会掌管的。”尧命令羲和遵从上天，观测日月星辰，所重视的是要把历法颁授给人民。舜观测北斗，重视的是整齐政治。这些都是无时无刻不在仁爱百姓的心情，他们行供养人民的政策，制定历法明确农时的根本就在于此。羲和的历法数术之学，皋陶和契未必能做到，禹、后稷未必能做到，尧舜所知不能遍及万物，即使是尧舜也有做不到的事情。但到了现在，照着羲和的方法世代修习，即使是知道点小智慧的人、对星术有点浅陋见地的人，也能进行推步测算以物候占断，那是这些后世有些小智慧的人，反而要比禹、稷、尧、舜还要贤能吗？封禅的说法，尤其荒诞不经，是后世的奸邪谄媚之人，为了巴结君上，大谈特谈，以让君主心中激荡，大费国家的钱财。这是欺骗天人，最为无耻的，君子是不愿讲这些的。司马相如就是因此被后世讥讽的。你认为这些时儒者应该学习的，是还没想明白吧？圣人之所以为圣人，因为他们生来就知道。解释《论语》的人说：“生来就知道，所知道的是义理。礼乐名物、古今事变，一定要通过学习之后付诸实践来检验。”礼乐名物之类的东西，如果是成为圣人的功夫，那圣人也一定要通过学习后才能知道，这样圣人就不能说是生来就知道。说圣人生来就知道，是专就知道义理而言的，而不是知道礼乐名物之类的东西，那么礼乐名物这些内容与成为圣人是无关的。圣人生来就知道，是专指知道义理，而不是说礼乐名物。那些通过学习而知道的人，也只应该学习义理，有困顿通过努力知道的人，也应当是在义理上有所困惑而通过学习知道它。现在的人学做圣人，对于圣人所能知道的，不去通过学习掌握它，而要把圣人不会去探求的东西当做学问，这难道不是不明白成为圣人的方法吗？这些都是针对你的疑惑，略微为你作的解释，还没有涉及正本清源的讨论。正本清源之论不能昭明于天下，那天下学习圣人的人将会日渐感到繁琐困难。这些人沦为禽兽野人，还自认为是在学圣人之学。我的说法虽然暂时能显明一时，终归是西边刚解冻，东边又结冰，前方雾刚散开，后方水汽又升腾起。不停讲学不顾危险困难，也丝毫挽救不了天下。圣人之心，与天地万物是一体的，他看待天下之人，没有内外远近的差别。凡是有血气的人，都是他的兄弟孩子一样的亲人，都希望能够安顿并教养他，以实现让万物为一体的心念。天下人之心，开始与圣人之心也没有什么不同。但因为有了私欲的间隔，物欲的蒙蔽，大的心变成了小的心，通达的心变成了闭塞的心，甚至出现看待父子兄弟如同仇人一样的情况。圣人忧心，因此推行天地万物为一体的仁心以教化天下，让人都能够克治私欲，去除障壁，来恢复心体达到与圣人相同的境地。圣人之教的大旨，就是尧舜禹相互传授的，所谓“道心惟微，惟精惟一，允执厥中”。圣人之教的细节目次就是舜命令契的“父子有亲，君臣有义，夫妇有别，长幼有序，朋友有信”这五者。唐虞三代，教化的人就以这些内容来教育人，而学习的人也只学习这些内容。那个时候，人们没有不同的意见，家家没有不同的习惯，能把这些内容妥善安排的人是圣人，能勉力施行的是贤人，违背这些内容即使聪明如丹朱，也只能说是不肖之人。下至街头巷尾、田野中，农民、工人、商贾等，没有不学习这些内容的，而惟以养成德行为目的。为什么呢？因为没有听见看见繁杂的内容，没有背诵的繁琐，没有辞章柔靡泛滥，没有功利的支配，只是让人孝顺双亲，恭敬兄长，与朋友诚信，来恢复本心与圣人做到相同的境地。这些内容本是性中所固有的，不需要假借外物，那么人谁不能达到呢？学校之中，也惟以养成德行为目的，而才能的差别，或是擅长于礼乐之事，或是擅长于从政教化，或是擅长农事，就成就其德行，在学校中更精进才能所擅长的事项。等到推举有德之人担任官员，则令他终身任本职责而不再改变。用人的人只知同心一德，以共同安顿天下的百姓，看才能是否称职，而不以出身高低、所做活计的轻重来分人的好坏。被用的人也只知同心一德，以共同安顿天下的百姓，只要所任官职与才能匹配，就终身从事，即使繁琐也不认为劳苦，安于低位琐碎的事物而不认为低贱。那个时候，天下的人都热闹高兴，相互看待如同一家人。才能低下的人，就安守农、工、商、贾的本分，各自勤于本业以生息繁衍，没有追求高位羡慕职分之外的心思。才能杰出者如皋、夔、稷、契等人，就各自贡献才能，如同给家里做事一般，或经营衣食，或经商互通有无，或制备器具，集体谋划出力，以求实现侍奉双亲养育后代的心愿。做事的人唯恐自己做不好，都竭尽全力去做。所以后稷勤于耕种，而不以自己不知数而羞耻，将契善于施教，视为就是自己的善于施教；

夔掌管音乐，不以不明白礼羞耻，将夷精通礼，视为自己精通礼。他们的心中纯净明白，能够成全万物一体的仁爱之心，所以精神流畅贯通，志气通达，没有自己和别人的区别、物和我的隔阂。就像一个人的身体，眼看、耳听、手持、足行，来满足身体的功能。眼睛不以听不见而羞耻，而耳朵听到的，眼睛一定会看；脚不以不能拿而羞耻，手要去拿东西，脚一定会先迈出去。元气充盈周行，血脉顺畅，因此痒病呼吸，精神都能感应，有不言而喻的奇妙。这是圣人之学之所以极为简易，极易明白和遵循的道理。学习能掌握，才能容易修成，关键就在于恢复心体所共有的东西，而知识技能这些具体的东西不是我所要讨论的。三代之后世道衰落，王道灭而霸道昌盛；孔子、孟子去世，圣人之学晦暗而邪说横行。教学的人不再以此为教，而学习的人也不再学习这些内容。讲霸道的人，私自取了类似于先王的内容，借助外界的力量，来满足私人的欲望，天下风靡纷纷跟随，圣人之道也就日渐荒芜闭塞了。人们相互仿效的，日渐追求的是怎样实现富强的学说，诈伪的谋略、攻伐的计策，一切欺骗天人、苟且于一时之得以获取名利的手段，像管仲、商鞅、苏秦、张仪之人，数不胜数。时间长了，斗争侵夺，祸患无穷。这些人沦为禽兽野人，而霸王之术也不能流行。世上的儒者，感慨悲哀，搜集圣王的典章制度，在秦始皇焚书之后拾掇修补。他们的用意，是想要挽回先王之道。圣人之学年代久远，霸道之术传播影响已深，即使是贤能智者，也不免学习浸染。他们所讲解修饰，以求宣讲光复于世上的内容，也仅仅是增饰了霸道之术，而圣人之学的门径却不再能够看到了。于是有了训诂之学，传授该学问以求名声；有记诵之学，而记诵是为了炫耀知识广博；有词章之学，花费笔墨为了辞藻华丽。这些学问纷纷扰扰，群起而立于天下，不知道有多少家。学说的路径成千上万，不知道该从哪里学起。世上的学者，如同走进了百戏场，戏谑跳跃、争奇斗艳、媚笑争丽的人，从四面竞相出场，学者前顾后盼，应接不暇，耳鸣目眩，精神恍惚，日夜都沉迷期间，如同丧心病狂的人，不知道自己的家业到底归于何处。君主也为这些学说沉迷颠倒，终身从事无用的虚文，不知自己说的是什么。期间有人认为这些学说空疏荒谬，支离牵强，想要奋起，把实在的学问付诸实践，他们所能做到的极致，也不过是像辅佐五霸成就功利事业那样罢了。圣人的学说日渐远去晦暗，功利之习日渐严重，期间虽然有迷惑于佛教、道教学说的人，这两家的学说也不能胜过他们的功利之心。虽然还想要折中于群儒的学说，群儒的学说却最终无法破除其功利的成见。到了现在，追求功利的余毒充斥于人心，而人们追求功利习以为常，这样的情况已经有千年了。以知识相互夸耀，以权利相互倾轧，以利益相互争斗，以技能相互抬高，以声誉相互勾结。出仕为官，管理财务的想要兼管兵事刑罚，负责礼乐的又想要参与官吏任免，处在郡县想到省里为官，负责监察的期望宰相的高位。所以不能做好某件事，就不能兼任某个官职；不精通学说，就不能够享有声誉。记诵广博，正好滋长了他们的骄傲；知识愈多，正好帮助他们为恶；闻见广博，正好使他们肆意申辩；辞章富丽，正好修饰了虚伪的感情。因此皋、夔、稷、契所不能兼任的事情，现在只是初学的小子就想弄懂，想探究方法。他们僭越称名，无一不是说自己想要为天下人做事的，而他们实际所想的是，不这样做就不能够满足个人的私欲。哎，以这样的风气积累影响，以这样的心志，而又讲习这样的学问，当他们听到圣人的教诲，就会视为累赘有毛病的学说，因为他们的良知不足，就说圣人之学无用，这是必然的了。哎，士人生于世上，还怎样求得圣人之学呢？又怎样讨论圣人之学呢？生在这个世道又想学习的人，不是劳苦而艰难的吗？不是饱受拘束限制和艰苦的吗？哎！太可悲了！所幸天理存在于人心，终究不会完全泯灭。良知的光明，万古不会改变，那么听闻我拔本塞源的议论，一定会感到动容和悲哀，伤心痛苦，发愤而起，精神充沛如同江河决水不能阻挡。如果不是有豪杰之人，不需等待就省悟奋起，我还能指望谁呢？

启问道通书

吴、曾两生至，备道道通恳切为道之意，殊慰相念！若道通，真可谓笃信好学者矣。忧病中会，不能与两生细论，然两生亦自有志向肯用功者，每见辄觉有进，在区区诚不能无负于两生之远来，在两生则亦庶几无负其远来之意矣。临别以此册致道通意，请书数语，荒愦无可言者，辄以道通来书中所问数节，略干转语奉酬。草草殊不详细，两生当亦自能口悉也。

译文

吴、曾两位学生来，详备地讲了你勤恳为学之意，我感到欣慰想念。像你这样，真可谓是笃信好学之人了。我正当病中，无法与两位学生细谈，但两人都是有志向又肯用功的人，每每相见就觉得有进步，我不能有负于两位远道而来。临别用用这封信来向你通达志意，要我写几句话，我荒愦不知道该说些什么，只是通过书信对你所问的几个问题，略微讲一讲。草草而言，两位学生应当也能够口述给你吧。

来书云："日用工夫只是立志。近来于先生诲言时时体验，愈益明白。然于朋友不能一时相离，若得朋友讲习，则此志才精健阔大，才有生意。若三五日不得朋友相讲，便觉微弱，遇事便会困，亦时会忘。乃今无朋友相讲之日，还只静坐，或看书，或游衍经行，凡寓目措身，悉取以培养此志，颇觉意思和适。然终不如朋友讲聚，精神流动，生意更多也。离群索居之人，当更有何法以处之？"

译文

来信说："日用工夫就是立志。近日来对于先生的教诲时时有体验，更加明白了。但对于朋友我一刻不能离开，若是得到朋友的讲解交流，我的志向才会精进广大，才有生机。若三五天不能与朋友交流，就觉得志向微弱了，遇到事情就感到困顿，有时也会忘掉志向。没有和朋友交流的时候，或是静坐，或是看书，或是漫游散步，耳听目看都为了培养这番志向，这样我感到平和舒适。但终究不像和朋友聚在一起交流，精神流动，生机更多。离群索居之人，有什么办法来处理这种情况呢？"

此段足验道通日用工夫所得，工夫大略亦只是如此用，只要无间断，到得纯熟后，意思又自不同矣。大抵吾人为学紧要大头脑，只是立志，所谓困忘之病，亦只是志欠真切。今好色之人未尝病于困忘，只是一真切耳。自家痛痒，自家须会知得，自家须会搔摩得。既自知得痛痒，自家须不能不搔摩得。佛家谓之方便法门，须是自家调停斟酌，他人总难与力，亦更无别法可设也。

译文

这段话足够验证你日用工夫所得，工夫大概就是这样，只要没有间断，等到纯熟以后，感觉自然又不同了。大概吾辈为学最关键的地方，就是确立志向。你所说的困顿、遗忘志向的毛病，也只是志向欠缺，不够真切。好色的人未尝忘记自己的好色，只是因为好色之心极为真切。自己的痛痒，自己须知道，自己须要去抓搔摩挲。既然自己知道痛痒，自己就不能不去抓搔摩挲。佛教所说的方便法门，是需要自己思考斟酌的，别人总是难以替你用功，也没有别的办法可以做。

来书云："上蔡尝问：'天下何思何虑？'伊川云：'有此理，只是发得太早。'在学者工夫，固是'必有事焉而勿忘'，然亦须识得'何思何虑'底气象，一并看为是。若不识得这气象，便有正与助长之病。若认得何思何虑而忘必有事焉工夫，恐又堕于无也。须是不滞于有，不堕于无，然乎否也？"

译文

来信说："谢良佐曾问：'天下思虑些什么？'伊川说：'有道理，只是出现得太早。'在学者下功夫时，固然是要做到'必有事焉而勿忘'，但也需要识得所要思虑的气象，一起来看才对。若是不能识别这气象，就会滋长揠苗助长的毛病。识别所该思虑的又忘记'必有事焉'的工夫，恐怕会堕入徒劳无功，必须是不停滞于有，也不堕入无，这样理解对吗？"

所论亦相去不远矣，只是契悟未尽。上蔡之问与伊川之答，亦只是上蔡、伊川之意，与孔子《系辞》原旨稍有不同。《系》言"何思何虑"，是言所思所虑只是一个天理，更无别思别虑耳，非谓无思无虑也。故曰"同归而殊途，一致而百虑，天下何思何虑"。云"殊途"，云"百虑"，则岂谓无思无虑邪？心之本体即是天理，天理只是一个，更有何可思虑得？天理原自寂然不动，原自感而遂通。学者用功，虽千思万虑，只是要复他本来体用而已，不是以私意去安排思索出来。故明道云："君子之学，莫若廓然而大公，物来而顺应。"若以私意去安排思索，便是用智自私矣。何思何虑正是工夫，在圣人分上便是自然的，在学者分上便是勉然的。伊川却是把作效验看了，所以有发得太早之说。既而云却好用功，则已自觉其前言之有未尽矣。濂溪主静之论，亦是此意。今道通之言，虽已不为无见，然亦未免尚有两事也。

译文

你所说的大致不差，只是还有未领悟的内容。谢良佐与程子的问答，也只是二人的理解，与孔子《系辞篇》里表达的宗旨稍有不同。《系辞》讲"何思何虑"，是说所考虑的只是一个天理，没有其他要思虑的事情了，而不是说不思虑。所以说"同归而殊途，一致而百虑，天下何思何虑"。说"殊途"，说"百虑"，难道是说没有思虑吗？心的本体就是天理，天理只有一个，哪里还需要思虑？天理原本就寂然不动，原本就自己感应就可通达。学者用功，即使万千思虑，只是要恢复他本来的体用罢了，不是以私人的想法安排思索出来的。所以明道说："君子的学问，是廓然大公的，事情来则自然地顺应这种发展趋势。"若用私意去安排思索，就是用智用私欲了。何思何虑正是工夫，在圣人那里是自然的，在学者那里要勉励而行。伊川是把这点看成下功夫的成效了，所以有"出现得太早"这种说法。然而他也说正应该用功，是已经意识到前言有未说尽之处。濂溪先生主张静守的论断，也是这个意思。今日你的话，虽然不是没有见地，但也未免停滞于有、无两事之中了。

来书云："凡学者才晓得做工夫，便要识认得圣人气象。盖认得圣人气象，把做准的，乃就实地做工夫去，才不会差，才是作圣工夫。未知是否？"

译文

来信说："学者刚认识到做功夫，就要识别圣人的气象。能识别出圣人气象，以此为标准，就实在地去下工夫，才不会差，才是努力向圣人努力的工夫。不知这样理解正确吗？"

先认圣人气象，昔人尝有是言矣，然亦欠有头脑。圣人气象自是圣人的，我从何处识认？若不就自己良知上真切体认，如以无星之称而权轻重，未开之镜而照妍媸，真所谓“以小人之腹而度君子之心矣”。圣人气象何由认得？自己良知原与圣人一般。若体认得自己良知明白，即圣人气象不在圣人而在我矣。程子尝云：“觑著尧学他行事，无他许多聪明睿智，安能如彼之动容周旋中礼？”又云：“心通于道，然后能辨是非。”今且说通于道在何处？聪明睿智从何处出来？

译文

先识别圣人的气象，过去的人的确这样说过，但还是欠缺要点。圣人气象自然是圣人的，我从哪里识得呢？如果不从自己的良知上去真切地体察认识，就像拿没有砝码的称来称重量，没有打磨的镜子照美丑，真成了所谓“以小人之心度君子之心”了。圣人的气象从哪里认识呢？自己的良知与圣人是一样的，如果能把自己的良知认清，那么圣人的气象就不在圣人而在我身上了。程子曾说：“观察尧行事，没有像他一样的聪明智慧，怎么能够做到像他一样动作容止、与人交往都符合礼仪呢？”他又说：“心与道相通，然后能辨别是非。现在且来说说你与道相通在何处？聪明睿智从哪里来？”

来书云：“事上磨炼，一日之内，不管有事无事，只一意培养本原。若遇事来感，或自己有感，心上既有觉，安可谓无事？但因事凝心一会，大段觉得事理当如此，只如无事处之，尽吾心而已。然乃有处得善与未善，何也？又或事来得多，须要次第与处，每因才力不足，辄为所困，虽极力扶起，而精神已觉衰弱。遇此未免要十分退省，宁不了事，不可不加培养。如何？”

译文

来信说：“在事情上磨炼，一天之中，不管有没有事，只管培养本原。如果遇到有事来相感，或是自己有感应，或是心上有意识，哪里能说是无事呢？顺着事情思虑一会，大体觉得事理应该是这样，只是像对待无事之时一样，尽我的心而已。但还是会有处理得好与不好的差别，为什么呢？有时事情来得多，需要依次处理，每每因为才力不足，就感到困顿，虽然尽力继续，精神已经感到衰弱了。遇到这样的情况，难免要反省自己，宁可不做这件事，也不能不培养工夫，这样对吗？”

所说工夫，就道通分上也只是如此用，然未免有出入在。凡人为学，终身只为这一事，自少至老，自朝至暮，不论有事无事，只是做得这一件，所谓必有事焉者也。若说宁不了事，不可不加培养，却是尚为两事也。必有事焉而勿忘勿助，事物之来，但尽吾心之良知以应之，所谓忠恕违道不远矣。凡处得有善有未善，及有困顿失次之患者，皆是牵于毁誉得丧，不能实致其良知耳。若能实致其良知，然后见得平日所谓善者，未必是善，所谓未善者，却恐正是牵于毁誉得丧，自贼其良知者也。

译文

你说的工夫，对你而言是这样用，未免还有些出入。凡是做学问，终身只为这一件事，从年少到年老，从早到晚，无论有事没事，都只做这件事，就是所谓的“必有事焉”。如果说宁可不做这件事，也不能不培养工夫，说的还是两回事。“必有事焉而勿忘勿助”，事物来，我尽心中的良知来感应它，就是所谓的“忠恕违道不远”了。至于说处理事情有处理得好有处理得不好的，乃至于有感到困顿失去条理的问题，都是被毁誉得失牵绊住了，不能够踏实地致良知罢了。如果能够踏实地致良知，之后意识到平日所认为处理得好的，未必是好，处理得不好的，却正是因为毁誉得失的牵绊，自己丢掉了心中的良知。

来书云：“致知之说，春间再承诲益，已颇知用力，觉得比旧尤为简易。但鄙心则谓与初学言之，还须带格物意思，使之知下手处。本来致知格物一并下，但在初学未知下手用功，还说与格物，方晓得致知云云。”

译文

来信说：“致知的说法，春日时再承蒙先生教诲，我已经深知用功，感到比过去更加容易做了。但我心中认为与初学者谈论这个问题，还需要带有格物的意思，让他能够知道下手之处。本来格物致知的工夫应该一起下，但初学者还不知从何处入手，就先与他讲格物，之后才能晓得致知等等。”

格物是致知工夫，知得致知，便已知得格物。若是未知格物，则是致知工夫亦未尝知也。近有一书与友人论此颇悉，今往一通，细观之当自见矣。

译文

格物是致知的工夫，知道致知，就已经知道格物。如果不知格物，那么致知的工夫也不算知道。近日写有一封书信与友人详细讨论了这点，现在寄给你，仔细阅读应当自会明白。

来书云："今之为朱、陆之辨者尚未已，每对朋友言正学不明已久，且不须枉费心力为朱、陆争是非。只依先生立志二字点化人，若其人果能辨得此志来，决意要知此学，已是大段明白了。朱、陆虽不辨，彼自能觉得。又尝见朋友中见有人议先生之言者，辄为动气。昔在朱、陆二先生所以遗后世纷纷之议者，亦见二先生工夫有未纯熟，分明亦有动气之病。若明道则无此矣。观其与吴涉礼论介甫之学云：'为我尽达诸介甫，不有益于他，必有益于我也。'气象何等从容！尝见先生与人书中亦引此言，愿朋友皆如此，如何？"

译文

来信说："现在仍有人为朱子、陆九渊二人争辩不休，我每每向朋友讲正统的学问不明已经很久了，且不需要白费心力为朱、陆争是非。只照着先生所讲的立志二字来教化人，如果人果然能够辨别出他的志向，决心要学习，就已经是大概明白了。对朱、陆虽然不去争辩，他也自己能够识别。又曾见到朋友中有非议先生之言的，我就会动气。昔日朱、陆之所以遗留给后世诸多争议，是两位先生的工夫还有未纯熟的地方，分明也是有动气的毛病。若是明道先生就没有这个毛病。看他与吴师礼谈论王介甫的学问说'替我将我的观点都转达给介甫，对他可能无益，一定有益于我'。这种气象是何等从容啊！曾见先生与人通书信引用此言，希望朋友都能做到这样，是这样吗？"

此节议论得极是极是。愿道通遍以告于同志，各自且论自己是非，莫论朱、陆是非也。以言语谤人，其谤浅，若自己不能身体实践，而徒入耳出口，呶呶度日，是以身谤也，其谤深矣。凡今天下之论议我者，苟能取以为善，皆是砥砺切磋我也，则在我无非警惕修省进德之地矣。昔人谓“攻吾之短者是吾师”，师又可恶乎？

译文

这话议论得极对。希望你能够告知所有的同学，各人且论自己的是非，不要去谈论朱子、陆九渊的是非。用言语来诽谤别人，这种诽谤是很浅薄的，若是不能自己亲身实践，只是徒然从耳中入从口中出罢了。整日唠叨，是以自己来专事诽谤，这种诽谤是深有问题的。凡是现在天下非议我的，如果能够取我学说中好的内容，都是在砥砺琢磨我，那么在我看来，无非是把这些当做可以警戒精进之处。昔日荀子说“攻击我短处的是我的老师”，老师又有什么可厌恶的呢？

来书云：“有引程子‘人生而静，以上不容说，才说性便已不是性’，何故不容说？何故不是性？晦庵答云：‘不容说者，未有性之可言；不是性者，已不能无气质之杂矣。’二先生之言皆未能晓，每看书至此，辄为一惑，请问译。”

译文

来信说：“有引程子‘人生而静，以上不容说，才说性便已不是性’来问朱子为什么不容说？为什么就不是性了？朱子回答：‘不容说，是因为没有性可说了；不是性，就不能做到无气质的掺杂。’两位先生的话我都未能明白，每次看书到此，都感到疑惑，向先生求教。”

“生之谓性”，生字即是气字，犹言气即是性也。气即是性，人生而静以上不容说，才说气即是性，即已落在一边，不是性之本原矣。孟子性善，是从本原上说。然性善之端，须在气上始见得，若无气亦无可见矣。恻隐、羞恶、辞让、是非即是气。程子谓论性不论气，不备；论气不论性，不明。亦是为学者各认一边，只得如此说。若见得自性明白时，气即是性，性即是气，原无性气之可分也。

译文

“生之谓性”，生就是气，就如同说气就是性。气就是性，人生来处在静中，再往上就不能说了，刚一说气就是性，就落在一边了，就不是性的本原了。孟子讲性善，是从本原上来说的。但性善的开端，须要在气上方才见得，若是无气就没法见到。恻隐、羞恶、辞让、是非这些就是气。程子说谈论性不谈论气，这种讲法不完备；谈气不谈论性，这种讲法不明白。这也是学者各自体认一边，所以只能这样讲。若是能明白自己的本性，那么气就是性，性就是气，原本没有性和气的分别。

答陆原静书

来书云：“下手工夫，觉此心无时宁静，妄心固动也，照心亦动也。心既恒动，则无刻暂停也。”

译文

来信说：“下手下工夫的时候，觉得心中没有片刻宁静，妄心固然在动，照心也在动。心既然一直在动，那就没有暂停之时。”

是有意于求宁静，是以愈不宁静耳。夫妄心则动也，照心非动也。恒照则恒动恒静，天地之所以恒久而不已也。照心固照也，妄心亦照也。其为物不贰，则其生物不息。有刻暂停则息矣，非至诚无息之学矣。

译文

这是有意追求宁静，因此越发不宁静。妄心动，照心是不动的。能一直明照的心是永恒活动的也永恒宁静的，这也是天地能恒久运行不停歇的原因。照心固然能明照，妄心也能明照。不去把事物分成动和静两事，则生生不息。有片刻的暂停也就止息灭亡了，这就不是至诚不息的学问了。

来书云：“良知亦有起处云云。”

译文

来信说："良知也有发起的地方等等。"

此或听之未审。良知者心之本体，即前所谓恒照者也。心之本体无起无不起，虽妄念之发，而良知未尝不在，但人不知存，则有时而或放耳。虽昏塞之极，而良知未尝不明，但人不知察，则有时而或蔽耳。虽有时而或放，其体实未尝不在也，存之而已耳。虽有时而或蔽，其体实未尝不明也，察之而已耳。若谓良知亦有起处，则是有时而不在也，非其本体之谓矣。

译文

这或许是你听得不仔细。良知是心的本体，也就是前面所说的恒照之心。心的本体没有发起不发起。即使是妄念产生，良知也是在的，只是人不知道存养，那么有时就会失去良知。虽然是昏暗闭塞到极点，良知也未尝不明，只是人不知道体察，那么有时就会遮蔽良知。即使有时失去了良知，但心的本体仍在，只要存养它就可以。即使有时被良知被遮蔽了，心的本体仍在，体察它就可以。若是说良知也有发起之处，就是说它有时是不在的，并不是说心的本体。

来书云："前日精一之论，即作圣之功否？"

译文

来信说："您之前关于精一的讨论，是做圣人的功夫吗？"

精一之精以理言，精神之精以气言。理者气之条理，气者理之运用。无条理则不能运用，无运用则亦无以见其所谓条理者矣。精则精，精则明，精则一，精则神，精则诚；一则精，一则明，一则神，一则诚，原非有二事也。后世儒者之说与养生之说各滞于一偏，是以不相为用。前日精一之论，虽为原静爱养精神而发，然而作圣之功，实亦不外是矣。

译文

精一的精是就理而言的，精神之精是就气而言的。理是气的条理，气是理的运用。没有条理则不能运用，不运用也无法见到所谓的条理。精则精细，精则明朗，精则专一，精则神通，精则至诚；一则精细，一则明朗，一则神通，一则至诚，原本不是两回事。后世的儒者的说法与养生之说都是偏执一端，因此不能够互相为用。以前讲的精一直论，虽然是为了你喜爱存养精神而说的，但做圣人的功夫，也不外乎此说。

来书云："元神、元气、元精，必各有寄藏发生之处。又有真阴之精、真阳之气云云。"

译文

来信说："元神、元气、元精，必然各有存在发生之处。又有真阴之精、真阳之气等等。"

夫良知一也，以其妙用而言谓之神，以其流行而言谓之气，以其凝聚而言谓之精，安可以形象方所求哉？真阴之精，即真阳之气之母；真阳之气，即真阴之精之父。阴根阳，阳根阴，亦非有二也。苟吾良知之说明，即凡若此类，皆可以不言而喻。不然，则如来书所云三关、七返、九还之属，尚有无穷可疑者也。

译文

良知是一体的，就其妙用来说称之为神，就其流动而言称之为气，就其凝聚而言称之为精，怎能以表现形式来探求它呢？真阴之精，就是真阳之气之母；真阳之气，就是真阴之精之父。阴以阳为根底，阳以阴为根底，也并非二事。我对良知的说明能够彰明，凡是此类的辨析，都可以不言而喻。否则，就如你来信所言的三关、七返、九还之类问题，还有无穷的可疑之处。

又

来书云："良知，心之本体，即所谓性善也，未发之中也，寂然不动之体也，廓然大公也。何常人皆不能而必待于学邪？中也，寂也，公也，既以属心之体，则良知是矣。今验之于心，知无不良，而中、寂、大公实未有也，岂良知复超然于体用之外乎？”

译文

来信说：“良知，心的本体，就是所谓的性善、未发之中、寂然不动之体、廓然大公。为什么常人一定要通过学习才能掌握这些内容呢？中和、寂静、公心，既然属于心之体，那就是良知了。现在检验于心，所知没有不良，而中和、寂静、公心实际未存在，难道是良知超出了体用之外吗？”

性无不善，故知无不良。良知即是未发之中，即是廓然大公，寂然不动之本体，人人之所同具者也。但不能不昏蔽于物欲，故须学以去其昏蔽。然于良知之本体，初不能有加损于毫末也。知无不良，而中、寂、大公未能全者，是昏蔽之未尽去，而存之未纯耳。体即良知之体，用即良知之用，宁复有超然于体用之外者乎？

译文

性没有不善的，所以所知没有不良。良知就是未发之中，就是廓然大公，就是寂然不动的本体，人人都是具有的。但常会被物欲遮蔽，所以需通过学习除去这种遮蔽。但对于良知的本体，不会有丝毫的损害。所知无不良，而中和、寂静、公心还不能具备的，是这种遮蔽没有完全去除，而存养本心没有达到纯粹。本体就是良知之体，用就是良知之用，哪里有良知超出了体用之外呢？

来书云：“周子曰‘主静’，程子曰‘动亦定，静亦定’，先生曰‘定者，心之本体’，是静定也，决非不睹不闻、无思无为之谓。必常知、常存、常主于理之谓也。夫常知、常存、常主于理，明是动也，已发也，何以谓之静？何以谓之本体？岂是静定也，又有以贯乎心之动静者邪？”

译文

来信说：“周敦颐说‘主静’，程子说‘动也是定，静也是定’，先生说‘定是心的本体’，这些静、定，绝不是说不听不看，不去思考，一定要常知、常存养，常以天理来主导。常知、常存养，常以天理来主导，明显是有动的，是已经发出来的，为什么称之为静呢？为什么称之为本体呢？难道这种静、定，是又贯穿于心的动静吗？”

理无动者也。常知、常存、常主于理，即不睹不闻、无思无为之谓也。不睹不闻、无思无为，非槁木死灰之谓也。睹闻思为一于理，而未尝有所睹闻思为，即是动而未尝动也。所谓动亦定，静亦定，体用一原者也。

译文

天理是不动的。常知、常存养，常以天理来主导，就是不听不看，不去思考。不听不看，不去思考，不是说如同槁木死灰。而是看、听、思都归一于天理，而不去额外地看、听、思，这就是有动却没有动。就是所谓的动就是定，静也是定，体用有同一本原。

来书云：“此心未发之体，其在已发之前乎？其在已发之中而为之主乎？其无前后内外而浑然之体者乎？今谓心之动静者，其主有事无事而言乎？其主寂然感通而言乎？其主循理从欲而言乎？若以循理为静，从欲为动，则于所谓动中有静，静中有动，动极而静，静极而动者，不可通矣。若以有事而感通为动，无事而寂然为静，则于所谓动而无动，静而无静者，不可通矣。若谓未发在已发之先，静而生动，是至诚有息也，圣人有复也，又不可矣。若谓未发在已发之中，则不知未发、已发俱当主静乎？抑未发为静而已发为动乎？抑未发、已发俱无动无静乎？俱有动有静乎？幸教。”

译文

来信说：“心未发之体，是在已发之前吗？还是在已发之中并且主导已发吗？是没有前后内外的分别而浑然一体吗？现在说心的动静，是就有事无事而言吗？还是就寂静感通而言呢？是就遵循天理顺从欲望而言吗？若是认为遵循天理是静，顺从欲望是动，那您所说的动中有静，静中有动，动到极致是静，静到极致是动，这就说不通了。若是以有事感通为动，无事寂静为静，那您所说的动也不动，静也不静，就说不通了。若是说未发在已发之前，由精生发出动，是至诚之心有停息，圣人有反复，这又不对了。若说未发在已发之中，那不知未发、已发是都能主导静吗？还是未发是静，已发是动呢？或是未发、已发都没有动静？都有动静？请先生教我。”

未发之中即良知也，无前后、内外而浑然一体者也。有事无事，可以言动静，而良知无分于有事无事也。寂然感通，可以言动静，而良知无分于寂然感通也。动静者所遇之时，心之本体固无分于动静也。理无动者也，动即为欲。循理则虽酬酢万变而未尝动也，从欲则虽槁心一念而未尝静也。动中有静，静中有动，又何疑乎？有事而感通，固可以言动，然而寂然者未尝有增也。无事而寂然，固可以言静，然而感通者未尝有减也。动而无动，静而无静，又何疑乎？无前后、内外而浑然一体，则至诚有息之疑不待解矣。未发在已发之中，而已发之中未尝别有未发者在；已发在未发之中，而未发之中未尝别有已发者存。是未尝无动静，而不可以动静分者也。凡观古人言语，在以意逆志而得其大旨。若必拘滞于文义，则"靡有孑遗"者，是周果无遗民也。周子"静极而动"之说，苟不善观，亦未免有病。盖其意从太极动而生阳，静而生阴说来。太极生生之理，妙用无息，而常体不易。太极之生生，即阴阳之生生。就其生生之中，指其妙用无息者而谓之动，谓之阳之生，非谓动而后生阳也。就其生生之中，指其常体不易者而谓之静，谓之阴之生，非谓静而后生阴也。若果静而后生阴，动而后生阳，则是阴阳动静截然各自为一物矣。阴阳一气也，一气屈伸而为阴阳；动静一理也，一理隐显而为动静。春夏可以为阳为动，而未尝无阴与静也；秋冬可以为阴为静，而未尝无阳与动也。春夏此不息，秋冬此不息，皆可谓之阳，谓之动也。春夏此常体，秋冬此常体，皆可谓之阴，谓之静也。自元、会、运、世、岁、月、日、时以至刻、杪、忽、微，莫不皆然。所谓动静无端，阴阳无始，在知道者默而识之，非可以言语穷也。若只牵文泥句，比拟仿像，则所谓"心从《法华》转"，非是转《法华》矣。

译文

未发之中就是良知，没有前后、内外，是浑然一体的。有事无事，都可以讲动静，良知不会因为有事无事而有分别。寂静、感应通达，也可以说动静，良知也不会因为寂静、感应通达而有分别。动静是就所遭遇的时间而言的，心的本体本就不分动静。天理是没有动的，动就成了私欲。遵循天理，即使应酬交往万般变化也不曾动，顺从欲望虽然心如槁木也没有静下来。动中有静，静中有动，这有什么可疑惑呢？没有前后、内外浑然一体，那至诚之心会止息的疑问就不需要解释自明。未发在已发之中，而已发之中没有额外的未发者存在；已发就在未发之中，而未发之中也没有别的已发者。本就没有动静，所以不能以动静来区分。凡是看古人的言语，要以自己的意念来揣摩古人的心意，察知其发言的主旨。若是拘泥于文义，那孟子说“靡有孑遗”，就是说周代没有一个遗民了。周敦颐关于“静极而动”的说法，如果不善于观察，就难免会认为此说有弊病。他的意思是从太极动生阳，太极静而生阴来说的。太极生生的道理，是有妙用而不停歇的，其本体是不改变的。太极的生生之理，就是阴阳的生生不息。就在生生之中，把妙用不停息称为动，称为阳之生发，并不是说动而后生阳。就生生不息之中，把本体不改变称为静，称为阴之生发，并不是说静下来之后生阴。如果是静之后生阴，动之后生阳，就是阴阳动静各自为一物了。阴阳是一气的，一气的发展而成为阴阳。动静是同理的，这个道理或显或隐而成为动静。春夏可以视为阳和动，但未尝没有阴和静；秋冬可以视为阴和静，但未尝没有阳和动。春夏秋冬运行不息，都可以称为阳、称为动。春夏秋冬的本体，都可以称为阴、称为静。从元、会、运、世、岁、月、日、时到刻、杪、忽、微都是这样。所谓“动静无端，阴阳无始”明白天道的人默然知晓，用言语是不能够说尽的。若只是牵滞于文句，比拟模仿表象，那么所谓“心从《法华》转”就不是心来转动《法华》了。

来书云：“尝试于心，喜、怒、忧、惧之感发也，虽动气之极，而吾心良知一觉，即罔然消阻，或遏于初，或制于中，或悔于后。然则良知常若居优闲无事之地而为之主，于喜、怒、忧、惧若不与焉者，何欤？”

译文

来信说：“我曾试着在心中有喜怒忧惧发动的时候，即使气动到极点，一旦心中的良知察觉到，就立刻消散阻止它们，或者遏止于其刚发动时，或制止于其发动之中，或悔悟于事后。然而良知常居于悠闲无事之处而作为主宰，与喜怒忧惧似乎无关，为何呢？”

知此则知未发之中，寂然不动之体，而有发而中节之和，感而遂通之妙矣。然谓良知常若居于优闲无事之地，语尚有病。盖良知虽不滞于喜、怒、忧、惧，而喜、怒、忧、惧亦不外于良知也。

译文

明白这点就明白未发之中，明白寂然不动的本体，就能有发而中节之和，感而能通之妙。然而说良知常居于悠闲无事之处，这话尚有问题。良知虽然不停滞于喜怒忧惧，喜怒忧惧也不在良知之外。

来书云："夫子昨以良知为照心。窃谓良知，心之本体也；照心，人所用功，乃戒慎恐惧之心也，犹思也。而遂以戒慎恐惧为良知，何欤？"

译文

来信说："先生昨日说良知就是照心。我认为良知是心的本体。照心是人所用的功夫，是戒慎恐惧的心，它犹如思考。而您把戒慎恐惧当作良知，为什么呢？"

能戒慎恐惧者，是良知也。

译文

能做到戒慎恐惧，就是良知。

来书云："先生又曰照心非动也，岂以其循理而谓之静欤？妄心亦照也，岂以其良知未尝不在于其中，未尝不明于其中，而视听言动之不过则者，皆天理欤？且既曰妄心，则在妄心可谓之照，而在照心则谓之妄矣。妄与息何异？今假妄之照以续至诚之无息，窃所未明，幸再启蒙。"

译文

来信说："先生又说照心不是动的。难道是因为它遵循天理所以为静吗？妄心也是照，难道是因为良知未存在于妄心中，未尝不在妄心中显明吗？而视听言动不违反原则，是因为都遵循天理吗？况且既然说是妄心，那说妄心可以称为照，在照心可称为妄，那么妄与息有什么差别？现在假如用妄心之照来接续至诚之心的无止息，我还不能明白，请老师再启蒙。"

照心非动者，以其发于本体明觉之自然，而未尝有所动也，有所动即妄矣。妄心亦照者，以其本体明觉之自然者，未尝不在于其中，但有所动耳，无所动即照矣。无妄无照，非以妄为照，以照为妄也。照心为照，妄心为妄，是犹有妄有照也。有妄有照则犹贰也，贰则息矣。无妄无照则不贰，不贰则不息矣。

译文

照心不动，因为它生发于本体自然的觉悟，而未尝有动，有所动就是妄。妄心也是照，因为它生发于本体自然的觉悟，本体未尝不在妄心中，只是有活动，不动时就是照。无妄则无照，这并不是以妄为照，以照为妄。照心是照，妄心是妄，是仍然有妄和照的存在，是仍把妄和照分成二体。分成二体，良知天理就止息了。讲无妄无照就不会把妄心照心分成二体，不分为二体，则天理良知就不会止息。

来书云："养生以清心寡欲为要。夫清心寡欲，作圣之功毕矣。然欲寡则心自清，清心非舍弃人事而独居求静之谓也。盖欲使此心纯乎天理，而无一毫人欲之私耳。今欲为此之功，而随人欲生而克之，则病根常在，未免灭于东而生于西。若欲刊剥洗荡于众欲未萌之先，则又无所用其力，徒使此心之不清。且欲未萌而搜剔以求去之，是犹引犬上堂而逐之也，愈不可矣。"

译文

来信说："养生以清心寡欲为关键。说到清心寡欲，做圣人的功夫就讲完了。做到寡欲心自然清净，清心不是说要舍弃人事而独居来追求静。而是希望心能够达到纯然都是天理，没有丝毫人欲。现在想要下这番功夫，随着私欲生发来克治，病根就会常在，未免会东边灭了西边生出。若想要在私欲萌发前剥除干净，又不知如何用力，徒然让心不清净。想要在私欲未萌发之前找到并除去人欲，这就像是把狗引到堂上再驱逐出去一般，是更不可取的。"

必欲此心纯乎天理，而无一毫人欲之私，此作圣之功也。必欲此心纯乎天理，而无一毫人欲之私，非防于未萌之先，而克于方萌之际不能也。防于未萌之先，而克于方萌之际，此正《中庸》"戒慎恐惧"、《大学》"致知格物”之功，舍此之外，无别功矣。夫谓“灭于东而生于西”“引犬上堂而逐之”者，是自私自利，将迎意必之为累，而非克治洗荡之为患也。今曰养生以清心寡欲为要，只“养生”二字，便是自私自利，将迎意必之根。有此病根潜伏于中，宜其有“灭于东而生于西”“引犬上堂而逐之”之患也。

译文

想要心中纯然都是天理，没有丝毫人欲，这是做圣人的功夫。想要心中纯然都是天理，没有丝毫人欲，不在私欲未萌发之前防范，而在刚萌发之际克治是不行的。防范于私欲未萌发之前，克治于刚萌发之际，正是《中庸》说的“戒慎恐惧”、《大学》说的“致知格物”之功，除此之外，没有别的功夫。所谓“东边除去西边又生出”“把狗引到堂上再驱逐出去”，是自私自利，迎合心意，必定会被这种意念所累，而不是克治扫除这些行为本身造成的问题。现在说养生以清心寡欲为关键，只是“养生”二字，就已经是自私自利了，必然会导致迎合意念。有这样的病根潜伏，一定会导致“东边除去私欲西边又生出来”“把狗引到堂上再驱逐出去”的祸患。

来书云：“佛氏于不思善、不思恶时认本来面目，于吾儒随物而格之功不同。吾若于不思善、不思恶时用致知之功，则已涉于思善矣。欲善恶不思而心之良知清静自在，惟有寐而方醒之时耳。斯正孟子夜气之说。但于斯光景不能久，倏忽之际，思虑已生。不知用功久者，其常寐初醒而思未起之时否乎？今澄欲求宁静，愈不宁静，欲念无生，则念愈生。如之何而能使此心前念易灭，后念不生，良知独显，而与造物者游乎？”

译文

来信说：佛家不思考善恶来认清本来面目，与我等儒者讲格物的功夫不同。我如果在不思考善恶的时候用了致知的功夫，就已经牵涉到思考善的问题。想要不思虑善恶而心中的良知清净自在，唯有刚睡醒之时。正是孟子说的养夜气。但这个时刻不能长久，转瞬间思虑已经生发出来。不知道用功日久的人，是否常有睡觉刚醒之时思虑未起的状态？现在我想要澄清欲念求得宁静，而愈发不能宁静，想要不生欲念，而欲念愈发生起。怎样才能够让心中前念容易消灭，后念不滋生，良知能够显明，而与造物者同游呢？

不思善、不思恶时认本来面目，此佛氏为未识本来面目者设此方便。本来面目即吾圣门所谓良知。今既认得良知明白，即已不消如此说矣。随物而格是致知之功，即佛氏之“常惺惺”，亦是常存他本来面目耳。体段工夫，大略相似。但佛氏有个自私自利之心，所以便有不同耳。今欲善恶不思，而心之良知清静自在，此便有自私自利、将迎意必之心，所以有不思善、不思恶时用致知之功，则已涉于思善之患。孟子说“夜气”，亦只是为失其良心之人指出个良心萌动处，使他从此培养将去。今已知得良知明白，常用致知之功，即已不消说夜气，却是得兔后不知守兔，而仍去守株，兔将复失之矣。欲求宁静，欲念无生，此正是自私自利、将迎意必之病，是以念愈生而愈不宁静。良知只是一个良知，而善恶自辨，更有何善何恶可思？良知之体本自宁静，今却又添一个求宁静；本自生生，今却又添一个欲无生，非独圣门致知之功不如此，虽佛氏之学亦未如此将迎意必也。只是一念良知，彻头彻尾，无始无终，即是前念不灭，后念不生。今却欲前念易灭，而后念不生，是佛氏所谓断灭种性，入于槁木死灰之谓矣。

译文

不考虑善恶来认清本来面目，这是佛家为了那些未认清本来面目的人设置的方便法门。本来面目就是儒家所说的良知。现在既然认清楚了良知，就不需要这种说法了。格物是致知之功，就是佛家的“常惺惺”，也是为了常存本来面目。体察的功夫，佛家和儒家大概是相似的。但佛家有个自私自利的心，所以二者还有不同。现在想要不思考善恶，而心中的良知清净自在，这就已经有了自私自利、迎合私意的心，所以在不思考善恶的时候用致知之功，就已经涉及了思考善的毛病。孟子说夜气，也只是为了那些失去心中良知的人指明良知萌发之处，让人由此培养良知。现在已经明白了良知，常用致知之功，仍要用夜气的说法，就是得到兔子之后不知道守着兔子，却还去守株，必将再次失去兔子。想要求宁静，求欲念不生，这正是自私自利、迎合私意的毛病，因此欲念会更多滋生而心中愈发不宁静。良知只是一个良知，而善恶自然有分辨，有什么善恶可思虑呢？良知的本体本来自然宁静，现在要增添一个求宁静；良知本来自然生出，现在要增添一个希望不生，不仅仅儒家致知的功夫不是这样的，即使佛家的学说也没有这样来迎合私意的。只是一念良知，彻头彻尾，没有始终，就能够让心中前念易消灭，后念不滋生，就是佛家所说的“断灭种姓，入于槁木死灰”。

来书云：“佛氏又有常提念头之说，其犹孟子所谓必有事，夫子所谓致良知之说乎？其即常惺惺，常记得，常知得，常存得者乎？于此念头提在之时，而事至物来，应之必有其道。但恐此念头提起时少，放下时多，则工夫间断耳。且念头放失，多因私欲客气之动而始，忽然惊醒而后提。其放而未提之间，心之昏杂多不自觉。今欲日精日明，常提不放，以何道乎？只此常提不放，即全功乎？抑于常提不放之中，更宜加省克之功乎？虽曰常提不放，而不加戒惧克治之功，恐私欲不去；若加戒惧克治之功焉，又为思善之事，而于本来面目又未达一间也。如之何则可？”

译文

来信说：“佛家又有常提念头的说法，这与孟子所说‘必有事’，夫子所说‘致良知’的说法相似吗？也即常惺惺、常记得、常知得，常存得吗？提起这个念头，而事物来临，应对事物就有方法，但唯恐这个念头提起的时候少，放下的时候多，那么下功夫就有间断。况且念头的放下失去，大都是因为私欲和客气的萌动，又因为忽然惊醒而提起。在放下和未提起之间，心中昏聩而自己无法察觉。现在想日益精明，常提念头不放下，应该怎么办呢？只做到常提不放，就是全部的功夫了吗？抑或是在长提不放之中，是应该加上省察克治的功夫吗？虽然说常提不放，不加上省察克治的功夫，恐怕不能除去私欲；如果加上省察克治的功夫，又会做思善的事情，对于心本来的面目又有间隔。应该怎么办才可以呢？”

戒惧克治，即是常提不放之功，即是“必有事焉”，岂有两事邪？此节所问，前一段已自说得分晓，末后却是自生迷惑，说得支离，及有本来面目未达一间之疑，都是自私自利、将迎意必之为病。去此病，自无此疑矣。

译文

戒惧克治，就是常提不放的功夫。就是“必有事焉”，这岂是两回事呢？你这节所问，前面已经说清楚了，后面却是自己生出很多疑惑，说得支离破碎，乃至于有了与本来面目有间隔这一疑问。这都是自私自利、迎合私意造成的毛病，去掉这个毛病，你也就没有这个疑惑了。

来书云：“‘质美者明得尽，渣滓便浑化。’如何谓明得尽？如何而能便浑化？”

译文

来信说：“程子说：‘资质美好的人，好的德行能够显明，糟粕就浑然化去了。’什么叫做好的德行能显明？怎样做糟粕就能浑然化去呢？”

良知本来自明。气质不美者，渣滓多，障蔽厚，不易开明。质美者，渣滓原少，无多障蔽，略加致知之功，此良知便自莹彻，些少渣滓如汤中浮雪，如何能作障蔽？此本不甚难晓，原静所以致疑于此，想是因一“明”字不明白，亦是稍有“欲速”之心。向曾面论明善之义，明则诚矣，非若后儒所谓明善之浅也。

译文

良知本来就自我昭明。气质不美好的人，糟粕多，障蔽厚，不容易开化明白。资质美好的人，糟粕少，障蔽不多，略微用致知的功夫，良知就自然能够明澈，这些糟粕就如同热汤中浮在表面的雪，怎么能成为障蔽呢？这本不难明白，你之所以会疑惑，想来是因为对于一个“明”字不明白，也是有想尽快弄明白的“欲速”之心导致的。以前我曾当面与你讨论过明善的含义，明就是诚，不是像后儒所理解的明善那样浅薄。

来书云：“聪明睿知果质乎？仁义礼智果性乎？喜怒哀乐果情乎？私欲客气果一物乎？二物乎？古之英才，若子房、仲舒、叔度、孔明、文仲、韩、范诸公，德业表著，皆良知中所发也，而不得谓之闻道者，果何在乎？苟曰此特生质之美耳，则生知安行者，不愈于学知困勉者乎？愚意窃云，谓诸公见道偏则可，谓全无闻，则恐后儒崇尚记诵训诂之过也。然乎？否乎？”

译文

来信说：聪明睿智是人的资质吗？仁义礼智是人的本性吗？喜怒哀乐是人的情感吗？私欲客气是一回事吗？还是两回事？古代的英才，如张良、董仲舒、黄宪、诸葛亮、王通、韩琦、范仲淹诸人，德行功业昭著，都是心中良知所生发，但不能说他们是听闻圣人之道的人，这是为何呢？如果说天生的资质美好，那么生知安行的人，是不如学知困勉的人吗？我认为，诸公都是见到了圣人之道的某个侧面，如果说他们完全没有听闻圣人之道，恐怕是后儒崇尚记诵训诂所导致的错误认识。这样讲是对是错？

性一而已，仁、义、礼、智，性之性也；聪、明、睿、知，性之质也；喜、怒、哀、乐，性之情也；私欲、客气，性之蔽也。质有清浊，故情有过不及，而蔽有浅深也。私欲、客气，一病两痛，非二物也。张、黄、诸葛及韩、范诸公，皆天质之美，自多暗合道妙，虽未可尽谓之知学，尽谓之闻道，然亦自其有学违道不远者也。使其闻学知道，即伊、傅、周、召矣。若文中子则又不可谓之不知学者，其书虽多出于其徒，亦多有未是处，然其大略则亦居然可见。但今相去辽远，无有的然凭证，不可悬断其所至矣。夫良知即是道，良知之在人心，不但圣贤，虽常人亦无不如此。若无有物欲牵蔽，但循著良知发用流行将去，即无不是道。但在常人多为物欲牵蔽，不能循得良知。如数公者，天质既自清明，自少物欲为之牵蔽，则其良知之发用流行处，自然是多，自然违道不远。学者学循此良知而已。谓之知学，只是知得专在学循良知。数公虽未知专在良知上用功，而或泛滥于多岐，疑迷于影响，是以或离或合而未纯。若知得时，便是圣人矣。后儒尝以数子者尚皆是气质用事，未免于行不著，习不察，此亦未为过论。但后儒之所谓著、察者，亦是狃于闻见之狭，蔽于沿习之非，而依拟仿象于影响形迹之间，尚非圣门之所谓著、察者也，则亦安得以己之昏昏，而求人之昭昭也乎？所谓生知安行，知行二字亦是就用功上说。若是知行本体，即是良知良能，虽在困勉之人，亦皆可谓之生知安行矣。知行二字更宜精察。

译文

本性只有一个，仁义礼智，是本性的特性；聪明睿智，是本性的资质；喜怒哀乐，是本性的情感；私欲客气是本性的遮蔽。资质有清浊，所以感情有过与不及，障蔽有深浅。私欲客气，是相同病根两种痛苦，而不是两物。张良、黄宪、诸葛亮及韩琦、范仲淹诸公，都是天生资质美好，自然多能够与道相合，虽然不能说完全知道圣人之学，完全听闻圣人之道，但这些人自己的学问不违反圣人之道而距离圣人之道不远。让他们闻学知道，就能成为伊尹、傅说、周公、召公。如王通又不能说他是不知学的人，他的著述虽然多出于弟子之手，也有很多不正确之处，但大体上他的学识是可以得见的。但现在相距太远，没有确实的凭证，不能够凭空推断他的学问达到了何种水平。良知就是道，良知在人心，不但圣贤这样，常人也无不如此。若没有物欲牵扯遮蔽，只遵循良知来生发运用，就无处不是道。但常人多被物欲牵扯遮蔽，不能遵循良知。像这几位，天生资质就清明，自然少被物欲牵扯遮蔽，那么他们的良知生发运用的地方，自然就多，自然就离道不远。学者要学习遵循良知而已。称他们知学，就是专指他们知道学习遵循良知。这几位虽然不知专门在良知上用功，而功夫下得分散，被其他东西迷惑影响，因此或与道合或与道离没有达到纯粹天理。但如果他们意识到专在良知上下功，便会成为圣人。后儒曾认为这几人尚且是把美好的资质用在了事业上，难免行为不能昭明天理，学习上不能体察天理，这种说法未免说得太过了。后人所说的著、察，也是因为所闻所见的狭隘，受到沿袭之说的错误影响，而在形式上模拟效仿圣人的行为和事迹，尚且还做不到圣人之学所说的著、察，怎么自己还昏聩，就去要求他人能昭明呢？所谓生知安行，知行二字就是从用功上来说的。如果是知行的本体，就是良知良能，即使是困勉之人，也都可以说是生知安行的。知行二字要更精确地体察。

来书云：“昔周茂叔每令伯淳寻仲尼、颜子乐处。敢问是乐也，与七情之乐同乎？否乎？若同，则常人之一遂所欲，皆能乐矣，何必圣贤？若别有真乐，则圣贤之遇大忧、大怒、大惊、大惧之事，此乐亦在否乎？且君子之心常存戒惧，是盖终身之忧也，恶得乐？澄平生多闷，未尝见真乐之趣，今切愿寻之。”

译文

来信说：“过去周茂叔每每让伯淳寻找孔子和颜回的乐处。请问先生这种快乐，与七情之乐相同吗？不同吗？若相同，常人一旦满足愿望，都能感到快乐，何必非要成为圣贤呢？若是别有一番真乐，那圣贤的大忧、大怒、大惊、大惧之事当中，这种快乐还在吗？君子的心常存戒惧，是终身需要忧虑，怎会快乐呢？我平生多苦闷，未曾见过真乐之趣，现在迫切地想追寻。”

乐是心之本体，虽不同于七情之乐，而亦不外于七情之乐。虽则圣贤别有真乐，而亦常人之所同有。但常人有之而不自知，反自求许多忧苦，自加迷弃。虽在忧苦迷弃之中，而此乐又未尝不存。但一念开明，反身而诚，则即此而在矣。每与原静论，无非此意。而原静尚有何道可得之问，是犹未免于骑驴觅驴之蔽也。

译文

快乐是心的本体，虽然不同于七情之乐，但也不外乎七情之乐。圣贤虽别有一番真乐，常人与他们是相同的。但常人虽也有这种快乐但不自知，反而自求了很多担忧困苦，自己迷惘放弃了这种快乐。即使在迷惘放弃中，这种快乐也未尝不存在。心念开明，反归诚挚，那么这种快乐就常在。每次与你讨论，无非就是这个意思。你还有什么疑问呢？这真是骑着驴找驴了。

来书云：“《大学》以心有好乐、忿懥、忧患、恐惧为不得其正，而程子亦谓‘圣人情顺万事而无情’。所谓‘有’者，《传习录》中以病疟譬之，极精切矣。若程子之言，则是圣人之情不生于心而生于物也。何谓耶？且事感而情应，则是是非非可以就格。事或未感时，谓之有则未形也，谓之无则病根在。有无之间，何以致吾知乎？学务无情，累虽轻，而出儒入佛矣，可乎？”

译文

来信说：“《大学》以心有好乐、忿懥、忧患、恐惧的存在而不得其正，程子也说‘圣人情顺万事而无情’。所谓‘有’《传习录》以疟疾来作譬喻，是极为精确的。如程子之言，那圣人之情不是生于心而是生于物吗？他是何意呢？感受到事情而相应的情感会产生，那么是是非非可以被格去。未感应到事情之时，说有情感但情感还无形，说没情感就存在问题，有无之间，怎样实现致知呢？学习务在无情，负累虽然减轻，但会从儒学中出来进入到佛学中，这样可行吗？”

圣人致知之功，至诚无息，其良知之体，皦如明镜，略无纤翳。妍媸之来，随物见形，而明镜曾无留染，所谓“情顺万事而无情也”。“无所住而生其心”，佛氏曾有是言，未为非也。明镜之应物，妍者妍，媸者媸，一照而皆真，即是生其心处。妍者妍，媸者媸，一过而不留，即是无所住处。病疟之喻，既已见其精切，则此节所问可以释然。病疟之人，疟虽未发，而病根自在，则亦安可以其疟之未发，而遂忘其服药调理之功乎？若必待疟发而后服药调理，则既晚矣。致知之功，无间于有事无事，而岂论于病之已发未发邪？大抵原静所疑，前后虽若不一，然皆起于自私自利，将迎意必之为祟。此根一去，则前后所疑自将冰消雾释，有不待于问辨者矣。

译文

圣人致知的功夫，是至诚无停歇的，圣人良知的本体，如明镜没有丝毫的阴暗。镜子中显现的貌丑貌美，是随物而显出的形态，镜子未曾留下或沾染什么，这就是所谓的“情顺万事而无情”。“无所住而生其心”，佛教曾有这样的说法，讲得也没错。明镜照物，美的美，丑的丑，一照都是真相，这就是显示内心之处。美的美，丑的丑，镜中一过不留，就是无所住之处。疟疾的比喻，你既然已经认为很精确，那这节的问题可以解决了。患疟疾的人，疟疾虽然没有发作，病根还在，怎能因为疟疾未发作，就忘记服药调理呢？如果一定要等到病发了才服药调理，为时晚矣。致知的功夫，不因为有事无事而间断。怎能看病是已经发作还是未发作呢？大概你的疑问，前后虽然不同，都是起于自私自利、迎合私欲。这个病根去掉，那前后的疑问都将彻底消除，不需要询问辨析了。

答原静书出，读者皆喜澄善问，师善答，皆得闻所未闻。师曰："原静所问，只是知解上转，不得已与之逐节分疏。若信得良知，只在良知上用功，虽千经万典，无不吻合，异端曲学，一勘尽破矣，何必如此节节分解？佛家有扑人逐块之喻，见块扑人则得人矣，见块逐块，于块奚得哉？"在坐诸友闻知，惕然皆有惺悟。此学贵反求，非知解可入也。

译文

回复陆原静的书信一出现，读者都喜爱陆原静善问，先生善答，都得以听闻以前未曾知道的教诲。先生说："陆原静所问的，只是在知识解答上徘徊，我不得已对每个小节都加以讲解。如果真的信从良知，只在良知上用功，即使书再多，也都吻合。异端曲学，都能勘破，何必这样逐节分析呢？佛家有扑人逐块的比喻，见到石块扑向人则能得人，看到石块追逐石块，在石块上能得到什么呢？"在座的诸位友人听闻此言，都警惕有所省悟。新生先生的学问贵在反思，不是只明白了对问题的解释就能深入其中的。

答欧阳崇一

崇一来书云："师云德性之良知，非由于闻见，若曰多闻择其善者而从之，多见而识之，则是专求之见闻之末，而已落在第二义。窃意良知虽不由见闻而有，然学者之知，未尝不由见闻而发。滞于见闻固非，而见闻亦良知之用也。今曰落在第二义，恐为专以见闻为学者而言，若致其良知而求之见闻，似亦知行合一之功矣。如何？"

译文

欧阳崇一来信说：先生说德行的良知，不是由于所见所闻，如果多听后选择好的来跟随，多见来获得认知，是专门从所见所闻的细枝末节上探求，这就落在了第二义。我以为良知虽然不是由于所见所闻，但学者的知识，未尝不是由所见所闻表现出来的。局限在所见所闻上固然不对，但所见所闻也是良知的运用。现在说落在了第二义，是针对那些专门从所见所闻上来学习的学生而言吧，如果能致良知而在所见所闻上探求，似乎也是下了知行合一的功夫，这样认识对吗？

良知不由见闻而有，而见闻莫非良知之用。故良知不滞于见闻，而亦不离于见闻。孔子云："吾有知乎哉？无知也。"良知之外，别无知矣。故致良知是学问大头脑，是圣人教人第一义。今云专求之见闻之末，则是失却头脑，而已落在第二义矣。近时同志中，盖已莫不知有致良知之说，然其工夫尚多鹘突者，正是欠此一问。大抵学问功夫只要主意头脑是当，若主意头脑专以致良知为事，则凡多闻多见，莫非致良知之功。盖日用之间，见闻酬酢，虽千头万绪，莫非良知之发用流行，除却见闻酬酢，亦无良知可致矣，故只是一事。若曰致其良知而求之见闻，则语意之间未免为二。此与专求之见闻之末者虽稍不同，其为未得精一之旨，则一而已。多闻，择其善者而从之，多见而识之，既云择，又云识，其良知亦未尝不行于其间，但其用意乃专在多闻多见上去择识，则已失却头脑矣。崇一于此等处见得当已分晓，今日之问，正为发明此学，于同志中极有益。但语意未莹，则毫厘千里，亦不容不精察之也。

译文

良知不从所见所闻来，而所见所闻也并非良知的应用。所以良知不局限于所见所闻，也不离开所见所闻。孔子说："我有知识吗？没有。"良知之外，没有其他知识。所以致良知是做学问的关键，是圣人之教的第一义。现在说专门从所见所闻的细枝末节上探求，就是抛开了这个关键，已经落在了第二义。近来的同学中，人人知晓致良知之说，但功夫仍然有问题，就是欠了像你这样的一问。大概做学问的功夫最应当抓住关键，如果心中脑中专门以致良知为任务，所见所闻都是致良知的功夫。日常运用，交往酬酢之间，虽然千头万绪，也都是良知的生发流行，除去交往应酬，也没有良知可致了。所以二者是一回事。你说为了致良知而从所见所闻上探求，这话的意思还是分成二体来看。这虽然与专门从所见所闻上探求的人稍有不同，实际上都没有领会精一的含义，这点上是一样的。多闻，选择善的跟随它，多见来获得认知。既然说到选择，又说到认识，那良知就未尝不运行于其间，只要用意仍然专门从所见所闻上去选择、认识，那就失去了最关键处。你对于这些解释应当已经认识清楚了，今天发问，正能讲清楚我的这番学问，对同学们极为有益。但如果语义没有表达清楚，就会谬以千里，所以不能不精确地体察。

来书云："师云《系》言'何思何虑'是言所思所虑只是天理，更无别思别虑耳，非谓无思无虑也。心之本体即是天理，有何可思虑得？学者用功，虽千思万虑，只是要复他本体，不是以私意去安排思索出来。若安排思索，便是自私用智矣。学者之蔽，大率非沉空守寂，则安排思索。德辛壬之岁著前一病，近又著后一病。但思索亦是良知发用，其与私意安排者何所取别？恐认贼作子，惑而不知也。"

译文

来信说："先生讲《周易·系辞》所说的'何思何虑'是说所思虑的只是天理，没有其他内容，也不是说没有思虑。心的本体就是天理，有什么可思虑的呢？学者用功，虽然思虑万千，目的都是要恢复本体，不是凭着私意安排思考出来的。如果安排思考，就是自私用智了。学者的弊端，大概不是沉默空守，就是安排思虑。我在辛巳年到壬午年间犯了前一个毛病，近来又患了后一个毛病。但思索也是良知的生发作用，这与私意安排有什么区别呢？我担忧自己认贼作子，困惑不明白。"

"思曰睿，睿作圣。""心之官则思，思则得之。"思其可少乎？沉空守寂与安排思索，正是自私用智，其为丧失良知，一也。良知是天理之昭明灵觉处，故良知即是天理。思是良知之发用。若是良知发用之思，则所思莫非天理矣。良知发用之思，自然明白简易，良知亦自能知得。若是私意安排之思，自是纷纭劳扰，良知亦自会分别得。盖思之是非邪正，良知无有不自知者。所以认贼作子，正为致知之学不明，不知在良知上体认之耳。

译文

《尚书·洪范》说"思曰睿，睿作圣"，《孟子·告子上》说"心之官则思，思则得之”，讲的都是思考，思考哪能缺少呢？沉默空守，安排思虑，正是用私用智，在丧失了良知这件事上是一样的。良知是天理昭明灵觉之处，所以良知就是天理。思虑是良知的发明运用。如果是良知的发用，那所思虑的一定是天理。良知发用的思虑，自然就明白简易，良知也自然能够明白。如果是私意安排的思虑，自然是纷纷扰扰劳苦烦扰，良知也能分辨出来。思虑的是非正邪，良知都是能够知晓的。所以你说有认贼作子的担忧，正是因为致用之学还没弄明白，不知道从良知上来体察认识它。

来书又云：“师云为学终身只是一事，不论有事无事，只是这一件。若说宁不了事，不可不加培养，却是分为两事也。窃意觉精力衰弱，不足以终事者，良知也。宁不了事，且加休养，致知也。如何却为两事？若事变之来，有事势不容不了，而精力虽衰，稍鼓舞亦能支持，则持志以帅气可矣。然言动终无气力，毕事则困惫已甚，不几于暴其气已乎？此其轻重缓急，良知固未尝不知，然或迫于事势，安能顾精力？或困于精力，安能顾事势？如之何则可？”

译文

来信又说：“先生说做学问终身就是一件事，无论有事无事，都只是这一件事。如果说宁可不做事，也不可不培养天理，就是把做学问分成两件事了。我自己感到如果精力衰弱，不足以做完事就不做，是良知，宁可做不完事，也要休养心体，是致知。为何这是两回事呢？如果事情发生变化，形势上不能不去处理，精力虽然衰弱，稍加鼓舞也能坚持，用意志来统帅力气就可以了。但说话做事终究是无气力，做完事之后疲惫不堪，这不是近乎乱用其气吗？其中的轻重缓急，良知固然是知道的，但迫于形势，哪还顾得上精力呢？或者有时精力困顿，又怎么顾得上形势呢？怎样处理才可以？”

“宁不了事，不可不加培养”之意，且与初学如此说，亦不为无益。但作两事看了，便有病痛。在孟子言“必有事焉”，则君子之学终身只是集义一事。义者宜也，心得其宜之谓义。能致良知，则心得其宜矣，故集义亦只是致良知。君子之酬酢万变，当行则行，当止则止，当生则生，当死则死，斟酌调停，无非是致其良知，以求自慊而已。故“君子素其位而行”“思不出其位”，凡“谋其力之所不及而强其知之所不能”者，皆不得为致良知。而凡“劳其筋骨，饿其体肤，空乏其身，行拂乱其所为，动心忍性以增益其所不能”者，皆所以致其良知也。若云“宁不了事，不可不加培养”者，亦是先有功利之心，较计成败利钝而爱憎取舍于其间，是以将了事自作一事，而培养又别作一事，此便有是内非外之意，便是自私用智，便是义外，便有“不得于心，勿求于气”之病，便不是致良知以求自慊之功矣。所云鼓舞支持，毕事则困惫已甚，又云迫于事势，困于精力，皆是把作两事做了，所以有此。凡学问之功，一则诚，二则伪。凡此皆是致良知之意欠诚一真切之故。《大学》言：“诚其意者，如恶恶臭，如好好色，此之谓自慊。”曾见有恶恶臭、好好色而须鼓舞支持者乎？曾见毕事则困惫已甚者乎？曾有迫于事势、困于精力者乎？此可以知其受病之所从来矣。

译文

“宁可不做事，也不可不培养天理”，与初学者这样讲，也不是没益处。但还是把做事和存天理看成两件事了，这就有问题。孟子说“必有事焉”，君子做学问终身就是集义。义是宜的意思，心能够合宜就叫作义。能致良知，心就能合宜。所以集义也只是致良知。君子应酬交往情况万变，该行则行，该止则止，该生则生，该死则死，斟酌调停，无非是为了致良知，以求得自我愉悦罢了。所以“君子素其位而行”“思不出其位”，凡是谋求力不能及、智不能知的事情，都不是为了致良知。凡是“劳其筋骨，饿其体肤，空乏其身，行拂乱其所为，动心忍性以增益其所不能”的事情，都是为了致良知。如果说宁可不做事，也不可不培养天理，是先有了功利之心，计较成败后才有爱憎取舍，因此把做事当成一件事，把培养天理当成一件事，这就有了内外、是非的区别，这边是自私用智，就是义外了，就有了“不得于心，勿求于气”的问题，就不是通过致良知来实现自己的愉悦了。你说的鼓舞支持，做完事情后疲惫不堪，有说迫于形势，困于精力，都是把做事和存天理当成两回事来做了，所以有这些说法。凡是做学问的功夫，专一就是诚挚，不专一就是虚伪。这都是因为致良知之意还没有做到真诚真切。《大学》说："诚其意者，如恶恶臭，如好好色，此之谓自慊。"你见过厌恶恶臭，爱好美色还需要通过鼓励支持才能做到的吗？见过做完这些事情后疲惫不堪的吗？见过做这些事情是迫于形势、困于精力的吗？从这里就能知道你的问题是从哪里来的了。

来书又有云："人情机诈百出，御之以不疑，往往为所欺，觉则自入于逆亿。夫逆诈即诈也，亿不信即非信也，为人欺又非觉也。不逆不亿而常先觉，其惟良知莹彻乎？然而出入毫忽之间，背觉合诈者多矣。"

译文

来信又说："人情多机变诈伪，不用怀疑的态度来对待，往往就会被欺骗。想发觉别人是否欺诈，自己就会先去怀疑别人不诚信。猜测别人不诚信自己就不算诚信，被人欺诈又不能察觉。不怀疑不猜测，而常常能事先察觉到的，只有那些良知明澈的人吧？但其中差异细微，不能自觉和欺诈的人还是很多。"

"不逆不亿而先觉"，此孔子因当时人专以逆诈、亿不信为心，而自陷于诈与不信。又有不逆不亿者，然不知致良知之功，而往往又为人所欺诈，故有是言。非教人以是存心，而专欲先觉人之诈与不信也。以是存心，即是后世猜忌险薄者之事。而只此一念，已不可与入尧、舜之道矣。不逆不亿而为人所欺者，尚亦不失为善，但不如能致其良知，而自然先觉者之尤为贤耳。崇一谓其惟良知莹彻者，盖已得其旨矣。然亦颖悟所及，恐未实际也。盖良知之在人心，亘万古，塞宇宙，而无不同。不虑而知，恒易以知险，不学而能，恒简以知阻，先天而天不违，天且不违，而况于人乎？况于鬼神乎？夫谓"背觉合诈"者，是虽不逆人，而或未能无自欺也。虽不亿人，而或未能果自信也。是或常有求先觉之心，而未能常自觉也。常有求先觉之心，即已流于逆、亿，而足以自蔽其良知矣。此"背觉合诈"之所以未免也。君子学以为己，未尝虞人之欺己也，恒不自欺其良知而已；未尝虞人之不信己也，恒自信其良知而已；未尝求先觉人之诈与不信也，恒务自觉其良知而已。是故不欺则良知无所伪而诚，诚则明矣；自信则良知无所惑而明，明则诚矣。明、诚相生，是故良知常觉常照。常觉常照，则如明镜之悬，而物之来者自不能遁其妍媸矣。何者？不欺而诚，则无所容其欺，苟有欺焉而觉矣；自信而明，则无所容其不信，苟不信焉而觉矣。是谓易以知险，简以知阻，子思所谓"至诚如神，可以前知"者也。然子思谓如神，谓可以前知，犹二而言之。是盖推言思诚者之功效，是犹为不能先觉者说也。若就至诚而言，则至诚之妙用即谓之神，不必言如神，至诚则无知而无不知，不必言"可以前知"矣。

译文

不怀疑不猜测，而能事先察觉，这是孔子针对当时人专去猜测别人诈伪，猜想别人不诚信，而自己也陷入了诈伪和不诚信的境地而说的话。又有不怀疑不猜测的人，但不知道致良知的功夫，也往往被人欺诈，所以会有这番话。这不是教人存心专门去事先察觉欺诈与不诚信。存心这样做，是后世猜忌阴险刻薄之人做的事。有了这个念头，已经不能进入尧舜的圣人之道额了。不怀疑不猜测而被人欺骗，虽然也不失为好的，但还不如能致良知，提前察觉的人来的贤能。崇一说只有那些良知明澈的人才能做到，就是已经明白这个意思了。然而这也只是你聪颖的悟性意识到的，恐怕还不实际。良知在人心，亘古不变，充塞宇宙，没有不同。"不思虑而能知""恒常简易而知道危险，不学而能这样，恒常简易而知阻隔"。"先于天而不违背天，况且对于人呢？对于鬼神呢？"那些不能自觉和欺诈的人，是不去猜测人，自己未尝没有自我欺骗。虽不怀疑人，而自己也未能做到诚信。是常常追求有提前觉察的心，而常不能自觉。常有求提前觉察的心，就已经流于怀疑、猜测了，这足以遮蔽良知。所以不能自觉和欺诈就不可避免。君子学习是为了自己，不担心别人欺骗自己，能恒常做到自己不欺骗心中的良知即可。不担心别人不相信自己，能恒常做到自己相信心中的良知即可，不曾去求提前察觉别人的欺诈和不诚信，恒常专注于自己的良知即可。因此不自欺那良知就不会虚伪，就是诚挚的，能诚挚，良知就会昭明。自己诚信，那么良知就没有困惑，没有困惑就会诚挚。明与诚是相互生发的，因此良知常觉悟常昭明，常觉悟常昭明，就如同明镜悬挂，而物来到良知面前，其美丑就无所遁形。为何呢？良知不欺诈而诚信，所以容不得欺骗，一旦有欺骗就会察觉；良知自信而明，所以容不得不诚信，一旦有不诚信就会察觉。这就是所说的“易以知险，简以知阻”就是子思所说的“至诚如神，可以前知”，但子思说到如神，说到可以前知，还是分成两件事来讲的，这是从推测思想诚挚的功效而言的，是为了给那些不能提前察觉的人讲的。如果就至诚来说，至诚的妙用叫作神，而不必说如神，至诚就能无知而无不知，不必说可以前知。

答罗整庵少宰书

某顿首启：“昨承教及《大学》，发舟匆匆，未能奉答。晓来江行稍暇，复取手教而读之。恐至赣后人事复纷沓，先具其略以请。”来教云：“见道固难，而体道尤难。道诚未易明，而学诚不可不讲。恐未可安于所见而遂以为极则也。”幸甚幸甚！何以得闻斯言乎？其敢自以为极则而安之乎？正思就天下之有道以讲明之耳。而数年以来，闻其说而非笑之者有矣，诟訾之者有矣，置之不足较量辨议之者有矣，其肯遂以教我乎？其肯遂以教我，而反覆晓谕，恻然惟恐不及救正之乎？然则天下之爱我者，固莫有如执事之心深且至矣，感激当何如哉！夫“德之不修，学之不讲”，孔子以为忧。而世之学者稍能传习训诂，即皆自以为知学，不复有所谓讲学之求，可悲矣！夫道必体而后见，非已见道而后加体道之功也；道必学而后明，非外讲学而复有所谓明道之事也。然世之讲学者有二，有讲之以身心者，有讲之以口耳者。讲之以口耳，揣摸测度，求之影响者也；讲之以身心，行著习察，实有诸己者也。知此，则知孔门之学矣。来教谓某“《大学》古本之复，以人之为学但当求之于内，而程、朱格物之说不免求之于外，遂去朱子之分章，而削其所补之传”。非敢然也。学岂有内外乎？《大学》古本乃孔门相传旧本耳。朱子疑其有所脱误，而改正补缉之。在某则谓其本无脱误，悉从其旧而已矣。失在于过信孔子则有之，非故去朱子之分章而削其传也。夫学贵得之心，求之于心而非也，虽其言之出于孔子，不敢以为是也，而况其未及孔子者乎？求之于心而是也，虽其言之出于庸常，不敢以为非也，而况其出于孔子者乎？且旧本之传数千载矣，今读其文词，既明白而可通，论其工夫，又易简而可入。亦何所按据而断其此段之必在于彼，彼段之必在于此，与此之如何而缺，彼之如何而补，而遂改正补缉之，无乃重于背朱而轻于叛孔已乎？来教谓：“如必以学不资于外求，但当反观内省以为务，则‘正心诚意’四字亦何不尽之有？何必于入门之际，便困以格物一段工夫也？”诚然诚然。若语其要，则“修身”二字亦足矣，何必又言“正心”？“正心”二字亦足矣，何必又言“诚意”？“诚意”二字亦足矣，何必又言“致知”，又言“格物”？惟其工夫之详密，而要之只是一事，此所以为精一之学，此正不可不思者也。夫理无内外，性无内外，故学无内外。讲习讨论，未尝非内也；反观内省，未尝遗外也。夫谓学必资于外求，是以己性为有外也，是义外也，用智者也；谓反观内省为求之于内，是以己性为有内也，是有我也，自私者也，是皆不知性之无内外也。故曰：“精义入神，以致用也；利用安身，以崇德也。”“性之德也，合内外之道也。”此可以知格物之学矣。格物者，《大学》之实下手处，彻首彻尾，自始学至圣人，只此工夫而已，非但入门之际有此一段也。夫“正心、诚意、致知、格物”，皆所以修身，而“格物”者，其所用力日可见之地。故“格物”者，格其心之物也，格其意之物也，格其知之物也；“正心”者，正其物之心也；“诚意”者，诚其物之意也；“致知”者，致其物之知也。此岂有内外彼此之分哉？理一而已。以其理之凝聚而言，则谓之性；以其凝聚之主宰而言，则谓之心；以其主宰之发动而言，则谓之意；以其发动之明觉而言，则谓之知；以其明觉之感应而言，则谓之物。故就物而言谓之格，就知而言谓之致，就意而言谓之诚，就心而言谓之正。正者，正此也；诚者，诚此也；致者，致此也；格者，格此也。皆所谓穷理以尽性也。天下无性外之理，无性外之物。学之不明，皆由世之儒者认理为外，认物为外，而不知义外之说，孟子盖尝辟之，乃至袭陷其内而不觉，岂非亦有似是而难明者欤？不可以不察也。凡执事所以致疑于格物之说者，必谓其是内而非外也；必谓其专事于反观内省之为，而遗弃其讲习讨论之功也；必谓其一意于纲领本原之约，而脱略于支条节目之详也；必谓其沉溺于枯槁虚寂之偏，而不尽于物理人事之变也。审如是，岂但获罪于圣门，获罪于朱子，是邪说诬民，叛道乱正，人得而诛之也，而况于执事之正直哉？审如是，世之稍明训诂、闻先哲之绪论者，皆知其非也，而况执事之高明哉？凡某之所谓格物，其于朱子“九条”之说，皆包罗统括于其中。但为之有要，作用不同，正所谓毫厘之差耳。然毫厘之差而千里之谬，实起于此，不可不辨。孟子辟杨、墨，至于无父无君。二子亦当时之贤者，使与孟子并世而生，未必不以之为贤。墨子兼爱，行仁而过耳；杨子为我，行义而过耳。此其为说，亦岂灭理乱常之甚而足以眩天下哉？而其流之弊，孟子至比于禽兽夷狄，所谓以学术杀天下后世也。今世学术之弊，其谓之学仁而过者乎？谓之学义而过者乎？抑谓之学不仁不义而过者乎？吾不知其于洪水猛兽何如也！孟子云：“予岂好辨哉？予不得已也。”杨、墨之道塞天下，孟子之时，天下之尊信杨、墨，当不下于今日之崇尚朱说，而孟子独以一人呶呶于其间，噫，可哀矣！韩氏云：“佛、老之害甚于杨、墨。”韩愈之贤不及孟子，孟子不能救之于未坏之先，而韩愈乃欲全之于已坏之后，其亦不量其力，且见其身之危，莫之救以死也矣！呜呼！若某者，其尤不量其力，果见其身之危，莫之救以死也矣！夫众方嘻嘻之中，而独出涕嗟若，举世恬然以趋，而独疾首蹙额以为忧。此其非病狂丧心，殆必诚有大苦者隐于其中，而非天下之至仁，其孰能察之？某为《朱子晚年定论》，盖亦不得已而然。中间年岁早晚，诚有所未考，虽不必尽出于晚年，固多出于晚年者矣。然大意在委曲调停，以明此学为重。平生于朱子之说，如神明蓍龟，一旦与之背驰，心诚有所未忍，故不得已而为此。“知我者，谓我心忧；不知我者，谓我何求。”盖不忍抵牾朱子者，其本心也；不得已而与之抵牾者，道固如是，不直则道不见也。执事所谓决与朱子异者，仆敢自欺其心哉？夫道，天下之公道也；学，天下之公学也。非朱子可得而私也，非孔子可得而私也。天下之公也，公言之而已矣。故言之而是，虽异于己，乃益于己也；言之而非，虽同于己，适损于己也。益于己者，己必喜之；损于己者，己必恶之。然则某今日之论，虽或于朱子异，未必非其所喜也。君子之过，如日月之食，其更也，人皆仰之，而小人之过也必文。

某虽不肖，固不敢以小人之心事朱子也。执事所以教，反覆数百言，皆以未悉鄙人格物之说。若鄙说一明，则此数百言皆可以不待辨说而释然无滞。故今不敢缕缕，以滋琐屑之渎。然鄙说非面陈口析，断亦未能了了于纸笔间也。嗟乎！执事所以开导启迪于我者，可谓恳到详切矣。人之爱我，宁有如执事者乎？仆虽甚愚下，宁不知所感刻佩服？然而不敢遽舍其中心之诚然而姑以听受云者，正不敢有负于深爱，亦思有以报之耳。秋尽东还，必求一面，以卒所请，千万终教。

译文

阳明顿首启信：昨日承蒙您教诲论及《大学》，发舟匆忙，没有来得及奉上回答。早上江中行船稍有闲暇，又重新取您的信件阅读。到赣州以后只怕人事复杂纷至沓来，先写出大致的内容向您请教。您教导说："见道固然是难得，体察道尤其困难。道诚然是不容易明白的，而学习也不能不讲。恐怕不能只满足于所见，就把这些东西当成最大的准则。"荣幸至极，何处还能听闻这样的教诲呢！我岂敢将自己的学问当成最大的准则而安处于此呢？正在思考怎样符合天下的大道并讲解明白它。几年以来，听闻我的学说，有非难嘲笑的，有责骂诋毁的，有置之一旁不屑辩论的，谁能够教导我呢？谁肯教导我，而反复说明，心怀慈悲唯恐不能够纠正我的过失呢？然而天下爱护我之人，没有谁像您的心情这样深切，我该如何感激您！道德不修，学问不讲，孔子认为这是忧患。而世上的学者能稍微学习训诂之学，就都以为是有学问了，不再有所谓的讲学的追求，实在是可悲！道一定要通过体察后才能得见，不是见到道以后再去下体察道的功夫；道一定要通过学习后才能明白，不是向外讲学而又说有明道的事情。世上讲学的人有两种，有以身心来讲学的，有以口耳来讲学的。以口耳来讲学的人，揣测琢磨，探求的都是些外在影响，以身心来讲学的人，能够体察天理，实在的学问都是从自己身上而来。能明白这点，就能明白孔门的学问。您来教我说我恢复《大学》古本，是认为学习应该求之于内，而程子、朱子的格物之说不免有求之于外的情况，所以我去掉了朱子的分章，删去了他补充的传文。我不敢这样做。学习哪里分内外呢？《大学》的古本是孔门相传的旧本。朱子怀疑它有脱漏错误，因而改正补充。在我看来古本没有脱误，全部依从了旧说。我的问题可能是过分信从孔子，并非要故意去掉朱子的分章，删去他补充的传文。学习贵在于心有所得，求证于心中觉得不对，即使这话出于孔子，也不敢认同，何况是出自不如孔子之人呢？求证于心中而认为正确，即使话出于普通人之口，也不敢认为讲得不对，更何况这话是出于孔子本人的呢？并且旧本流传了千年，现在阅读它的文词，也明白可以读懂，要说到其中的功夫，也简易而能够深入。又是凭什么断定这段该在那里，那段该在这里，在这里有什么缺漏，在那里如何添补，于是改正补充，这不是把违背朱子看得比违背孔子要更重吗？您教导说："如果做学问不必借助于外在来寻求，一定要以向内省察为务，那么正心诚意四个字还有什么没说尽的？何必要在学生入门的之后，就困于格物的工夫呢？"确实如此，确实如此。若要说此话的关键，"修身"二字足以概括，何必又说正心呢？"正心"二字也足够了，何必要说诚意呢？"诚意"二字足够了，何必要说"致知"，何必要说"格物"呢？惟有工夫下得周详细密，才能意识到关键都是一件事，这就是精一的学问，这点正是不能不思考的。天理没有内外，性没有内外，所以学业没有内外。讲习讨论，未尝不是内；反观内省，也未尝抛开外。说学习一定要借助于向外探求，就是自己的性有向外，这就是义外，就是用智了；说反观内省是求之于内，是自己的性有向内，这就是有我，就是自私了，这些都是没有认识到性是没有向外向内的。所以说："精义入神，以致用也；利用安身，以崇德也。""性之德也，合内外之道也。"这些话正可以说明格物之学。格物是《大学》给出来做学问可以下手的地方，彻头彻尾，从这里开学学习成为圣人，只要下这个工夫即可，不但入门的时候有这番功夫，正心、诚意、致知、格物，都是用来修身的，而格物，是每日用功所能见之处。"物格"就是格除心中的私欲，格除心中的私欲，格除知中的私欲；"正心"是规正有物欲的心；"诚意"是让有物欲的意念变得诚挚；"致知"是摆脱物欲获得良知。这哪里有内外彼此的分别呢？天理只有一个。以天理的凝聚而言，就称为性；以天理凝聚的主宰而言，就称为心；以这个主宰的发动而言，就称为意；以天理发动的昭明体察而言，就称为和；以对天理昭明的感应而言，就称为物；所以就物而言，就把天理称为格；就认知而言就把天理称为致，就意念而言就把天理称为诚，就心而言就把天理称为正。正，是正心；诚，是诚意，致，是致知，格，是格物，都是所谓的穷尽天理以尽天性。天下没有性之外的天理，没有性之外之物。学术不明，都因为世上的儒者认为道理是外在的，物是外在的，而不知道义外之说，孟子曾避开它，乃至于抄袭陷入这些错误认知中而不察觉，这岂不是似是而非难以明白吗？不可不察知。您怀疑于格物之说，说它是内而非外，说它专门在反观内省上下功，而抛弃了讲习讨论的功夫，说它专门在讲纲领本原的简约，而略去细节条目上的详细，说它沉溺于枯槁空虚寂静的一端，而不尽心体察物理人事的变化。若真是这样，我岂止得罪圣人，得罪朱子，简直是用邪辟之说来误导人民，背叛扰乱正道，人人能得而诛之了，何况是遇到如您这样正直之人呢？若真是这样，世上稍微懂一些训诂、听闻过先哲讨论的人，都能认识到我的学说不对，何况是您这样学识高明之人呢？我所说的包括了朱子的“九条”之说。但我的学说有要点，作用不同，正是所谓的毫厘之差。但毫厘之差会导致谬以千里的结果，不能不辨析清楚。孟子批判杨朱、墨子的学说，认为他们无君无父。这二人也是当时的贤者，假使与孟子生于同一时代，孟子未必不认为他们贤能。墨子讲兼爱，行仁而过度；杨朱讲为我，行义而过度。他们的学说，岂能消灭天理混乱纲常至于迷惑天下之人吗？他们学说的流弊，孟子将其比喻成禽兽夷狄，说他们以学术杀天下后世。现在学术的弊端，是学仁过度了呢？还是学义过度了呢？抑或是学不仁不义过度了呢？我不知他们与洪水猛兽相比如何。孟子说：“难道是我爱好辩论吗？我不得已才这样。”杨朱、墨子的学说充塞天下，孟子之时，天下人尊信杨朱墨子，应该不下于现在人们崇尚朱子的学说，而孟子一人反复申说于其间，哎，真实可悲可叹。韩愈说：“佛教、道教的危害比杨朱、墨子严重。”韩愈不及孟子贤能，孟子不能在世道未坏之前补救，而韩愈想要在世道已坏之后再补全它，真是不自量力了，且都见到他身处危难，也无人来救，直到他死去。哎！像我，也是不自量力，眼见自己身处危难，无人挽救将要死去！各家嬉笑，而我独独痛哭嗟叹，天下都安然地追名逐利，唯独我痛心疾首满心忧患。这不是丧心病狂，就是有大的痛哭隐藏于心中，不是天下有至仁之心的人，谁能体察我呢？我写《朱子晚年定论》，也是不得已而为之。中间年岁的早晚，确实有一些未加考订的。虽不一定都是朱子晚年的事件，也多是出于其晚年。我的宗旨是委婉地进行调停，来显明朱子之学的重要。我平生对于朱子的学问，如同对待神明蓍草龟策一般，一旦与它背道而驰，心中实在觉得不能忍受，所以不得已要这样做。“知我者谓我心忧，不知我者谓我何求。”我不忍违背朱子，这是我的本心，但不得已要违背朱子，是道理本来就是这样，不直言大道就不能显现。您说我一定是要与朱子不同，我哪敢自己欺骗自己呢？道，是天下的公道；学，是天下的公学。不是朱子可以据为私有的，不是孔子可以据为私有的。天下之公，就应该以公心来讨论它。所以只要说得对，即使与我的学说不同，对我也是有益的；说得不对，即使与我的学说相同，也有损于我。有益于我的，我必然喜欢；有损于我的，我必然厌恶。但现在我的论说，或许与朱子不同，未必就不是他所喜欢的。君子的过失，犹如日食月食一样，当更正了，人人敬仰他。小人的过失一定要矫饰遮掩。我虽不肖，不敢以小人之心来对待朱子。您所教我的，反复数百言，都是没能完全了解我的格物之说。如果能明白我的学说，这数百言都可以不需要申辩而无所怀疑了。我不敢再连续不断地讲，以免太过琐碎渎滥。但我的学说不通过面谈口说，仅于书面上不能够讲明白。哎！您开导启迪我，可谓恳切详尽。爱护我的人，有像您这样的吗？我虽愚钝，也知对您感恩佩服。但我也不敢舍去心中的诚意而姑且接受您的意见，正是因为不敢辜负您的厚爱，也想着能够回报您。秋天结束，东归的时候，一定面见您，向您请教，千万请您赐教。

答聂文蔚

春间远劳迂途枉顾，问证惓惓，此情何可当也！已期二三同志，更处静地，扳留旬日，少效其鄙见，以求切劘之益，而公期俗绊，势有不能，别去极怏怏，如有所失。忽承笺惠，反覆千余言，读之无甚浣慰。中间推许太过，盖亦奖掖之盛心，而规砺真切，思欲纳之于贤圣之域，又托诸崇一以致其勤勤恳恳之怀，此非深交笃爱，何以及是！知感知愧，且惧其无以堪之也。虽然，仆亦何敢不自鞭勉，而徒以感愧辞让为乎哉？其谓“思、孟、周、程无意相遭于千载之下，与其尽信于天下，不若真信于一人。道固自在，学亦自在，天下信之不为多，一人信之不为少”者，斯固君子“不见是而无闷”之心，岂世之谫谫屑屑者知足以及之乎？乃仆之情，则有大不得已者存乎其间，而非以计人之信与不信也。夫人者，天地之心，天地万物本吾一体者也。生民之困苦荼毒，孰非疾痛之切于吾身者乎？不知吾身之疾痛，无是非之心者也。是非之心，不虑而知，不学而能，所谓良知也。良知之在人心，无间于圣愚，天下古今之所同也。世之君子，惟务致其良知，则自能公是非，同好恶，视人犹己，视国犹家，而以天地万物为一体，求天下无治，不可得矣。古之人所以能见善不啻若己出，见恶不啻若己入，视民之饥溺犹己之饥溺，而一夫不获，若己推而纳诸沟中者，非故为是而以蕲天下之信己也，务致其良知，求自慊而已矣。尧、舜、三王之圣，言而民莫不信者，致其良知而言之也；行而民莫不说者，致其良知而行之也。是以其民熙熙皞皞，杀之不怨，利之不庸，施及蛮貊，而凡有血气者莫不尊亲，为其良知之同也。呜呼！圣人之治天下，何其简且易哉！后世良知之学不明，天下之人用其私智以相比轧，是以人各有心，而偏琐僻陋之见，狡伪阴邪之术，至于不可胜说。外假仁义之名，而内以行其自私自利之实，诡辞以阿俗，矫行以干誉，掩人之善而袭以为己长，讦人之私而窃以为己直，忿以相胜而犹谓之徇义，险以相倾而犹谓之疾恶，妒贤忌能而犹自以为公是非，恣情纵欲而犹自以为同好恶。相陵相贼，自其一家骨肉之亲，已不能无尔我胜负之意、彼此藩篱之形，而况于天下之大，民物之众，又何能一体而视之？则无怪于纷纷籍籍，而祸乱相寻于无穷矣。仆诚赖天之灵，偶有见于良知之学，以为必由此而后天下可得而治。是以每念斯民之陷溺，则为之戚然痛心，忘其身之不肖，而思以此救之，亦不自知其量者。天下之人见其若是，遂相与非笑而诋斥之，以为是病狂丧心之人耳。呜呼！是奚足恤哉！吾方疾痛之切体，而暇计人之非笑乎？人固有见其父子兄弟之坠溺于深渊者，呼号匍匐，裸跣颠顿，扳悬崖壁而下拯之。士之见者，方相与揖让谈笑于其傍，以为是弃其礼貌衣冠而呼号颠顿若此，是病狂丧心者也。故夫揖让谈笑于溺人之傍而不知救，此惟行路之人，无亲戚骨肉之情者能之，然已谓之无恻隐之心，非人矣。若夫在父子兄弟之爱者，则固未有不痛心疾首，狂奔尽气，匍匐而拯之。彼将陷溺之祸有不顾，而况于病狂丧心之讥乎？而又况于蕲人之信与不信乎？呜呼！今之人虽谓仆为病狂丧心之人，亦无不可矣。天下之人心皆吾之心也，天下之人犹有病狂者矣，吾安得而非病狂乎？犹有丧心者矣，吾安得而非丧心乎？昔者孔子之在当时，有议其为谄者，有讥其为佞者，有毁其未贤，诋其为不知礼，而侮之以为东家丘者，有嫉而沮之者，有恶而欲杀之者。晨门、荷蒉之徒，皆当时之贤士，且曰："是知其不可而为之者欤！""鄙哉！硁硁乎！莫己知也，斯已而已矣。"虽子路在升堂之列，尚不能无疑于其所见，不悦于其所欲往，而且以之为迂，则当时之不信夫子者，岂特十之二三而已乎？然而夫子汲汲遑遑，若求亡子于道路，而不暇于暖席者，宁以蕲人之知我信我而已哉？盖其天地万物一体之仁，疾痛迫切，虽欲已之而自有所不容已。故其言曰："吾非斯人之徒与而谁与？欲洁其身而乱大伦。果哉，末之难矣！"呜呼！此非诚以天地万物为一体者，孰能以知夫子之心乎？若其"遁世无闷""乐天知命"者，则固"无入而不自得""道并行而不相悖"也。仆之不肖，何敢以夫子之道为己任？顾其心亦已稍知疾痛之在身，是以彷徨四顾，将求其有助于我者，相与讲去其病耳。今诚得豪杰同志之士扶持匡翼，共明良知之学于天下，使天下之人皆知自致其良知，以相安相养，去其自私自利之蔽，一洗谗妒胜忿之习，以济于大同，则仆之狂病，固将脱然以愈，而终免于丧心之患矣，岂不快哉！嗟乎！今诚欲求豪杰同志之士于天下，非如吾文蔚者而谁望之乎？如吾文蔚之才与志，诚足以援天下之溺者。今又既知其具之在我，而无假于外求矣。循是而充，若决河注海，孰得而御哉？文蔚所谓"一人信之不为少"，其又能逊以委之何人乎？会稽素号山水之区，深林长谷，信步皆是，寒暑晦明，无时不宜，安居饱食，尘嚣无扰，良朋四集，道义日新，优哉游哉，天地之间宁复有乐于是者！孔子云："不怨天，不尤人，下学而上达。"仆与二三同志，方将请事斯语，奚暇外慕？独其切肤之痛，乃有未能恝然者，辄复云云尔。咳疾暑毒，书札绝懒，盛使远来，迟留经月，临歧执笔，又不觉累纸。盖于相知之深，虽已缕缕至此，殊觉有所未能尽也。

译文

春日间劳烦您绕远路来看我，询问论证十分恳切，这番情谊我哪敢当呢！已经与二三同志约定，到安静的地方，待上十几日，稍微陈述我的鄙见，以求相互切磋增益，然而您有事牵绊，不能前来，我心中感到极为惋惜，如有所失。忽然收到来信，反复千余言，读完之后大为安慰。中间对我推重赞许太过，都是您对我奖励提拔的热心，而规谏砥砺真情实感，希望我能够进入圣贤的境地，又拜托崇一转达您真切的关怀，如不是深交情笃，如何能做到这番地步呢？我感恩惭愧，担忧自己不能当得起您的期望。即使这样，我哪敢不自我鞭策勉励，而只是徒然感叹惭愧辞让一番呢？您说"子思、孟子、周敦颐、程子无意于载千百年之后还能让人熟知，与其天下人人都相信，不如真的被一个人相信。大道固然在，学问也自然在，天下人人都相信不为多，只有一个人相信也不为少"，这就是所谓的"君子不被认可也不感到苦闷"，这岂是世上浅薄猥琐之人所能认知到的呢？我的情况，很多时候不得已而为之，而不去考虑人相信还是不相信。人，禀受了天地之心，天地万物与我本来就是一体的。生民遭受困苦荼毒，对我而言难道不是切肤之痛吗？不知自己身体病痛，是没有是非之心的人。是非之心，不需要思虑就能知道，不需要学习就可具备，这就是所谓的良知。良知在于人心，圣人愚人都一样，天下古今都相同。世上的君子，只务求致良知，那么自然能有是非的公心，有相同的好恶，看待别人如同看待自己，看待国如同看待家，以天地万物为一体，求天下得不到治理，是不可能的。古代的人看到善的就像自己做了善事，看到恶的就像自己做了恶事，看待人民的饥饿犹如自己饥饿，有一个人不能安处，就像自己被推入了沟壑中一样，并不是故意这样做来让天下相信我的，是务求致良知，让自己内心愉悦的。尧舜三王这样的圣贤，说出来的话百姓没有不相信的，是致良知而发言的；他们的行为百姓没有不乐见的，是致良知而做的。因此他们的百姓生活和乐舒畅，被杀死不怨恨，得到利益不浅陋，这种教化施行到蛮夷，凡是有血气的人都知道尊敬父母，因为人有同样的良知。哎！圣人治理天下，是何等的简易啊！后世良知的学问不昭明，天下的人用私智相互倾轧，人各有私心，而偏执琐碎鄙陋的念头，狡诈虚伪淫邪的方法，说都说不完。对外假借仁义之名，对内做的是自私自利的事情，巧言来迎合世俗，虚伪行事来获得声誉，掩盖抄袭别人的优点并占为己有，攻击别人的私行而自以为自己正直，生气忿恨与人相争还自称是依从道义，阴险倾轧还说是嫉恶如仇，嫉贤妒能还自以为是公正，恣情放纵还自以为是有所好恶。相互欺凌残害。即使亲如一家，也不能没有争胜负之意、彼此做不到毫无间隔，更何况天下之大，人和物众多，又怎能一体来看待呢？天下纷扰，祸乱不断也无足奇怪了。我有赖于天赋聪明，偶然得见良知的学问，认为一定要用这个学问天下才能够得到治理。因此每每想到百姓的痛苦，就为之哀戚痛心，忘记自己不才，总想着以此来拯救天下，也真是不自量力。天下的人见到我这样，于是非难耻笑而诋毁排斥我，认为我丧心病狂。哎！这有什么值得忧虑的呢？我见到百姓的疾苦而有切肤之痛，无暇计较被人非难耻笑我了。人见到自己的父子兄弟掉落深渊，一定呼救匍匐，鞋子跑丢也要赶紧攀着悬崖峭壁下去救人。士人见到这样的情形，还在一旁揖让谈笑，认为这样抛弃礼貌，衣冠不整而呼喊救人是丧心病狂。所以能在一旁还谈笑而不知道施救的，只能是路人，是没有骨肉亲情的人才会这样做。然而孟子已经说过，没有恻隐之心，非人。如果对父子兄弟爱护的人，没有不痛心疾首，全力奔走，匍匐施救的，他们救人不会在乎自己陷入危险，还会在乎别人讥讽自己是丧心病狂之人吗？还会在乎别人信不信吗？哎！现在的人即使说我丧心病狂，也没什么不可。天下之人的心都是我的心，天下之人中仍有丧心病狂的，我哪能不丧心病狂呢？过去孔子所在的时代，有人非议他谄媚，有人讥讽他奸佞，有人诋毁他不贤，有人攻击他不懂礼仪，有人侮辱他是东家丘，有嫉妒阻挠他的，有厌恶想杀害他的。晨门、荷蒉等人，都是当时的贤人，还会说“是明知不可为而为之”“鄙陋固执，没有自知之明”。即使子路达学问到了能升堂入室的地步，也不能对孔子的行为没有疑问，对孔子见南子、接受招揽而感到不悦，认为他迂腐，当时不相信孔子的人，岂止十之二三？然而孔子急切匆忙，如同在路上寻找丢失的孩子一样，没有闲暇坐下来休息，是为了让人知我信我吗？将天地万物视为一体的仁德，让孔子担忧紧迫，即使想要停止自己也不能容许。所以他说："我不与这些人相处与谁相处呢？想要洁身自好而扰乱了伦常。实在太难了。"哎！如果不是将天地万物视为一体，谁能了解夫子的用心呢？那些出世不苦闷，乐天知命的人，自然能做到"在哪里都自适""与道并行不相违背"。我不才，哪敢以孔子之道为己任呢？只是我心中知道身上的苦痛，因此徘徊四顾，寻求能够帮助我的人，与我讲学去掉我的毛病。现在得到各位豪杰同仁的扶持辅助，共同让良知之学显明于天下，让天下人都知道致良知，互相安顿供养，去除自私自利的弊病，洗去嫉妒谗毁的陋习，以实现大同，那么我的狂病，自然就会痊愈，而免于丧心的忧患，岂不痛快！现在诚心寻求豪杰同志之人于天下，像文蔚这样的人才与志向，足以救助天下受苦的人。现在既然知道良知在我心中具备，无暇向外探求什么，只是遵循良知充实它，那么就会如同决江入海，势头不可阻挡。文蔚说一个人相信不为少，那文蔚你还要谦逊委托给谁来做这个相信之人呢？会稽历来号称是山水之地，深长的森林峡谷举步皆是，寒暑明暗，四季皆宜，安居饱食，没有尘嚣烦扰，好朋友从四面赶来聚会，谈论道义日有进益，优哉游哉，天地之间还有比这更快乐的吗？孔子说："不怨天，不尤人，下学上达。"我与二三同志，想要奉行这样的话，哪有闲暇向外追慕什么呢？唯独切肤之痛，还不能释怀，就又写信讲讲。正发咳病，又遭暑毒，懒于写信，你差人前来停留月余，临行提笔，又写了满纸。与你相知深厚，虽然洋洋洒洒写了这么多，还是觉得仍有未尽之言。

二

得书见近来所学之骤进，喜慰不可言。谛视数过，其间虽亦有一二未莹彻处，却是致良知之功尚未纯熟。到纯熟时，自无此矣。譬之驱车，既已由于康庄大道之中，或时横斜迂曲者，乃马性未调、衔勒不齐之故。然已只在康庄大道中，决不赚入傍蹊曲径矣。近时海内同志，到此地位者曾未多见，喜慰不可言，斯道之幸也！贱躯旧有咳嗽畏热之病，近入炎方，辄复大作。主上圣明洞察，责付甚重，不敢遽辞。地方军务冗沓，皆舆疾从事。今却幸已平定，已具本乞回养病，得在林下稍就清凉，或可瘳耳。人还，伏枕草草，不尽倾企。外惟濬一简，幸达致之。

译文

收到书信看到最近你的学问又进步，欢喜欣慰难以言说。看过数次你的书信，中间虽然有一两处还不明白处，是致良知的功夫还没有纯熟。到纯熟的时候，自然没有这些问题。就像赶车，已经行走在康庄大道上了，仍会走得曲折不平，这是马的性子还没有调教好，马勒没有整齐的原因。但已经在康庄大道，就绝不会再误入旁门小道了。近来海内的同志，能达到这个境地的人不多见，因此我感到非常欢喜欣慰，这是大道之幸。我旧日有咳嗽怕热的疾病，进入炎热的地方发作起来很剧烈。主上圣明洞察，交付的责任重大，不敢推辞。地方上的军务繁重，都是拖着病体在从事。如今好在事情平定，我能够告病回家，若能在幽静之处稍稍得些清凉，病或能痊愈。人就要回去，伏在枕上草草写成书信，不能够写尽我的倾慕企盼。此外我也写给陈九川一封信，请代为传达。

来书所询，草草奉复一二：近岁来山中讲学者，往往多说“勿忘勿助”工夫甚难。问之则云：“才著意便是助，才不著意便是忘，所以甚难。”区区因问之云：“忘是忘个甚么？助是助个甚么？”其人默然无对，始请问。区区因与说，我此间讲学，却只说个必有事焉，不说“勿忘勿助”。“必有事焉”者，只是时时去集义。若时时去用必有事的工夫，而或有时间断，此便是忘了，即须勿忘。时时去用必有事的工夫，而或有时欲速求效，此便是助了，即须勿助。其工夫全在必有事焉上用，“勿忘勿助”只就其间提撕警觉而已。若是工夫原不间断，即不须更说勿忘；原不欲速求效，即不须更说勿助。此其工夫何等明白简易！何等洒脱自在！今却不去必有事上用工，而乃悬空守著一个“勿忘勿助”，此正如烧锅煮饭，锅内不曾渍水下米，而乃专去添柴放火，不知毕竟煮出个甚么物来？吾恐火候未及调停，而锅已先破裂矣。近日一种专在“勿忘勿助”上用工者，其病正是如此。终日悬空去做个“勿忘”，又悬空去做个“勿助”，漭漭荡荡，全无实落下手处。究竟工夫只做得个沉空守寂，学成一个痴呆汉。才遇些子事来，即便牵滞纷扰，不复能经纶宰制。此皆有志之士，而乃使之劳苦缠缚，担阁一生，皆由学术误人之故，甚可悯矣！夫必有事焉，只是集义。集义只是致良知。说集义则一时未见头脑，说致良知即当下便有实地步可用功。故区区专说致良知，随时就事上致其良知，便是格物；著实去致良知，便是诚意；著实致其良知，而无一毫意必固我，便是正心。著实致良知，则自无忘之病；无一毫意必固我，则自无助之病。故说格、致、诚、正，则不必更说个忘助。孟子说“忘”“助”，亦就告子得病处立方。告子强制其心，是助的病痛，故孟子专说助长之害。告子助长，亦是他以义为外，不知就自心上集义，在必有事焉上用功，是以如此。若时时刻刻就自心上集义，则良知之体洞然明白，自然是是非非，纤毫莫遁，又焉有“不得于言，勿求于心，不得于心，勿求于气”之弊乎？孟子集义、养气之说，固大有功于后学，然亦是因病立方，说得大段，不若《大学》格、致、诚、正之功，尤极精一简易，为彻上彻下，万世无弊者也。圣贤论学，多是随时就事，虽言若人殊，而要其工夫头脑，若合符节。缘天地之间，原只有此性，只有此理，只有此良知，只有此一件事耳。故凡就古人论学处说工夫，更不必搀和兼搭而说，自然无不吻合贯通者。才须搀和兼搭而说，即是自己工夫未明彻也。近时有谓集义之功，必须兼搭个致良知而后备者，则是集义之功尚未了彻也。集义之功尚未了彻，适足以为致良知之累而已矣。谓致良知之功，必须兼搭一个勿忘勿助而后明者，则是致良知之功尚未了彻也。致良知之功尚未了彻，适足以为勿忘勿助之累而已矣。若此者，皆是就文义上解释牵附，以求混融凑泊，而不曾就自己实工夫上体验，是以论之愈精，而去之愈远。文蔚之论，其于大本达道既已沛然无疑，至于致知、穷理及忘助等说，时亦有搀和兼搭处，却是区区所谓康庄大道之中，或时横斜迂曲者，到得工夫熟后，自将释然矣。文蔚谓“致知之说，求之事亲、从兄之间，便觉有所持循”者，此段最见近来真切笃实之功。但以此自为不妨，自有得力处；以此遂为定说教人，却未免又有因药发病之患，亦不可不一讲也。盖良知只是一个天理自然明觉发见处，只是一个真诚恻怛，便是他本体。故致此良知之真诚恻怛以事亲便是孝，致此良知之真诚恻怛以从兄便是弟，致此良知之真诚恻怛以事君便是忠。只是一个良知，一个真诚恻怛。若是从兄的良知不能致其真诚恻怛，即是事亲的良知不能致其真诚恻怛矣；事君的良知不能致其真诚恻怛，即是从兄的良知不能致其真诚恻怛矣。故致得事君的良知，便是致却从兄的良知；致得从兄的良知，便是致却事亲的良知。不是事君的良知不能致，却须又从事亲的良知上去扩充将来，如此又是脱却本原，著在支节上求了。良知只是一个，随他发见流行处，当下具足，更无去来，不须假借。然其发见流行处，却自有轻重厚薄毫发不容增减者，所谓天然自有之中也。虽则轻重厚薄毫发不容增减，而原又只是一个。虽则只是一个，而其间轻重厚薄又毫发不容增减。若可得增减，若须假借，即已非其真诚恻怛之本体矣。此良知之妙用，所以无方体，无穷尽，“语大天下莫能载，语小天下莫能破”者也。孟氏“尧、舜之道，孝弟而已”者，是就人之良知发见得最真切笃厚、不容蔽昧处提省人，使人于事君、处友、仁民、爱物，与凡动静语默间，皆只是致他那一念事亲从兄真诚恻怛的良知，即自然无不是道。盖天下之事虽千变万化，至于不可穷诘，而但惟致此事亲从兄一念真诚恻怛之良知以应之，则更无有遗缺渗漏者，正谓其只有此一个良知故也。事亲从兄一念良知之外，更无有良知可致得者，故曰：“尧、舜之道，孝弟而已矣。”此所以为惟精惟一之学，放之四海而皆准，施诸后世而无朝夕者也。文蔚云：“欲于事亲从兄之间，而求所谓良知之学。”就自己用工得力处如此说，亦无不可。若曰“致其良知之真诚恻怛，以求尽夫事亲从兄之道焉”，亦无不可也。明道云：“行仁自孝弟始，孝弟是仁之一事，谓之行仁之本则可，谓是仁之本则不可。”其说是矣。亿、逆、先觉之说，文蔚谓“诚则旁行曲防，皆良知之用”，甚善甚善！间有搀搭处，则前已言之矣。惟濬之言亦未为不是。在文蔚须有取于惟濬之言而后尽，在惟濬又须有取于文蔚之言而后明。不然，则亦未免各有倚著之病也。舜“察迩言而询刍荛”，非是以迩言当察、刍荛当询而后如此。乃良知之发见流行，光明圆莹，更无挂碍遮隔处，此所以谓之大知。才有执著意必，其知便小矣。讲学中自有去取分辨，然就心地上著实用工夫，却须如此方是。《尽心》三节，区区曾有“生知、学知、困知”之说，颇已明白，无可疑者。盖尽心、知性、知天者，不必说存心、养性、事天，不必说夭寿不贰，修身以俟，而存心、养性与修身以俟之功，已在其中矣。存心、养性、事天者，虽未到得尽心知天的地位，然已是在那里做个求到尽心知天的工夫，更不必说夭寿不贰，修身以俟，而夭寿不贰，修身以俟之功已在其中矣。譬之行路，尽心知天者，如年力壮健之人，既能奔走往来于数千百里之间者也；存心事天者，如童稚之年，使之学习步趋于庭除之间者也；夭寿不贰，修身以俟者，如襁褓之孩，方使之扶墙傍壁，而渐学起立移步者也。既已能奔走往来于数千里之间者，则不必更使之于庭除之间而学步趋，而步趋于庭除之间自无弗能矣；既已能步趋于庭除之间，则不必更使之扶墙傍壁而学起立移步，而起立移步自无弗能矣。然学起立移步，便是学步趋庭除之始；学步趋庭除，便是学奔走往来于数千里之基，固非有二事。但其工夫之难易，则相去悬绝矣。心也，性也，天也，一也。故及其知之成功则一。然而三者人品力量自有阶级，不可躐等而能也。细观文蔚之论，其意以恐尽心知天者，废却存心、修身之功，而反为尽心知天之病。是盖为圣人忧工夫之或间断，而不知为自己忧工夫之未真切也。吾侪用工，却须专心致志在夭寿不贰，修身以俟上做，只此便是做尽心知天功夫之始。正如学起立移步，便是学奔走千里之始。吾方自虑其不能起立移步，而岂遽虑其不能奔走千里？又况为奔走千里者，而虑其或遗忘于起立移步之习哉？文蔚识见，本自超绝迈往，而所论云然者，亦是未能脱去旧时解说文义之习。是为此三段书分疏比合，以求融会贯通，而自添许多意见缠绕，反使用工不专一也。近时悬空去做勿忘勿助者，其意见正有此病，最能担误人，不可不涤除耳。所谓“尊德性而道问学”一节，至当归一，更无可疑。此便是文蔚曾著实用工，然后能为此言。此本不是险僻难见的道理，人或意见不同者，还是良知尚有纤翳潜伏。若除去此纤翳，即自无不洞然矣。已作书后，移卧檐间，偶遇无事，遂复答此。文蔚之学既已得其大者，此等处久当释然自解，本不必屑屑如此分疏。但承相爱之厚，千里差人远及，谆谆下问，而竟虚来意，又自不能已于言也。然直戆烦缕已甚，恃在信爱，当不为罪。惟濬处及谦之、崇一处，各得转录一通，寄视之，尤承一体之好也。

译文

你来信所问，我只能草草回复一二：近年到山中讲学的人，往往多说“勿忘勿助”的功夫很难。问他们则说：“才有意念就是助，才不动意念就是忘，所以很难。”我因此问到：“忘是忘了什么？助是助了什么？”对方无言以对，才请教。我与他们讲，我在此处讲学，只讲个“必有事焉”，不讲“勿忘勿助”。“必有事焉”的意思是时刻去集义。如果时刻用必有事焉的工夫，有时间断了，这就是忘了，就需要做到勿忘。时刻用必有事焉的工夫，有时候想求速成，这就是助了，就需要做到勿助。工夫都在必有事焉上用，“勿忘勿助”只是在其中起到警醒的作用。如果工夫不间断，就不需要说勿忘；如果不去求速成，也不需要说勿助。这番工夫是何等的明白简易！何等洒脱自在。现在不去在事上用功，而空谈“勿忘勿助”，就像烧锅煮饭，锅里没有放水放米，而专门去添加柴火，不知道最后会煮出个什么东西来。恐怕火候还没来得及调整，锅就先破裂了。近来专门在“勿忘勿助”上用功的人，毛病就是这样。整日空想着去勿忘勿助。空空荡荡，完全没有实在的下手处。最后工夫只做了个固守寂静，学成了痴呆汉。刚遇到一些事，就牵扯纷扰，不能够处理裁断。这些都是有志之士，却被这些学问纠缠束缚，耽误一生，都是因学术误人的缘故，实在让人可怜！做到必有事焉，只是去集义。集义只是致良知。说集义意识还抓不住关键，说致良知那当即就有实在可下功的地方。所以我专门讲致良知，随时在事情上致良知，就是格物。实实在在去致良知，就是诚意；实实在在致良知，没有一丝一毫“意必固我”就是正心。没有丝毫“意必固我”，就没有自我和助的毛病。说一说格、致、诚、正，就不必说忘助了。孟子说“忘”“助”，也是针对告子的毛病而言。告子强制心意，就是助的毛病，所以孟子专门说助长的危害。告子助长，也是他以为义要外求，不知道从心上集义，在必有事焉上用功，才会这样。如果时刻从心上来集义，那良知的本体就清楚明白，自然以对为对，以非为非，丝毫不会有失，有哪有“不得于言，勿求于心，不得于心，勿求于气”的弊端呢？孟子集义、养气的学说，固然有功于后学，但也是因病下药，从大处来说，不如《大学》格、致、诚、正的功夫，来得极为精一简易，上下透彻，万世没有弊端。圣贤论学，大多是就事论事，虽然说法不同，但工夫主旨，都相互契合。因为天地之间，原本就只有心性，只有天理，只有良知，只有这一件事。所以凡是根据古人论学说工夫，就不必掺杂其他，自然就能吻合贯通。一旦掺杂其他，那就是自己的工夫没有还没有做到明白。近来又讲集义之功的人，一定要掺杂着讲勿忘勿助才能说明白，就是致良知的工夫还没有做彻底。致良知的工夫还没有做彻底，就会被勿忘勿助拖累。这样的人，都是从文义上解释附会，以求得圆融，而不是从自己的实际工夫上体验，因此说得越精妙，而距离真正的道理就越遥远。文蔚你的讨论，对于大道已经无疑了，至于致知、穷理和忘助等说法，时常有掺杂着讲的，就是我说的已经走在康庄大道上，虽然偶尔还会走得曲折迂回，但等到工夫纯熟后，自然就没有问题。文蔚你讲“致知”之说，从侍奉父母、孝敬兄长之间探求，就感到有增长，这段话最能看出近日来下了真切笃实的功夫。但你自己这样做没关系，自然有得力处，以此作为定论来教人，却难免有因药发病的隐患，我不能不讲一讲。良知就是天理自然明觉发现的地方，就是一个真诚有恻隐之心，这就是他的本体。所以用致良知的真诚有恻隐之心来侍奉父母就是孝，以致良知的真诚有恻隐之心来孝敬兄长就是悌，以致良知的真诚有恻隐之心来侍奉君主就是忠。只有一个良知，真诚有恻隐之心。如果孝敬兄长的良知不能做到真诚有恻隐之心，那么奉养父母、侍奉君主的良知就都不能如此；所以如果侍奉君主上能致良知，就能在孝敬兄长上致良知，能在孝敬兄长上致良知，就能在奉养父母上致良知。不是说侍奉君主的良知不能致，需要从奉养父母的良知上去扩充开来，这样讲就脱离本原，在细枝末节上探求了。良知就是一个，随时发现流行，在当下就具备，没有来去，也不需要假借什么。但它发现流行，却有轻重厚薄，丝毫容不得增减，就是所谓的天然自有之中。虽然轻重厚薄，丝毫容不得增减，但本原只有一个，轻重厚薄如果可以增减，需要假借，就已经不过是真诚恻隐之心的本体了。良知的妙用，没有具体的形式，没有穷尽，说它大大到天下不能承载，说它小小到不能被破开。孟子说“尧舜之道，就是孝悌”。这是就人的良知显现得最为真切深厚、不容隐蔽之处来提醒人，让人在侍奉君主、与朋友相处、仁爱百姓、爱护万物，凡是言语动静之间，都能如侍奉父母孝敬兄长那样致良知，那么就随处都是道了。天下的事情千变万化，不能穷举，但只要能做到以这种侍奉父母孝敬兄长的良知应对，就不会有遗失缺漏，这正是所谓的只有一个良知的缘故。侍奉父母敬兄长的良知之外，没有其他良知可致，所以说“尧舜之道，就是孝悌”，这是惟精惟一的学说之所以放之四海皆准、施行后世不会过时的原因。文蔚说“想要从侍奉父母敬兄长之间，探求所谓的良知之学”，就要自己用功得力来说，也没什么不可。如果以致良知的真诚恻隐之心，去侍奉父母敬兄长，也没什么不可。明道说：“行仁道从孝悌开始，孝悌是仁道的一件事，说它是行仁道的根本可以，说它是仁的根本则不可以。”这话说得很对。亿、逆、先觉的说法，文蔚说：“只要真诚，走旁门曲意防范都是良知之用。”说得极对。但还有掺杂牵强处，前文已经说过。九川的话也未尝不对。文蔚你需要吸取九川的话之后能够没问题，九川需要吸取文蔚的话之后能够明白。否则，难免各自还有偏颇的毛病。舜能体察浅近的话来向樵夫询问，不是因为浅近的话应当体察、应当咨询樵夫，而是因良知发现流行，光明圆润，没有阻碍，这就是所谓的大智慧。一旦有了执著意必，就是小聪明了。讲学中自然会取舍分辨，但就心中实际下功夫来说，却需要这样才行。《尽心》三节，我曾有“生知、学知、困知”的说法，已经说得颇为明白没有可怀疑。尽心、知性、知天的人，不需要说存心、养性、事天，不需要说夭寿不贰，修身以俟，存心、养性与修身以俟的功夫已经包含在其中了。存心、养性、事天的人，虽然没有到尽心知天的境界，也已经在做尽心知天的工夫了，更不必说夭寿不贰，修身以俟，夭寿不贰，修身以俟的功夫已经包含在其中了。就像走路，尽心知天的人，如年富力强的人，已经能够奔走往来于几千里的路途之间了。存心事天的人，如孩童，令他在庭院中学习行走跑动；天寿不贰，修身以俟的人，如同还在襁褓中的孩子，让他扶着墙壁，逐渐开始学习站立行走。已经能奔走往来于几千里之间，不必让他在庭院中学习行走跑动，能在庭院中行走跑动，不需要扶着墙壁学习站立行走。但学习站立行走，是能在庭院中行走跑动的起始，在庭院中行走跑动是奔走往来于几千里之间的基础，并不是有两回事。功夫的难易相差巨大。但心、性、天理，都是一样的。等到他们的良知成功了都是一样的。但这三类人的力量自有差别，不能够越级去做事。细看你的观点，意思是恐怕尽心知天的人，废弃了存心修身的功夫，反而让尽心知天出现毛病。这是为圣人担忧工夫会间断，而不知道为自己担忧工夫还没有下得真切。我辈用功，需要专心致志从夭寿不贰，修身以俟上做，这就是做尽心知天功夫的开始。正如学习站立行走是奔走往来于几千里之间的开始。我刚开始担忧站立行走，岂会去考虑不能奔走千里呢？何况是为那些能奔走千里的人，担忧他忘记怎样站立挪步呢？你的认识，本来就超绝，你所说的话中，还没能脱去以往解说文义的习惯。是把这三件事分开、比较，以求融会贯通，反而自己增添了很多意见的纠缠，使得用功不能专一了。最近凭空去做“勿忘勿助”的人，他们的认识中正有这种毛病，这最是耽误人，不能不扫除这个毛病。“尊德性”“道问学”，应当归一，无可怀疑。这就是你曾踏实用工，然后能讲出这样的话。这本不是难以认识的道理，有不同意见的人，还是良知中还有细微的阴暗潜伏。除去这些阴暗，就自然能够洞察。写完信，我移到屋檐下躺着，此刻无事，于是又回复几句。你的学问已经大成，这些地方时间久了应该能自己疏解释然，本来不需要这样琐碎的分析。但承蒙你相爱深厚，差人千里送信耐心询问，我下笔不能自已，我憨直唠叨，自恃你相信厚爱，应该不会怪罪。请你转抄一通，寄给九川、谦之、崇一等人看看，让他们接受相同的好意。

右南大吉录。

译文

以上由南大吉记录。

训蒙大意示教读刘伯颂等

古之教者，教以人伦。后世记诵词章之习起，而先王之教亡。今教童子，惟当以孝、弟、忠、信、礼、义、廉、耻为专务。其栽培涵养之方，则宜诱之歌诗以发其志意，导之习礼以肃其威仪，讽之读书以开其知觉。今人往往以歌诗习礼为不切时务，此皆末俗庸鄙之见，乌足以知古人立教之意哉！大抵童子之情，乐嬉游而惮拘检，如草木之始萌芽，舒畅之则条达，摧挠之则衰痿。今教童子，必使其趋向鼓舞，中心喜悦，则其进自不能已。譬之时雨春风，沾被卉木，莫不萌动发越，自然日长月化。若冰霜剥落，则生意萧索，日就枯槁矣。故凡诱之歌诗者，非但发其志意而已，亦以泄其跳号呼啸于咏歌，宣其幽抑结滞于音节也。导之习礼者，非但肃其威仪而已，亦所以周旋揖让而动荡其血脉，拜起屈伸而固束其筋骸也。讽之读书者，非但开其知觉而已，亦所以沉潜反复而存其心，抑扬讽诵以宣其志也。凡此皆所以顺导其志意，调理其性情，潜消其鄙吝，默化其粗顽，日使之渐于礼义而不苦其难，入于中和而不知其故。是盖先王立教之微意也。若近世之训蒙稚者，日惟督以句读课仿，责其检束而不知导之以礼，求其聪明而不知养之以善，鞭挞绳缚，若待拘囚。彼视学舍如囹狱而不肯入，视师长如寇仇而不欲见，窥避掩覆以遂其嬉游，设诈饰诡以肆其顽鄙，偷薄庸劣，日趋下流。是盖驱之于恶而求其为善也，何可得乎？凡吾所以教，其意实在于此。恐时俗不察，视以为迂，且吾亦将去，故特叮咛以告。尔诸教读，其务体吾意，永以为训，毋辄因时俗之言，改废其绳墨，庶成蒙以养正之功矣。念之念之！

译文

古时的老师，教导学生人伦。后世记诵词章的习气兴起，先王的政教就消亡了。现在教导孩童，只应该专门教导孝、弟、忠、信、礼、义、廉、耻。栽培涵养的方法，应该以歌诗来生发他的意志，教导他学习礼仪来整肃威仪，引导读书来启发智慧觉悟。现在的人往往认为歌诗礼乐不切合实际，这都是俗儒鄙陋的浅见，哪能知道古人设立教育的深意呢？大概孩童的性情，是乐于嬉戏游玩而害怕拘束，就像草木萌芽，让它舒畅就会枝条茂盛，摧残它就会衰败委顿。现在教导童子，一定要顺着他们的天性鼓舞，让他们心中喜悦，就能够自我长进不停止。就像好雨春风，沾溉花草树木，那花木都会萌芽生长，自然地日生月长。如果用冰霜打击，那花木生机萧索，逐渐就枯萎了。所以以歌诗诱导，不仅发动学生的志意，也要在吟咏诗歌时发泄他跳跃呼号的情感，在歌唱音节时宣泄他心中的郁结。教导学习礼仪，不仅是整肃他的威仪，也要用行礼应对来活动他的血脉，在下拜起立时候坚固他的筋骨。教导读书，不仅开启他的智慧，也要让他沉下心来存养内心，有节奏地朗诵来宣发他的意志。这些都是顺从引导他的志意，调理他的性情，悄无声息消除他的鄙陋，默默地化去他的粗俗顽劣，日渐让他领悟礼义而不感到痛苦，达到中和而不知道缘由。这是先王树立教育的大意。像现在启蒙孩童的人，每日只监督他们读书断句的功夫，严格约束而不知以礼义引导，求学生聪明而不知以善的东西来培养，鞭挞捆绑，如同对待囚徒。学生看待学校像看待监狱不肯入内，看待老师如同敌人而不想相见，逃避遮掩去嬉戏游玩，偷鸡耍滑庸俗拙劣，日渐成为下流之人。这是驱使他们向恶，却要求他们为善，怎么能行呢？我的教育，用意实际就在此处。担忧现在的世俗不能体察，当作迂腐，况且我也将离去，所以特别叮咛告知。你们这些教育之人，务必体察我的意思，永远作为教训，不要因为世俗的议论，就改掉废弃这个标准，这样大约可以成就蒙以养正的圣功。切记切记。

教约

每日清晨，诸生参揖毕，教读以次，遍询诸生：在家所以爱亲敬长之心，得无懈忽，未能真切否？温凊定省之仪，得无亏缺，未能实践否？往来街衢，步趋礼节，得无放荡，未能谨饬否？一应言行心术，得无欺妄非僻，未能忠信笃敬否？诸童子务要各以实对，有则改之，无则加勉。教读复随时就事，曲加诲谕开发，然后各退，就席肄业。

译文

每天清晨，学生参见行礼后，老师要依次序教导，向全部学生询问：在家中亲爱敬重长辈之心，有没有懈怠，有不真切的吗？温清定省的礼仪，有没有亏缺，有未能实践的吗？往来于街道，行走的礼节，有没有放荡，有不谨慎整饬的吗？一切言行心术，都做到没有欺骗妄动，有不忠信恭敬的吗？各位学生一定要诚实回答，有这些问题就改正，没有就继续勉励。老师教导要随时就事论事，委婉地教诲启发，然后让学生退回座位学习。

凡歌诗，须要整容定气，清朗其声音，均审其节调，毋躁而急，毋荡而嚣，毋馁而慑，久则精神宣畅，心气和平矣。每学量童生多寡，分为四班。每日轮一班歌诗，其余皆就席，敛容肃听。每五日则总四班递歌于本学，每朔望集各学会歌于书院。

译文

凡是吟咏诗歌，须要整理仪容气息，使声音清朗，节奏均匀，不要急躁，不要喧嚣，不要气馁惧怕，时间长了精神舒畅，心气和平。每个学校计算学生的多少，分成四个班。每天轮到一个班吟咏诗歌，其他的都坐在位置上，整理仪容严肃旁听。每五天让四个班依次歌诗于学校，每十五日各个学校聚会起来在书院进行歌诗。

凡习礼，须要澄心肃虑，审其仪节，度其容止，毋忽而惰，毋沮而怍，毋径而野，从容而不失之迂缓，修谨而不失之拘局。久则体貌习熟，德性坚定矣。童生班次，皆如歌诗，每间一日，则轮一班习礼。其余皆就席，敛容肃观。习礼之日，免其课仿。每十日则总四班递习于本学，每朔望则集各学会习于书院。

译文

凡是学习礼仪，需要心思澄澈思虑严肃，审查仪节、仪容、举止，不要轻慢懒惰，不要沮丧羞愧，不要随意粗野，从容而不迂腐，谨慎而不拘束局促。时间长了熟悉礼仪，德性就坚定了。学生设置习礼的班级和顺序，都和歌诗一样，每隔一日，就轮到一班习礼。其他都坐在席上，严肃观看。习礼那天，免除其他的课业。每十天让四个班依次习礼于学校，每十五日各个学校聚会起来在书院进行习礼。

凡授书不在徒多，但贵精熟。量其资禀，能二百字者，止可授以一百字，常使精神力量有余，则无厌苦之患，而有自得之美。讽诵之际，务令专心一志，口诵心惟，字字句句，细绎反覆，抑扬其音节，宽虚其心意。久则义礼浃洽，聪明日开矣。

译文

凡是讲授书本的内容不在多，贵在能对精熟地掌握内容。考量学生的资质，能认识二百个字，只能教授他一百个字，常让他的精神力量有余，就没有厌学痛苦的隐患，而有心有所得的快乐。朗读的时候，务必让他专心致志，口诵心念，字字句句，反复体会，音节能读到抑扬顿挫，来让学生虚心宽广。时间长了能做到义礼和谐，聪明日益得到开发。

每日工夫，先考德，次背书诵书，次习礼，或作课仿，次复诵书讲书，次歌诗。凡习礼歌诗之类，皆所以常存童子之心，使其乐习不倦，而无暇及于邪僻。教者知此，则知所施矣。虽然，此其大略也，神而明之，则存乎其人。

译文

每天的功夫，先考察德行，接着背书、朗读书，接着习礼或作其他课业，接着再朗读书、讲解书，接着吟咏诗歌。凡是习礼歌诗之类的活动，都应该常存在学生的心中，让他们能乐于学习孜孜不倦，无暇接触那些邪恶的东西。教师知道这点，那就知道应该教授什么。教学大体应该这样，心领神会，就在于个人了。

卷之三 语录三

传习录下

正德乙亥，九川初见先生于龙江。先生与甘泉先生论格物之说，甘泉持旧说。先生曰："是求之于外了。"甘泉曰："若以格物理为外，是自小其心也。"九川甚喜旧说之是。先生又论《尽心》一章，九川一闻，却遂无疑。后家居，复以格物遗质。先生答云："但能实地用功，久当自释。"山间乃自录《大学》旧本读之，觉朱子格物之说非是，然亦疑先生以意之所在为物，"物"字未明。己卯，归自京师，再见先生于洪都。先生兵务倥偬，乘隙讲授。首问："近年用功何如？"九川曰："近年体验得'明明德'功夫只是'诚意'。自'明明德于天下'，步步推入根源，到'诚意'上再去不得。如何以前又有格致工夫？后又体验，觉得意之诚伪，必先知觉乃可，以颜子'有不善未尝不知，知之未尝复行'为证，豁然若无疑，却又多了格物功夫。又思来，吾心之灵，何有不知意之善恶？只是物欲蔽了，须格去物欲，始能如颜子未尝不知耳。又自疑功夫颠倒，与诚意不成片段。后问希颜，希颜曰：‘先生谓格物致知是诚意功夫，极好。’九川曰：‘如何是诚意功夫？’希颜令再思体看，九川终不悟，请问。”先生曰：“惜哉！此可一言而悟！惟濬所举颜子事便是了，只要知身、心、意、知、物是一件。”九川疑曰：“物在外，如何与身、心、意、知是一件？”先生曰：“耳、目、口、鼻、四肢，身也，非心安能视、听、言、动？心欲视、听、言、动，无耳、目、口、鼻、四肢亦不能，故无心则无身，无身则无心。但指其充塞处言之谓之身，指其主宰处言之谓之心，指心之发动处谓之意，指意之灵明处谓之知，指意之涉着处谓之物，只是一件。意未有悬空的，必着事物。故欲诚意，则随意所在某事而格之，去其人欲而归于天理，则良知之在此事者，无蔽而得致矣。此便是诚意的功夫。”九川乃释然破数年之疑。又问：“甘泉近亦信用《大学》古本，谓格物犹言造道，又谓穷理如穷其巢穴之穷，以身至之也。故格物亦只是‘随处体认天理’，似与先生之说渐同。”先生曰：“甘泉用功，所以转得来。当时与说‘亲民’字不须改，他亦不信。今论格物亦近，但不须换‘物’字作‘理’字，只还他一‘物’字便是。”后有人问九川曰：“今何不疑‘物’字？”曰：“《中庸》曰‘不诚无物’，程子曰‘物来顺应’，又如‘物各付译物文’‘胸中无物’之类，皆古人常用字也。”他日先生亦云然。

译文

正德十年九川初次在龙江见到先生，先生与甘泉先生讨论格物的学说。甘泉先生坚持旧说，先生说：“这是向外探求了。”甘泉先生说：“如果以格物理为向外探求，这是小看了他的用意。”九川非常喜欢旧说，先生又讨论了《尽心》一章，九川一听，就没有疑问了。后来在家里闲居，九川又以格物的学说来向先生请教。先生回答说：“只要能够实实在在地下工夫，时间久了自然能够明白。”在山中居住的时候，自己抄录了《大学》的旧本阅读，觉得朱子关于格物的学说不对，但是也对于先生意之所在就是物的说法有疑问，对于“物”字还没有明白。正德十四年九川从京师返回，再次在洪都见到先生。先生兵务繁忙，在空闲的时候讲授学问。先生首先问：“近年来你用功怎么样？”九川回答说：“近年来体验到‘明明德’的功夫，只是‘诚意’。从‘明明德于天下’，一步一步推究根源，到‘诚意’就推不下去了，为什么‘诚意’以前又有‘格物致知’的功夫呢？后来又有体验，觉得意念的诚挚与虚伪，一定要先察觉才可以。以颜回‘对于不善的东西也有不知晓的，知晓了之后，也有没避免’为证，我心中豁然开朗，没有疑问，但又多了格物的功夫，又思考以我心的灵慧，怎么会不知道意的善恶呢？只是被物欲遮蔽了，所以需要格去物欲才能像颜回那样做到未尝不知。又自我怀疑功夫做得颠倒。和诚意构不成联系。之后向希渊询问，希渊说：‘先生说格物致知是诚意的功夫，说得极好。’九川说：‘为什么是诚意的功夫呢？’希渊让我再次体察细看，我一直不能够领悟，于是请教先生。”先生说：“可惜啊，这是可以一句话就讲明白的。你举颜回的例子就可以。只要知道身心意知是一回事。”九川提出疑问说：“物在外，怎么能够与身心意知是一回事呢？”先生说：“耳目口鼻四肢是身体，不是依靠心，怎么能够视听言动呢？心中想要视听言动，没有耳目口鼻四肢也不能够实现。所以说，没有心就没有身，没有身就没有心。就充塞之处而言称之为身，就主宰之处而言，称之为心，心的发动之处，称之为意，意的灵明之处，称之为知，意所关涉到之处称之为物，都是一回事。意没有悬空的，一定要附着在事物上，所以想要‘诚意’，就要随着意所在的事情去格，去除人欲而复归于天理，那良知在这件事情上就没有遮蔽可以实现。这就是‘诚意’的功夫。”九川于是明白，破除了数年来的疑惑，九川又问：“甘泉先生近来也相信使用《大学》的古本，认为‘格物’如同‘造道’，又说穷理，就是穷其巢穴的穷，亲自到巢穴中。所以格物也是‘随处体认天理’，似乎与先生的说法逐渐趋同。”先生说：“甘泉先生用功勤奋，所以能够转变过来。当时我与他说亲民的字不需要改，他不相信。现在讨论‘格物’，与我看法相近，但不需要换‘物’字做‘理’字，还是用这个‘物’字即可。”后来有人问九川：“现在为何不疑惑了？”九川回答说：“《中庸》说‘不诚无物’，程子说‘物来顺应’‘物各付物’‘胸中无物’，这都是古人常用的字。”他日先生也这样讲。

九川问：“近年因厌泛滥之学，每要静坐，求屏息念虑，非惟不能，愈觉扰扰，如何？”先生曰：“念如何可息，只是要正。”曰：“当自有无念时否？”先生曰：“实无无念时。”曰：“如此却如何言静？”曰：“静未尝不动，动未尝不静。戒谨恐惧即是念，何分动静？”曰：“周子何以言‘定之以中正仁义而主静’？”曰：“无欲故静，是静亦定，动亦定的定字，主其本体也。戒惧之念是活泼泼地，此是天机不息处，所谓‘维天之命，於穆不已’，一息便是死。非本体之念，即是私念。”

译文

九川问：“近年来因为厌恶泛滥的学问，每每想要静坐以求摒除杂念，非但做不到，反而觉得更加纷扰。这是为什么呢？”先生说：“意念怎么能够停止呢？意念只需要端正。”九川说：“是否有无意念的时候呢？”先生说：“实在没有无意念的时候。”九川说：“这样的话，怎么说静呢？”先生说：“静未尝不动，动也未尝不静。戒慎恐惧就是意念，还分什么动静呢？”九川说：“周敦颐为什么说‘定以中正仁义而主静’呢？”先生说：“没有私欲，所以静。这就是‘静亦定，动亦定’的定字，是就主体来说的。戒惧的念头是活泼的，这是天机不停歇之处。就是所谓的‘维天之命，於穆不已’。一旦停歇，便是死亡，不是从本体生发出来的意念，就是私欲。”

又问：“用功收心时，有声有色在前，如常闻见，恐不是专一？”曰：“如何欲不闻见？除是槁木死灰，耳聋目盲则可。只是虽闻见而不流去便是。”曰：“昔有人静坐，其子隔壁读书，不知其勤惰，程子称其甚敬。何如？”曰：“伊川恐亦是讥他。”

译文

九川又问：“用功收心的时候，有声色在眼前，如果像平常那样听见看见的话，恐怕就不是专一吧。”先生说：“怎么能做到不听不看呢？除非是槁木死灰，耳聋眼瞎才可以，只是虽然听见看见了，而不随着他走就是了。”九川说：“昔日友人静坐，他的孩子在隔壁读书。他不知道孩子的勤奋懒惰。程子称赞他甚是恭敬，为什么呢？”先生说：“伊川先生恐怕是在讥讽。”

又问："静坐用功，颇觉此心收敛。遇事又断了，旋起个念头，去事上省察。事过又寻旧功，还觉有内外，打不作一片。"先生曰："此格物之说未透。心何尝有内外？即如惟濬，今在此讲论，又岂有一心在内照管？这听讲说时专敬，即是那静坐时心，功夫一贯，何须更起念头？人须在事上磨炼做功夫乃有益。若只好静，遇事便乱，终无长进。那静时功夫亦差，似收敛而实放溺也。"后在洪都，复与于中、国裳论内外之说。渠皆云："物自有内外，但要内外并着功夫，不可有间耳。"以质先生。曰："功夫不离本体，本体原无内外。只为后来做功夫的分了内外，失其本体了。如今正要讲明功夫不要有内外，乃是本体功夫。"是日俱有省。

译文

九川又问："静坐用功，觉得心得到了收敛，但遇到事情就又被打断，马上就会生起念头要去事情上省察，事后又来寻求旧日的功夫，还是觉得有内外之分，打不成一片。"先生说："这是格物的学说没有参透，心哪里有内外，即使如你现在这样讲论，又哪里有一个心在里面照管？听讲说时候的专敬，就是静坐时候的心，功夫是一贯的，哪里需要再起念头。人需要在事情上磨炼做功夫，才能有进益。如果只是喜好安静，遇到事情就乱了，终究不能长进。那么在安静时候功夫也是差的，看似收敛，实际上是放荡沉溺了。"后来在洪都，又与子中、国裳讨论内外的学说。两个人都说物自然是有内外的，但内外要一并下工夫，不能有间隔。九川向先生质疑。先生说："功夫不离开本体，本体原本没有内外，只是后来为了做功夫，区分了内外，失去了本体。现在正要讲明白，功夫不分内外，才是本体的功夫。"在这一天，大家都有所省察。

又问："陆子之学何如？"先生曰："濂溪、明道之后，还是象山，只是粗些。"九川曰："看他论学，篇篇说出骨髓，句句似针膏肓，却不见他粗。"先生曰："然他心上用过功夫，与揣摹依仿，求之文义，自不同。但细看有粗处，用功久当见之。"

译文

九川又问："陆九渊的学说怎么样呢？"先生说："周敦颐、程颢之后就是陆象山了，只是他的学问粗一些。"九川说："看他讨论学说，每一篇都讲出了精髓，每一句都如同在治重疾，却看不到他有什么粗的地方。"先生说："他在心上用过功夫，与那些揣摩仿照只在文义上寻求的人自然不同，但是细看还是有粗处，用功久了，你应当也能发现。"

庚辰往虔州，再见先生，问："近来功夫虽若稍知头脑，然难寻个稳当快乐处。"先生曰："尔却去心上寻个天理，此正所谓理障。此间有个诀窍。"曰："请问如何？"曰："只是致知。"曰："如何致？"曰："尔那一点良知，是尔自家底准则。尔意念着处，他是便知是，非便知非，更瞒他一些不得。尔只不要欺他，实实落落依着他做去，善便存，恶便去，他这里何等稳当快乐。此便是格物的真诀，致知的实功。若不靠着这些真机，如何去格物？我亦近年体贴出来如此分明，初犹疑只依他恐有不足，精细看，无些小欠阙。"

译文

正德十五年，九川在赣州见到先生，说："近来的功夫虽然能够知道一些关键的地方，但很难找到安稳快乐之处。"先生说："你要去心上找到天理，这正是所谓的天理的障碍。这中间有一个诀窍。"九川说："请您讲一讲怎么做。"先生说："只要做到致知。"九川说："怎么样致？"先生说："你的那一点良知是你自己的准则，你意念附着的地方，就是知。不对就知道不对，不能欺瞒良知，你只要不欺瞒良知，实实在在照着他去做，是好的便存养，是恶的便除去。这样是何等的安稳快乐。这真是格物的要诀，致知的实在功夫。如果不靠着这些真的机要，怎么去格物呢？我也是近年来才领悟得这么清楚，开始也会犹疑，担心良知不足，细看来，没有一点小的缺陷。"

在虔，与于中、谦之同侍。先生曰："人胸中各有个圣人，只自信不及，都自埋倒了。"因顾于中曰："尔胸中原是圣人。"于中起，不敢当。

先生曰："此是尔自家有的，如何要推？"于中又曰："不敢。"先生曰："众人皆有之，况在于中？却何故谦起来？谦亦不得。"于中乃笑受。又论："良知在人，随你如何，不能泯灭，虽盗贼亦自知不当为盗，唤他作贼，他还忸怩。"于中曰："只是物欲遮蔽，良心在内，自不会失。如云自蔽日，日何尝失了？"先生曰："于中如此聪明，他人见不及此。"

译文

在虔州的时候，九川与于中、谦之一起陪侍先生。先生说："每个人心中有一个圣人，只是自己信心不认为到圣人的境界，都自我埋没了。"先生于是对于中说："你心中原来是圣人。"于中起立称不敢当。先生说："这是你自家有的，为什么要谦让呢？"于中又说不敢。先生说："众人都有，何况是于中你呢？为什么谦虚起来了，这是谦虚不得的。"于中于是笑着接受了。先生又说："良知在于人，随你怎么样都不能泯灭，即使是盗贼，也自己知道不应该为盗贼。唤他贼，他还扭捏。"于中说："这只是因为被物欲遮蔽，良心依然在内心，自然不会消失，就如同云彩遮蔽了太阳，太阳怎么会消失呢？"先生说："于中这样聪明，他人的意见都不及你。"

先生曰："这些子看得透彻，随他千言万语，是非诚伪，到前便明。合得的便是，合不得的便非。如佛家说心印相似，真是个试金石、指南针。"

译文

先生说："把这些内容看透彻了，随别人说千言万语，是非诚伪，到眼前一看就明白，符合良知的就是对的，不符合良知的就是错的。就像佛家讲心印一样，良知真是个试金石、指南针。"

先生曰："人若知这良知诀窍，随他多少邪思枉念，这里一觉，都自消融。真个是灵丹一粒，点铁成金。"

译文

先生说："人如果知道良知的诀窍，任凭他有多少邪恶的念头被良知一发觉，就都自然消融了。良知真是灵丹一粒，能够点铁成金。"

崇一曰："先生致知之旨，发尽精蕴，看来这里再去不得。"先生曰："何言之易也！再用功半年看如何？又用功一年看如何？功夫愈久，愈觉不同，此难口说。"

译文

崇一说："先生关于致知的要领，已经讲得非常精到了，在这里看来不能够推进了。"先生说："如何能轻易这样说？你再用功半年看一看，再用功一年看一看。功夫下得越久，越觉得不同，这难以言说。"

先生问九川："于致知之说，体验如何？"九川曰："自觉不同。往时操持常不得个恰好处，此乃是恰好处。"先生曰："可知是体来与听讲不同。我初与讲时，知尔只是忽易，未有滋味。只这个要妙，再体到深处，日见不同，是无穷尽的。"又曰："此'致知'二字，真是个千古圣传之秘，见到这里，百世以俟圣人而不惑。"

译文

先生问九川："你对于致知的学说体验如何？"九川说："我自己觉得有所不同，过去下工夫常常没有做到恰到好处，现在可以做到了。"先生说："由此可知，亲自体会与听讲不同。我开始与你讲的时候，知道你只还不明白，没有认识其中的滋味，只要体会到了要点妙处，再到深处体察，就会日渐不同，进步没有穷尽。"先生又说："致知二字真是千古圣人传下来的秘诀，能明白这个道理，百世以后等圣人出现也不会疑惑。"

九川问曰："伊川说到体用一原，显微无间处，门人已说是泄天机。先生致知之说，莫亦泄天机太甚否？"先生曰："圣人已指以示人，只为后人掩匿，我发明耳，何故说泄？此是人人自有的，觉来甚不打紧一般。然与不用实功人说，亦甚轻忽可惜，彼此无益。与实用功而不得其要者提撕之，甚沛然得力。"

译文

九川问先生："伊川说体用有相同的根源，或显或微，没有差别。门人说他这是泄露天机。先生的致知之说，莫非也是泄露了太多天机？"先生说："圣人已经展示给了人，只是被后人掩盖藏匿了，我发明这个道理而已，为什么说是泄露呢？良知本是人人就有的，所以人都觉得不打紧。与不用实在功夫的人讲，他对此说也是很轻慢的，对他并没有益处。给实际下功夫但还没得要领的人提示分析，那他就会得到巨大的帮助。"

又曰："知来本无知，觉来本无觉，然不知则遂沦埋。"

译文

先生又说："知本来无知觉，本来无觉，在没意识到的时候就被埋没了。"

先生曰："大凡朋友，须箴规指摘处少，诱掖奖劝意多，方是。"后又戒九川云："与朋友论学，须委曲谦下，宽以居之。"

译文

先生说："与朋友交往，规箴指摘要少，赞赏劝勉要多。"后来又警戒九川说："与朋友讨论学问，要委婉谦虚，以宽厚的态度来对待朋友。"

九川卧病虔州。先生云："病物亦难格，觉得如何？"对曰："功夫甚难。"先生曰："常快活便是功夫。"

译文

九川在虔州生病，先生说："生病这件事情非常难以格去，你觉得如何呢？"九川回答说："这个功夫非常难。"先生说："能保持经常是快活的，这便是功夫了。"

九川问："自省念虑，或涉邪妄，或预料理天下事，思到极处，井井有味，便缱绻难屏。觉得早则易，觉迟则难，用力克治，愈觉扞格。惟稍迁念他事，则随两忘。如此廓清，亦似无害。"先生曰："何须如此，只要在良知上着功夫。"九川曰："正谓那一时不知。"先生曰："我这里自有功夫，何缘得他来？只为尔功夫断了，便蔽其知。既断了，则继续旧功便是，何必如此？"九川曰："直是难鏖。虽知，丢他不去。"先生曰："须是勇。用功久，自有勇。故曰是集义所生者，胜得容易，便是大贤。"

译文

九川说："我自己反省念头思虑，有的时候念头会涉及邪恶、虚妄的事情，或是想去治理天下，想到极致，也津津有味，就会流连在此，杂念难以消除。这种情况发觉得早，还容易遏制，发觉的迟就困难了。用力去克制，反而觉得矛盾，唯有转念去想想其他事情，才能够忘掉杂念。这样消除多余的念头似乎也是无害的。"先生说："哪里要这样呢？只要在良知上下工夫即可。"九川说："正是因为那一时察觉不到良知。"先生说："我这里自然有功夫在，为什么要依靠其他呢？只是因为你的功夫间断了，于是屏蔽了良知。既然间断了，那就继续做旧日的功夫即可，何必要这样呢？"九川说："这真是一场硬仗，即使知道了，就是除不掉。"先生说："就需要勇敢。用功日久自然就会有勇敢。所以说，集义所生，能轻易胜利，就是极为贤能的人。"

九川问："此功夫却于心上体验明白，只解书不通。"先生曰："只要解心。心明白，书自然融会。若心上不通，只要书上文义通，却自生意见。"

译文

九川说："这个功夫能在心上体验明白，但看书的时候还是不能明白。"先生说："只要心理能够理解，心明白了，书上自然就融会贯通了。如果心上不明白，只把书上的文字解通了，反而会自己生出很多其他意见来。"

有一属官，因久听讲先生之学，曰："此学甚好。只是簿书讼狱繁难，不得为学。"先生闻之曰："我何尝教尔离了簿书讼狱，悬空去讲学？尔既有官司之事，便从官司的事上为学，才是真格物。如问一词讼，不可因其应对无状，起个怒心；不可因他言语圆转，生个喜心；不可恶其嘱托，加意治之；不可因其请求，屈意从之；不可因自己事务烦冗，随意苟且断之；不可因旁人谮毁罗织，随人意思处之。这许多意思皆私，只尔自知，须精细省察克治，惟恐此心有一毫偏倚，枉人是非，这便是格物致知。簿书讼狱之间，无非实学。若离了事物为学，却是着空。"

译文

先生有一位属官，因长期听先生的学问，说："这个学问非常好，只是平时断案书记工作繁重。不能专门来学习。"先生听闻之后说："我何尝教你离开书记诉讼等事物，凭空去讲学问呢。你既然有官司的事物，就从官司的事上来学习，这才是真的格物。就像处理一桩诉讼，不能因为人应对无理就生出怒气，不能因为别人言语说得圆滑就生出欢喜来，不能厌恶别人的嘱托来随意断案子，不能因为别人的请求勉强答应，不能因为自己事务繁多就随意判断，不能因为别人诋毁罗织罪行，就随别人的意思来处置案子。这些意念都是私欲，只要你自己知道，就需要精细地省察克治，惟恐心中有丝毫的偏向，冤枉了是非，这就是格物致知。在书记诉讼之间，都是实在的学问，如果离开了事物，就是凭空做学问。"

虔州将归，有诗别先生云："良知何事系多闻，妙合当时已种根。好恶从之为圣学，将迎无处是乾元。"先生曰："若未来讲此学，不知说好恶从之从个甚么？"敷英在座，曰："诚然。尝读先生《大学古本序》，不知所说何事。及来听讲许时，乃稍知大意。"

译文

九川将回虔州，写诗向先生辞别："良知何事系多闻，妙合当时已种根。好恶从之为圣学，将迎无处是乾元。"先生说："如果你没有来这里学习，不知道'好恶从之'是从了个什么？"敷英当时坐在一旁说："确实是的。我曾读先生的《大学古本序》不知所说的是什么事情，直到来听讲了一段时间后，才稍微了解大意。"

于中、国裳辈同侍食。先生曰："凡饮食只是要养我身，食了要消化，若徒蓄积在肚里，便成痞了，如何长得肌肤？后世学者博闻多识，留滞胸中，皆伤食之病也。"

译文

于中、国裳等人共同侍奉先生吃饭，先生说："凡是饮食，要滋养我的身体，食物要消化才可以。如果只是积累在肚子中，变成为了皮痞块，怎么能够滋养身体呢？后世的学者，博闻多识都滞留在胸中，类似于伤食之病。”

先生曰：“圣人亦是学知，众人亦是生知。”问曰：“何如？”曰：“这良知人人皆有，圣人只是保全，无些障蔽，兢兢业业，亹亹翼翼，自然不息，便也是学。只是生的分数多，所以谓之生知安行。众人自孩提之童，莫不完具此知，只是障蔽多，然本体之知自难泯息，虽问学克治也只凭他。只是学的分数多，所以谓之学知利行。”

译文

先生说：“圣人也是学而知之的，众人也是生而知之的。”九川问：“为什么呢？”先生说：“因为这良知人人都有，圣人只是能保存良知，没有障碍，兢兢业业，小心翼翼，所以良知没有止息，这便是学。只是圣人生来就知道得多，所以称他为生知安行。众人从孩童时代都有都具备这种良知，只是因为障壁多，但本体的良知是不会消失止息的，学习克治，都凭借这个良知，只是学的成分多，所以称之为学知利行。”

黄以方问：“先生格致之说，随时格物以致其知，则知是一节之知，非全体之知也。何以到得溥博如天，渊泉如渊地位？”先生曰：“人心是天、渊。心之本体无所不该，原是一个天，只为私欲障碍，则天之本体失了。心之理无穷尽，原是一个渊，只为私欲窒塞，则渊之本体失了。如今念念致良知，将此障碍窒塞一齐去尽，则本体已复，便是天、渊了。”乃指天以示之曰：“比如面前见天，是昭昭之天；四外见天，也只是昭昭之天。只为许多房子墙壁遮蔽，便不见天之全体，若撤去房子墙壁，总是一个天矣。不可道眼前天是昭昭之天，外面又不是昭昭之天也。于此便见一节之知即全体之知，全体之知即一节之知，总是一个本体。”（已下门人黄直录。）

译文

黄以方问：“先生的格物致知学说，要随时格物以致良知，那么只是部分的良知，不是全体的良知，这怎么能够广博如天，深沉如渊呢？”先生说：“人心是天，是渊，心的本体无所不包，原本是一个天，只是被私欲障碍住了，所以天的本体消失了，心中的天理没有穷尽，原本就是一个渊，只是被私欲充塞了，深渊的本体就失去了。现在念念不忘，要致良知，将把这些障碍滞塞都一齐除去，那么本体就会恢复。那就是天和渊了。”先生于是指着天来对他说：“比如面前看到的天是明朗的天，四面见到的天也是明朗的天，只因为有许多房子墙壁挡住，便不能看见天的全体。如果撤去房子墙壁，都是同一个天，不能说知道眼前是明朗的天，外面就不是明朗的天，在这里看见一部分的良知，就是全体的良知，全体的良知，也就是一部分的良知，本体都是相同的。”（以下由门人黄直记录。）

先生曰：“圣贤非无功业气节，但其循着这天理，则便是道，不可以事功气节名矣。”

译文

先生说：“圣人不是没有功业气节，只是遵循着这天理就是道，圣人不以功业、气节来追求名利。”

发愤忘食是圣人之志，如此真无有已时；乐以忘忧是圣人之道，如此真无有戚时。恐不必云得不得也。

译文

发愤忘食是圣人志向的表现，没有间断的时候。乐以忘忧是圣人的大道，这样就没有担忧的时候，恐怕不必说得与不得吧。

先生曰：“我辈致知，只是各随分限所及。今日良知见在如此，只随今日所知扩充到底；明日良知又有开悟，便从明日所知扩充到底。如此方是精一功夫。与人论学，亦须随人分限所及。如树有这些萌芽，只把这些水去灌溉。萌芽再长，便又加水。自拱把以至合抱，灌溉之功皆是随其分限所及。若些小萌芽，有一桶水在，尽要倾上，便浸坏他了。”

译文

先生说：“我辈致良知，只是根据个人的资质尽力，今天见到良知在这里，只是随着今日所认识到的，将良知扩充到底，明日良知又有开悟，就从明日所认识到的，将良知扩充到底，这样才是精一的功夫。与人讨论学问，也需要随着人的资质来尽力而为，就像树有萌芽，开始只用这些水去灌溉萌芽，再长大一些，就又增加水量。从拱把粗到合抱粗，灌溉的功夫都是随着他的资质来施加的。如果是小的萌芽，把一桶水全浇上，就要泡坏它了。”

问知行合一。先生曰：“此须识我立言宗旨。今人学问，只因知行分作两件，故有一念发动，虽是不善，然却未曾行，便不去禁止。我今说个知行合一，正要人晓得一念发动处，便即是行了。发动处有不善，就将这不善的念克倒了。须要彻根彻底，不使那一念不善潜伏在胸中。此是我立言宗旨。”

译文

黄以方向先生问知行合一。先生说：“这需要明白我发言的宗旨。现在人的学问，只因为把知和行当成两件事，所以有一个念头发动，虽然这个念头是不好的，因为没有施行。就不去禁止它，我现在说知行合一，正是让人明白，一个念头发动了，就是已经在行动了，发动的时候只要有不好的，就要把这个不好的念头除去。需要去除得彻底，不让那一个不好的念头潜伏在胸中，这就是我发言的宗旨。”

圣人无所不知，只是知个天理；无所不能，只是能个天理。圣人本体明白，故事事知个天理所在，便去尽个天理。不是本体明后，却于天下事物都便知得，便做得来也。天下事物，如名物度数、草木鸟兽之类，不胜其烦，圣人须是本体明了，亦何缘能尽知得？但不必知的，圣人自不消求知；其所当知的，圣人自能问人，如“子入太庙每事问”之类。先儒谓“虽知亦问，敬谨之至”，此说不可通。圣人于礼乐名物，不必尽知，然他知得一个天理，便自有许多节文度数出来。不知能问，亦即是天理节文所在。

译文

圣人无所不知，是知道天理，无所不能，是能遵循天理。圣人的本体明白，所以做事，就知道有天理所在，就能去尽天理。不是本体明白之后，对于天下事情就都知道了，都做得来了。天下的事情，如名物度数，草木鸟兽之类的东西，数不胜数。圣人是本体明白了，哪能什么都知道呢？对那些不必知道的，圣人自然不去求知晓。那些应当知道的，圣人一定能够向人询问，比如“孔子入太庙，每每询问”之类的。先儒说“虽知亦问，敬谨之至”，这个说法不通。圣人对于礼乐名物不必都知道，然而他知道一个天理，就自然有许多细节标准出来，不知道就能够询问，这也是天理法则的表现。

问：“先生尝谓善恶只是一物，善恶两端，如冰炭相反，如何谓只一物？”先生曰：“至善者，心之本体。本体上才过当些子，便是恶了。不是有一个善，却又有一个恶来相对也。故善恶只是一物。”直因闻先生之说，则知程子所谓“善固性也，恶亦不可不谓之性”。又曰：“善恶皆天理，谓之恶者本非恶，但于本性上过与不及之间耳。”其说皆无可疑。

译文

黄以方问：“先生曾说善恶只是一物，善恶相对，如冰和炭相反，怎么能说是一物呢？”先生说：“至善是心的本体，本体上刚做得过度了，就是恶了。不是有了一个善，就有一个恶来与他相对，所以善恶只是一物。”只因听了先生的说法，才知程子所说的“善是本性，恶也不能不说是本性”。又说：“善恶都是天理，称为恶的也本非恶，只在于本性上的过于不及。”这些说法都无可疑之处了。

先生尝谓：“人但得好善如好好色，恶恶如恶恶臭，便是圣人。”直初时闻之，觉甚易，后体验得来，此个功夫着实是难。如一念虽知好善恶恶，然不知不觉，又夹杂去了。才有夹杂，便不是好善如好好色、恶恶如恶恶臭的心。善能实实的好，是无念不善矣；恶能实实的恶，是无念及恶矣，如何不是圣人？故圣人之学，只是一诚而已。

译文

先生曾说：“人要能爱好善的，像爱好美色一样，厌恶恶的，如厌恶恶臭一样，就是圣人。”黄以方初听的时候觉得非常容易，后来有了体验，意识到这个功夫实是很难的。如意念中虽然知道要爱好善的，厌恶恶的，但不知不觉就又掺杂了其他，才有掺杂，就不是善。如果能实实在在爱好善的，就没有不善的念头，如果能实实在在厌恶恶的，就没有念头会涉及恶的。能做到这样哪能不是圣人呢？所以圣人之学，只是讲一个诚而已。

问："修道说言，率性之谓道，属圣人分上事。修道之谓教，属贤人分上事。"先生曰："众人亦率性也。但率性在圣人分上较多，故率性之谓道属圣人事。圣人亦修道也，但修道在贤人分上多，故修道之谓教属贤人事。"又曰："《中庸》一书，大抵皆是说修道的事。故后面凡说君子，说颜渊，说子路，皆是能修道的；说小人，说贤知愚不肖，说庶民，皆是不能修道的；其他言舜、文、周公、仲尼至诚至圣之类，则又圣人之自能修道者也。"

译文

黄以方问《修道说》中所言"率性之谓道"是圣人分内的事情，"修道之谓教"是贤人分内的事情。先生说："众人也都遵循天性，只是遵循天性，在圣人那里较多。所以说'率性之谓道'是圣人的事情。圣人也修道，但修道在贤人的分内多。所以说'修道之谓教'是贤人的事情。"先生又说："《中庸》这本书，大致上都是讲修道的事情，所以后面凡是说到君子，说颜渊、子路，都是能修道的人。说小人说到资质愚钝蠢笨的人，说到庶民，都是不能修道的。其他的人如顺、文王、周公、仲尼，都是至诚至圣的人，这些人是能够自行修道的圣人。"

问："儒者到三更时分，扫荡胸中思虑，空空静静，与释氏之静只一般，两下皆不用，此时何所分别？"先生曰："动静只是一个。那三更时分，空空静静的，只是存天理，即是如今应事接物的心。如今应事接物的心，亦是循此天理，便是那三更时分空空静静的心。故动静只是一个，分别不得。知得动静合一，释氏毫厘差处亦自莫掩矣。"

译文

黄以方问："儒者到夜半三更的时候，要清除心中的思虑，空空静静，与佛家的安静是一样的，两者都不起作用，该怎么分别呢？"先生说："动静是一回事，三更时候空空净净是指存养天理。存养天理的心，就像现在白天应对事物的心应，应对事物的心也是遵循天理的。只是在夜半三更时候，心更加安静。所以动静是一样的，不能区分。知道动静合一，那么与佛家的差别巨大，就自然明了了。”

门人在座，有动止甚矜持者。先生曰：“人若矜持太过，终是有弊。”曰：“矜持太过，如何有弊？”曰：“人只有许多精神，若专在容貌上用功，则于中心照管不及者多矣。”有太直率者。先生曰：“如今讲此学，却外面全不检束，又分心与事为二矣。”

译文

有门人在座，其中有人动作行为过于矜持的。先生说：“人如果过于矜持，终究是有问题的。”黄以方问：“太过矜持有什么问题呢？”先生说：“人只有这么多精神，如果专注在容貌上下工夫，那么对于心中的照看就不够了。”有过于直率的人，先生说：“现在我说讲良知的问题，如果对外在完全不检点约束，又是把心和事分为两件了。”

门人作文送友行，问先生曰：“作文字不免费思，作了后又一二日常记在怀。”曰：“文字思索亦无害，但作了常记在怀，则为文所累，心中有一物矣，此则未可也。”又作诗送人。先生看诗毕，谓曰：“凡作文字要随我分限所及，若说得太过了，亦非修辞立诚矣。”

译文

门人写文章为朋友送行，问先生说：“写文章难免耗费神思，写了以后一两天总是记挂着。”先生说：“思考为文没有害处，但写完以后常记在心里，就是被写的文字所拖累了。心中有了一物，这是不行的。”门人又作诗送人，先生看完对他说：“凡是行文要在能力范围内，如果说的太过，就不是通过言辞来传达诚意了。”

文公格物之说，只是少头脑，如所谓“察之于念虑之微”，此一句不该与“求之文字之中”“验之于事为之著”“索之讲论之际”混作一例看，是无轻重也。

译文

朱子的格物之说没个主旨，比如他说“要在念头思虑的细微处去体察”

这句话，不应该与“在文字中去探求”“在事物中去检验”“在讲学论道时去思索”混在一起，这是没有分清轻重。

问有所忿懥一条。先生曰：“忿懥几件，人心怎能无得？只是不可‘有’耳。凡人忿懥着了一分意思，便怒得过当，非廓然大公之体了。故有所忿懥，便不得其正也。如今于凡忿懥等件，只是个物来顺应，不要着一分意思，便心体廓然大公，得其本体之正了。且如出外见人相斗，其不是的，我心亦怒。然虽怒，却此心廓然，不曾动些子气。如今怒人亦得如此，方才是正。”

译文

黄以方问“有所忿懥”这条。先生说：“忿懥这几件事情，人心里面怎么能没有呢？只是不应该‘有’罢了。人只要有所忿懥，发怒就会过度，心就不是廓然大公的本体了，所以有所忿懥就不能得正，对于忿懥这几件事情，只当做事物来了，顺应事物，不要附着一分念头，那心的本体就豁然贯通，就能够让本体归正了，比如外出看见人争斗，对有过错的那一方，我也愤怒，但即使愤怒，心中还是豁然而没有动气。如果对别人发怒也能做到这样，才是正的。”

先生尝言：“佛氏不着相，其实着了相。吾儒着相，其实不着相。”请问。曰：“佛怕父子累，却逃了父子；怕君臣累，却逃了君臣；怕夫妇累，却逃了夫妇。都是为个君臣、父子、夫妇著了相，便须逃避。如吾儒，有个父子，还他以仁；有个君臣，还他以义；有个夫妇，还他以别，何曾着父子、君臣、夫妇的相？”

译文

先生说：“佛教讲不执着表相，其实是着了相的，我等儒者看似执着表相，其实是不着相的。”黄以方请教先生，先生说：“佛教怕父子关系连累自己就。逃避父子关系，怕君主让臣子劳累，就逃避君臣关系，怕夫妇之间劳累就逃避夫妇关系，都是执着于君臣、父子、夫妇，才需要逃避。像我等儒者，有父子就以仁爱对待，有君主就以仁义对待，有夫妇就以守礼来对待，哪里执着于父子、夫妇、君臣的呢？”

黄勉叔问：“心无恶念时，此心空空荡荡的，不知亦须存个善念否？”先生曰：“既去恶念，便是善念，便复心之本体矣。譬如日光，被云来遮蔽，云去，光已复矣。若恶念既去，又要存个善念，即是日光之中添燃一灯。”（已下门人黄修易录。）

译文

黄修易问：“心中没有恶念的时候，空空荡荡，不知道这时是否也需要存养善念呢？”先生说：“既然去除了恶念，就是善念已存在，就是恢复了心的本体。就像日光被云层遮蔽，云层散去，光已经恢复了。如果恶念已经去除了，还要存养个善念，就是在白天中再点燃一盏灯。”（以下由门人黄修易记录。）

问：“近来用功，亦颇觉妄念不生。但腔子里黑窣窣的，不知如何打得光明？”先生曰：“初下手用功，如何腔子里便得光明？譬如奔流浊水，才贮在缸里，初然虽定，也只是昏浊的。须俟澄定既久，自然渣滓尽去，复得清来。汝只要在良知上用功，良知存久，黑窣窣自能光明矣。今便要责效，却是助长，不成功夫。”

译文

黄修易问：“最近用功，觉得妄念没有生发，但心中昏暗，不知道怎么才能光明。”先生说：“刚开始下手用功，内心哪能就得到光明呢？就如奔流的污水。刚存在水缸里，开始虽然安定下来了，还是浑浊的，需要等着它澄清，时间久了，渣滓自然就除去了，就会恢复清澈。你只要在良知上用功，良知存养得久了，心中昏暗的状态自然能变为光明，现在就要追求功效，这是揠苗助长，不会成功的。”

先生曰：“吾教人致良知在格物上用功，却是有根本的学问。日长进一日，愈久愈觉精明。世儒教人事事物物上去寻讨，却是无根本的学问。方其壮时，虽暂能外面修饰，不见有过，老则精神衰迈，终须放倒。譬如无根之树，移栽水边，虽暂时鲜好，终久要憔悴。”

译文

先生说："我教人致良知，要在格物上下工夫是有根本的。学问日益长进，就会越发觉得明白清楚。世上的儒者教人在事物上探寻，是没有根本的学问。年轻力壮的时候还暂时能在外表修饰，不能看出过错，等到年老精神衰退，终归要倒下，这就如同没有根的树木移栽到水边，虽然暂时是新鲜美好的，终究要枯萎。"

问"志于道"一章。先生曰："只'志道'一句，便含下面数句功夫，自住不得。譬如做此屋，志于道是念念要去择地鸠材，经营成个区宅。据德却是经画已成，有可据矣。依仁却是常常住在区宅内，更不离去。游艺却是加些画采，美此区宅。艺者，义也，理之所宜者也。如诵诗、读书、弹琴、习射之类，皆所以调习此心，使之熟于道也。苟不志道而游艺，却如无状小子，不先去置造区宅，只管要去买画挂，做门面，不知将挂在何处？"

译文

黄修易向先生问"志于道"这章，先生说："单'志于道'一句，就已经包含了下面几句的功夫，不能停留'志于道'本身。就比如修建屋子，'志于道'就像顾念着去选择地方处理材料，将材料变成住宅。'据德'是房子已经建成，可以居住了。'依仁'是常住在宅子中，不离开宅子，'游艺'是要在房子上画上花纹，美化住宅。艺就是义，义是符合道理。如诵诗、读书、弹琴、习射之类的事情，都是为了调养本心，让心能够熟知于道。如果不能有志于修道，就要游艺，就如无礼小子，不先不先去修建住宅，只管去买画装饰门面，不知道要将画挂在哪里？"

问："读书所以调摄此心，不可缺的。但读之之时，一种科目意思牵引而来，不知何以免此？"先生曰："只要良知真切，虽做举业，不为心累，总有累亦易觉，克之而已。且如读书时，良知知得强记之心不是，即克去之；有欲速之心不是，即克去之；有夸多斗靡之心不是，即克去之。如此，亦只是终日与圣贤印对，是个纯乎天理之心，任他读书，亦只是调摄此心而已，何累之有？"曰："虽蒙开示，奈资质庸下，实难免累。窃闻穷通有命，上智之人恐不屑此。不肖为声利牵缠，甘心为此，徒自苦耳。欲屏弃之，又制于亲，不能舍去，奈何？”先生曰：“此事归辞于亲者多矣，其实只是无志。志立得时，良知千事万为，只是一事，读书作文安能累人？人自累于得失耳。”因叹曰：“此学不明，不知此处担阁了几多英雄汉！”

译文

黄修易问：“读书是为了调养身体，不能缺少。但读书的时候，总被参与科举的念头牵绊，不知道怎么才能避免这种情况。”先生说：“只要你的良知真切，虽然是为了科举，也不会被这种念头拖累。总是能察觉并克制这种杂念，如读书的时候，良知知道强行记忆的心是不对的，就会去克治它。有想要速成的心是不对的，良知就会去克治它，有想要夸耀才学奢靡文字的心是不对的，良知就会去克治它。这样的话，也只是每天和圣贤相互印证，有一个纯粹天理的心，任凭如何读书，都是调养自己的心而已，有什么负担呢？”黄修易说：“虽然承蒙老师教导，但我资质低下，难免依然有负累。我曾听闻，穷困通达都有命数，上智之人恐怕是不屑于去科举的。我这种愚钝的人，被声名利禄牵绊，甘心做这件事情，徒然让自己受苦，想要抛开，又困于双亲的期望，不能够舍去，怎么办呢？”先生说：“在这件事上，归咎于亲人的很多，其实都是没有立志，如果立志了就知道做千万种事都是一回事，读书写文章怎么能拖累人呢？人是自己被得失所拖累。”他感叹说：“这个学问不昭明，不知道要耽误多少英雄好汉。”

问：“‘生之谓性’，告子亦说得是，孟子如何非之？”先生曰：“固是性，但告子认得一边去了，不晓得头脑，若晓得头脑，如此说亦是。孟子亦曰‘形色，天性也’，这也是指气说。”又曰：“凡人信口说，任意行，皆说此是依我心性出来，此是所谓生之谓性，然却要有过差。若晓得头脑，依吾良知上说出来，行将去，便自是停当。然良知亦只是这口说，这身行，岂能外得气，别有个去行去说？故曰：论性不论气，不备；论气不论性，不明。气亦性也，性亦气也，但须认得头脑是当。”

译文

黄修易问："'生之谓性'，告子说的是对的，孟子为什么说不对呢？"先生说："固然是性，但告子偏到一边去，没有认识到关键，如果认识到关键的话，他的说法也是对的。孟子也说'形色是天性'，这里是指气说的。"先生又说："凡是一个人信口说话，任意行动，说是顺从我的心性来的，这是所谓的'生之谓性'，但这样却会有很多过错。如果认识到关键遵照良知去说话行事，自然会恰当。但良知也只是从口中说出，由身体施行，怎能向外去得到一个气，有额外的说和做呢？所以说'论性不论气，不备，论气不论性，不明'。气也是性，性也是气，但需要明白关键才行。"

又曰："诸君功夫，最不可助长。上智绝少，学者无超入圣人之理。一起一伏，一进一退，自是功夫节次。不可以我前日用得功夫了，今却不济，便要矫强做出一个没破绽的模样，这便是助长，连前些子功夫都坏了。此非小过。譬如行路的人，遭一蹶跌，起来便走，不要欺人做那不曾跌倒的样子出来。诸君只要常常怀个遁世无闷，不见是而无闷之心，依此良知，忍耐做去，不管人非笑，不管人毁谤，不管人荣辱，任他功夫有进有退，我只是这致良知的主宰不息，久久自然有得力处，一切外事亦自能不动。"又曰："人若着实用功，随人毁谤，随人欺慢，处处得益，处处是进德之资。若不用功，只是魔也，终被累倒。"

译文

先生说："各位下工夫最不能求速成，有上智的人是很少的，学者没有一下子进入圣人境界的道理。一起一伏，一进一退有下工夫的次序。不能说我前天下了功夫，今天没做好，还要假装一个没有破绽的模样，这就是求速成，这样连前些时候的功夫都破坏了，这不是小的过错。就比如走路的人跌了一跤，站起来继续走，不要欺骗人做出没有跌倒过的样子来，各位只要常常心中有个'遁世无闷，不见是而无闷'的心，遵照良知，隐忍耐心去下工夫，不管人非难耻笑，或是诋毁诽谤，不管荣辱，无论功夫进退，我都致良知不停歇，时间久了，自然能够做得得力，一切外部的事情也自然不能够动摇良知。”先生又说：“人如果实在下工夫了，随便别人诋毁，轻慢都能受益，这些都有助于进德修业，如果不用功，这些就都是心魔，终究会被拖累。”

先生一日出游禹穴，顾田间禾曰：“能几何时，又如此长了。”范兆期在傍曰：“此只是有根。学问能自植根，亦不患无长。”先生曰：“人孰无根？良知即是天植灵根，自生生不息，但着了私累，把此根戕贼蔽塞，不得发生耳。”

译文

有一天，先生到与禹穴游玩，看到田间的禾苗说：“这才多长时间，就又长大了。”范兆期在旁边说：“只是因为有根，学问能有根底，也不担心成长。”先生说：“人谁能没有根呢？良知就是天生的灵根，良知自然生生不息，如果被私欲所拖累，就是把这个根系戕害阻塞了，就不能够成长。”

一友常易动气责人，先生警之曰：“学须反己。若徒责人，只见得人不是，不见自己非。若能反己，方见自己有许多未尽处，奚暇责人？舜能化得象的傲，其机括只是不见象的不是。若舜只要正他的奸恶，就见得象的不是矣。象是傲人，必不肯相下，如何感化得他？”是友感悔，曰：“你今后只不要去论人之是非，凡当责辩人时，就把做一件大己私克去方可。”

译文

有一位友人容易动气指责别人，先生警示他说：“学习需要反观自己，如果只是指责别人，只看到别人的不是，就不能看到自己的问题。如果能够检讨自己，就能够看到自己也有很多没有做好的，哪还顾得上指责别人呢？舜能够化解象的傲慢，关键就是不光看到他的不是，如果舜只是要纠正他的奸邪，就会看到象的错误。象是傲慢的人，必然不肯低头，舜还怎么能感化他呢？”这个朋友感到后悔，先生说：“你今后只要不去讨论别人的是非，凡要责难别人的时候，就当作一件大的私欲来克治，这样就可以了。”

先生曰：“凡朋友问难，纵有浅近粗疏，或露才扬己，皆是病发。当因其病而药之可也，不可便怀鄙薄之心，非君子与人为善之心矣。”

译文

先生说："凡是朋友之间相互讨论，即使有学问深浅粗细的差别，如果有人炫耀自己的才能，这就是有毛病了。应当对这个毛病对症下药即可。如果不能做到，那就会怀有鄙视轻薄的心，不是君子与人为善的心。"

问："《易》，朱子主卜筮，程《传》主理，何如？"先生曰："卜筮是理，理亦是卜筮。天下之理孰有大于卜筮者乎？只为后世将卜筮专主在占卦上看了，所以看得卜筮似小艺。不知今之师友问答，博学、审问、慎思、明辨、笃行之类，皆是卜筮。卜筮者，不过求决狐疑，神明吾心而已。《易》是问诸天，人有疑，自信不及，故以《易》问天。谓人心尚有所涉，惟天不容伪耳。"

译文

黄修易问："朱子认为易是卜筮之书，程子专主义理，先生认为怎么样呢？"先生说："卜筮是义理，义理也是卜筮，天下的道理，有大过卜筮的吗？只是因为后人专门将卜筮当成占卦来看了，所以将卜筮当成了小艺，不知道师友之间问答、博学、审问、慎思、明辨、笃行这类行为道理都与卜筮一样，都不过是为了寻求裁决疑惑，让心里明白而已，《易》是向天询问。人有疑惑，自己拿不准，所以用《易》来问天，这说认为人心尚且有所牵涉，惟有天容不得虚伪。"

黄勉之问："'无适也，无莫也，义之与比'，事事要如此否？"先生曰："固是事事要如此，须是识得个头脑乃可。义即是良知，晓得良知是个头脑，方无执着。且如受人馈送，也有今日当受的，他日不当受的，也有今日不当受的，他日当受的。你若执着了今日当受的，便一切受去，执着了今日不当受的，便一切不受去，便是'适''莫'，便不是良知的本体，如何唤得做义？"（已下门人黄省曾录。）

译文

黄勉之问："'无适也，无莫也，义之于比'，每件事情都要这样吗？"先生说："固然每件事情都要这样，但需知道关键，义就是良知。知道良知是关键，才能没有执着。比如说受人馈赠，有今天应该接受，改天不应该接受的情况，也有今天不该接受，改天应该接受的情况。你如果执着在今天应当接受，就一概接受，执着在今天不应当接受，就一概不接受，便是'适''莫'，这就不是良知的本体了。这怎么能称作是义呢？"（以下由门人黄省曾记录。）

问："'思无邪'一言，如何便盖得三百篇之义？"先生曰："岂特三百篇，《六经》只此一言，便可该贯，以至穷古今天下圣贤的话，'思无邪'一言也可该贯。此外更有何说？此是一了百当的功夫。"

译文

黄勉之问："'思无邪'一句话怎么能涵盖《诗经》三百篇的含义呢？"先生说："岂止《诗经》三百篇，六经用这一句话都可以涵盖，乃至古今圣贤的话，'思无邪'这句话都可以涵盖。除此之外，还有别的说法吗？这是一通百通的功夫。"

问道心、人心。先生曰："'率性之谓道'，便是道心。但着些人的意思在，便是人心。道心本是无声无臭，故曰微。依着人心行去，便有许多不安稳处，故曰'惟危'。"

译文

黄勉之问道心人心。先生说："顺从天性就叫做道，就是道心。还牵扯一些意念的，就是人心。道心本来是无声无味的，所以称为'微'，按照人心去行事，还有很多不安稳的地方。所以说为'惟危'。"

问："中人以下，不可以语上。愚的人，与之语上尚且不进，况不与之语，可乎？"先生曰："不是圣人终不与语。圣人的心，忧不得人人都做圣人。只是人的资质不同，施教不可躐等。中人以下的人，便与他说性说命，他也不省得，也须慢慢琢磨他起来。"

译文

黄勉之问："'中人以下，不可以语上。'愚钝的人，与他讲谈尚且不能够进步，何况不和他讲谈呢？这样做可行吗？”先生说：“不是圣人不与他讲谈。圣人的心希望人人都能做圣人，只是人的资质不同，所施加的教诲也不可以等同。中人以下的人即使与他说性，说命，他也不能理解，需要慢慢地来培养他。”

一友问：“读书不记得，如何？”先生曰：“只要晓得，如何要记得？要晓得已是落第二义了，只要明得自家本体。若徒要记得，便不晓得；若徒要晓得，便明不得自家的本体。”

译文

一友人问：“读完书不记得书的内容怎么办？”先生说：“只要明白就可以。为什么要记得呢？非要记得，就已经落在第二义了，只要做到明白自己心的本体即可。如果非要徒劳记住，就是不理解书的内容。如果只求理解书的内容，就是不明白自己心的本体。”

问：“‘逝者如斯’是说自家心性活泼泼地否？”先生曰：“然。须要时时用致良知的功夫，方才活泼泼地，方才与他川水一般。若须臾间断，便与天地不相似。此是学问极至处，圣人也只如此。”

译文

黄勉之问：“‘逝者如斯’是说自己的心性是活泼的存在吗？”先生说：“是的，需要时刻用致良知的功夫，心才能活泼，就像河里的水一样，如果有片刻的间断，就与天地不一样了。这是学问的极致之处，圣人也只是这样。”

问“志士仁人”章。先生曰：“只为世上人都把生身命子看得来太重，不问当死不当死，定要宛转委曲保全，以此把天理却丢去了。忍心害理，何者不为？若违了天理，便与禽兽无异，便偷生在世上百千年，也不过做了千百年的禽兽。学者要于此等处看得明白。比干、龙逢只为他看得分明，所以能成就得他的仁。”

译文

黄勉之请教"志士仁人"章。先生说："世上的人都把性命看得太重了，不管应当不应当死去，一定要想尽各种办法保全性命，反而把天理丢失了。委屈忍耐，伤害天理，还有什么事情不能做呢？如果违背了天理，就和禽兽没有差别，就是偷生在世界上千百年，也不过是做了千百年的禽兽。学者要在这个地方看明白，比干、龙逢只因为看得明白，所以就能够成就他们的仁德。"

问："叔孙武叔毁仲尼，大圣人如何犹不免于毁谤？"先生曰："毁谤自外来的，虽圣人如何免得？人只贵于自修，若自己实实落落是个圣贤，纵然人都毁他，也说他不着。却若浮云掩日，如何损得日的光明？若自己是个象恭色庄、不坚不介的，纵然没一个人说他，他的恶慝终须一日发露。所以孟子说：'有求全之毁，有不虞之誉。'毁誉在外的，安能避得？只要自修何如尔。"

译文

黄勉之问："孙武叔诋毁仲尼，大圣人为什么还不能够免于诋毁诽谤呢？"先生说："诋毁诽谤是从外来的，即使圣人，如何能完全避免呢？人贵在于自我修养，如果自己实实在在是个圣贤，纵使别人都诋毁他，也影响不到他，就好像浮云蔽日一样，如何能有损于太阳的光明呢？如果自己是外表恭敬庄重，内心不坚定，不正直的人，即使没有人说他，他藏匿的恶行终有一日会暴露。所以孟子说：'有求全之毁，有不虞之誉。'毁誉在外，怎么能够完全避免呢？只要自我修行即可。"

刘君亮要在山中静坐。先生曰："汝若以厌外物之心去求之静，是反养成一个骄惰之气了。汝若不厌外物，复于静处涵养，却好。"

译文

刘君亮要在山中静坐，先生说："你如果以厌恶外物的心去求得安静，就反而会养成一个骄傲怠惰的习气。你如果不厌恶外物，又到静处去涵养，这是极好的。"

王汝中、省曾侍坐。先生握扇命曰："你们用扇。"省曾起对曰："不敢。"先生曰："圣人之学，不是这等捆缚苦楚的，不是妆做道学的模样。"汝中曰："观'仲尼与曾点言志'一章略见。"先生曰："然。以此章观之，圣人何等宽洪包含气象！且为师者问志于群弟子，三子皆整顿以对。至于曾点，飘飘然不看那三子在眼，自去鼓起瑟来，何等狂态！及至言志，又不对师之问目，都是狂言。设在伊川，或斥骂起来了。圣人乃复称许他，何等气象！圣人教人，不是个束缚他通做一般，只如狂者便从狂处成就他，狷者便从狷处成就他。人之才气如何同得？"

译文

王汝中、省曾与先生侍座，先生握着扇对他们说："你们用。"省曾站起回答说："不敢。"先生说："圣人的学问不是这样束缚苦楚的，不是装作有道学的模样。"汝中说："读《论语》仲尼与曾点谈论志向的一章，大约可以见到。"先生说："是的，以这章来看，圣人是何等的宽宏、能包含万千气象。做老师的向弟子们问志向，三人都严整仪容严肃来回答，至于曾点，则飘飘然不将那三个人看在眼里，自己去鼓起瑟来，这是何等的张狂的态度，等到谈志向又不针对老师的问题，回答都是狂言。假设这在伊川那里就要被训斥了，圣人反而称赞他，这是何等的气象。圣人教诲人不是束缚人，要他非去做什么，对狂者就从狂处来成就他，对内向的人就从内向成就他。人的才气哪能都相同呢？"

先生语陆元静曰："元静少年亦要解《五经》，志亦好博。但圣人教人，只怕人不简易，他说的皆是简易之规。以今人好博之心观之，却似圣人教人差了。"

译文

先生对陆元静说："你少年的时候也想要解释五经，志在知识广博，但圣人教导人，只怕人不能做到简易。圣人他讲得非常简单的规劝之言，以现在的人喜好广博的心来看，像是圣人教人教得差了。"

先生曰："孔子无不知而作，颜子有不善未尝不知，此是圣学真血脉路。"

译文

先生说："孔子无所不知才去作为，颜回有不善的地方都能知道，这真是圣人学说传承的真脉路。"

何廷仁、黄正之、李侯璧、汝中、德洪侍坐。先生顾而言曰："汝辈学问不得长进，只是未立志。"侯璧起而对曰："珙亦愿立志。"先生曰："难说不立，未是必为圣人之志耳。"对曰："愿立必为圣人之志。"先生曰："你真有圣人之志，良知上更无不尽。良知上留得些子别念挂带，便非必为圣人之志矣。"洪初闻时心若未服，听说到此，不觉悚汗。

译文

何廷仁、黄正之、李侯璧、汝中、德洪陪侍先生。先生看向大家说："你们的学问没有长进的话，只是因为没有立志。"侯璧起立回答说："我愿意立志。"先生说："很难说你不立志，但立的一定不是做圣人的志向。"侯璧回答说："我愿立下成为圣人的志向。"先生说："你如果真有做圣人的志向，良知上就没有不穷尽。良知上总有些其他的挂念牵制，就一定不是做圣人的志向。"德洪开始听的时候，心中还不服气，听到这里，不觉警醒流下汗来。

先生曰："良知是造化的精灵。这些精灵，生天生地，成鬼成帝，皆从此出，真是与物无对。人若复得他完完全全，无少亏欠，自不觉手舞足蹈，不知天地间更有何乐可代。"

译文

先生说："良知是造化的精灵，这些精灵，天地生成，鬼神帝王都从这里出，真是没有什么事物能与它相比，人如果要将良知完全恢复，没有亏欠，就会不自觉地手舞足蹈，不知道天地间还有什么其他的快乐可以取代。"

一友静坐有见，驰问先生。答曰："吾昔居滁时，见诸生多务知解，口耳异同，无益于得，姑教之静坐。一时窥见光景，颇收近效。久之，渐有喜静厌动，流入枯槁之病，或务为玄解妙觉，动人听闻，故迩来只说致良知。

良知明白，随你去静处体悟也好，随你去事上磨炼也好，良知本体原是无动无静的，此便是学问头脑。我这个话头，自滁州到今，亦较过几番，只是‘致良知’三字无病。医经折肱，方能察人病理。”

译文

一位友人静坐有所发现，跑来问先生。先生说：“我过去住在滁州的时候，见到许多学生都务求有知识见解，发现口耳中的异同，对于学习没有多大帮助，就姑且让他们静坐，一时间他们就能够领悟到一些内容，颇为有收获。时间久了，他们就逐渐喜静厌动，就落入了枯槁的毛病。有人物追求玄妙的见解体会，来耸人听闻。所以最近我只说致良知，良知只要明白了，随便你去安静的地方体悟也好，去事情上磨炼也好，良知的本体原本是没有动没有静的，这是做学问的关键。我这番话从滁州到现在，也比较过几次，只有‘致良知’这三个字没有问题，这就好比医生多次治骨折，才能明白病人的病理。”

一友问：“功夫欲得此知时时接续，一切应感处反觉照管不及。若去事上周旋，又觉不见了。如何则可？”先生曰：“此只认良知未真，尚有内外之间。我这里功夫不由人急心，认得良知头脑是当，去朴实用功，自会透彻。到此便是内外两忘，又何心事不合一？”

译文

一有人问：“下工夫想要让良知时时能接续上，但在接触到事情的时候，反而觉得照顾不到良知，如果去事情上周旋，又察觉不到良知，这怎么办呢？”先生说：“这是没有认清良知，依然有内外的差别。我的这番功夫由不得人着急。认识了良知这个关键，去踏实地用功，自然就会透彻，等到认识透彻了，就把内外的区别忘掉了，心和事如何能够不合一呢？”

又曰：“功夫不是透得这个真机，如何得他充实光辉？若能透得时，不由你聪明知解接得来，须胸中渣滓浑化，不使有毫发沾带始得。”

译文

先生说：“下工夫如果不能参透这个真谛，怎么能够让它充满光辉呢？

能够参透时，不是由你的聪明和知识来接应。需要把心中的糟粕都化去，没有丝毫的牵制才能够把握。”

先生曰：“‘天命之谓性’，命即是性。‘率性之谓道’，性即是道。‘修道之谓教’，道即是教。”问：“如何道即是教？”曰：“道即是良知。良知原是完完全全，是的还他是，非的还他非，是非只依着他，更无有不是处。这良知还是你的明师。”

译文

先生说：“‘天命之谓性’，命就是性，‘率性之谓道’，性就是道，‘修道之谓教’，道就是叫教。”问：“为什么道就是教呢？”先生说：“道就是良知。良知是完完全全的把对的归还给对的，错的归还给错的。是非都依靠良知判断，就没有错误之处，良知就是你的明师。”

问：“‘不睹不闻’是说本体，‘戒慎恐惧’是说功夫否？”先生曰：“此处须信得本体原是不睹不闻的，亦原是戒慎恐惧的。戒慎恐惧不曾在不睹不闻上加得些子。见得真时，便谓戒慎恐惧是本体，不睹不闻是功夫亦得。”

译文

钱德洪问：“‘不睹不闻’是说本体，‘戒慎恐惧’是说功夫吗？”先生说：“这里需要相信本体原本是不看不听的，原本是戒慎恐惧的。戒慎恐惧未曾在不看不听上增加一些什么。如果真的明白了，说戒慎恐惧是本体，不看不听是功夫，这样也是对的。”

问“通乎昼夜之道而知”。先生曰：“良知原是知昼知夜的。”又问：“人睡熟时，良知亦不知了。”曰：“不知，何以一叫便应？”曰：“良知常知，如何有睡熟时？”曰：“向晦宴息，此亦造化常理。夜来天地混沌，形色俱泯，人亦耳目无所睹闻，众窍俱翕，此即良知收敛凝一时。天地既开，庶物露生，人亦耳目有所睹闻，众窍俱辟，此即良知妙用发生时。可见人心与天地一体，故上下与天地同流。今人不会宴息，夜来不是昏睡，即是妄思魇寐。”曰：“睡时功夫如何用？”先生曰：“知昼即知夜矣。日间良知是顺应无滞的，夜间良知即是收敛凝一的，有梦即先兆。”

译文

钱德洪问“通乎昼夜之道而知”。先生说：“良知原本是知道白昼黑夜的。”又问：“人熟睡的时候，良知也不知了。”先生说：“如果不知，为什么一叫就会回应呢？”钱德洪说：“良知常在，那怎么能有熟睡的时候呢？”先生说：“夜晚安静休息，这是造化的常理。晚上天地混沌，形色都泯灭了，人也耳目无所听闻，七窍都停止活动，这也是良知能够收敛凝聚的样子，到了白天，万物开始运转，人的耳目也有看见听见，关窍都打开了，这就是良知的妙用发生作用。可见人心和天地是一体的，所以说上下与天地同流，现在的人不会休息。夜晚来的时候，不是昏睡就是做噩梦妄想。”钱德洪问：“睡觉的时候如何下工夫呢？”先生说：“知道白天就知道黑夜，白天的良知是运行无碍的，夜晚的良知是收敛凝聚的。有梦就是先兆。”

又曰：“良知在夜气发的，方是本体，以其无物欲之杂也。学者要使事物纷扰之时，常如夜气一般，就是通乎昼夜之道而知。”

译文

先生说：“良知在夜气中发出来的才是本体，因为它没有物欲的掺杂。学者要让事情在纷扰到自己的时候，常常像夜气一样，一这样就做到‘通乎昼夜之道而知’了。”

先生曰：“仙家说到虚，圣人岂能虚上加得一毫实？佛氏说到无，圣人岂能无上加得一毫有？但仙家说虚，从养生上来；佛氏说无，从出离生死苦海上来，却于本体上加却这些子意思在，便不是他虚无的本色了，便于本体有障碍。圣人只是还他良知的本色，更不着些子意在。良知之虚，便是天之太虚；良知之无，便是太虚之无形。日、月、风、雷、山、川、民、物，凡有貌象形色，皆在太虚无形中发用流行，未尝作得天的障碍。圣人只是顺其良知之发用，天地万物，俱在我良知的发用流行中，何尝又有一物超于良知之外，能作得障碍？”

译文

先生说：“仙家说到虚，圣人岂能在虚上增加丝毫的实，佛家说到无，圣人岂能在无上增加一丝的有？但仙家说虚是从养生上来讲的，佛家讲无，是从脱离生死苦海上讲的，都在本体上额外增加了这些意思，这就不是虚无的本色了，对于本体就有了妨碍。圣人是依据良知的本色，没有额外增添丝毫。良知的虚便是天的虚，良知的无便是太虚的无形。日月风雷，山川民物，凡是有容貌形体的，都在太虚的无形中显现运行，从来没有给天造成障碍。圣人顺着良知的显现运行，天地万物就都在我良知的运行中了，何尝有一个事物超出良知之外呢？这样又怎么能有所妨碍呢？”

或问：“释氏亦务养心，然要之不可以治天下，何也？”先生曰：“吾儒养心，未尝离却事物，只顺其天则自然，就是功夫。释氏却要尽绝事物，把心看做幻相，渐入虚寂去了，与世间若无些子交涉，所以不可治天下。”

译文

有人问：“佛家也务求养心，但不可以用来治理天下，为什么呢？”先生说：“我等儒者养心从来没有离开事物，只是顺应天的自然态势而为，这就是功夫，佛家却要断绝事物，把心看成虚幻的，逐渐归入到寂静空虚中去了，和世间没有关联交涉，所以不可以治理天下。”

或问异端。先生曰：“与愚夫愚妇同的，是谓同德；与愚夫愚妇异的，是谓异端。”

译文

有人请教异端的问题，先生说：“和愚夫愚妇相同的可以称为同德，和愚夫愚妇相异的，就可以叫做异端。”

先生曰：“孟子不动心与告子不动心，所异只在毫厘间。告子只在不动心上着功，孟子便直从此心原不动处分晓。心之本体原是不动的，只为所行有不合义，便动了。孟子不论心之动与不动，只是集义，所行无不是义，此心自然无可动处。若告子只要此心不动，便是把捉此心，将他生生不息之根反阻挠了。此非徒无益，而又害之。孟子集义工夫，自是养得充满，并无馁歉，自是纵横自在，活泼泼地，此便是浩然之气。”

译文

先生说："孟子的不动心，与告子不动心，相差只在毫厘之间，告子只在不动心上下工夫。孟子便从心原本不动来分析。心的本体，原本是不动的，只因为行为有不合道义的，心便动了。孟子不讨论心的动和不动，只讲集义。行为都是符合道义，那心自然就不动。告子只是让心不要动，这就是束缚住心，也将生生不息的根本阻挠住了，这不但毫无益处，还有损害。孟子讲集义的功夫是要存养充满，没有气馁后悔，自然会纵横自在，生动活泼，这就是浩然之气。"

又曰："告子病源，从性无善无不善上见来。性无善无不善，虽如此说，亦无大差。但告子执定看了，便有个无善无不善的性在内。有善有恶，又在物感上看，便有个物在外，却做两边看了，便会差。无善无不善，性原是如此。悟得及时，只此一句便尽了，更无有内外之间。告子见一个性在内，见一个物在外，便见他于性有未透彻处。"

译文

先生说："告子的毛病是从性无善无不善上体现出来的。性没有善和不善，虽然这样说也没有大的问题，但告子执着了，就有无善无不善的性在内，有善有恶又是在事物的感知上来看的。这就有个在外的事物，分成内外两边来看就会有问题。无善无不善，性本来是这样的，及时领悟，这一句话就说足够了，更没有内外的分别。告子见到一个性在内，见到一个物在外，可见他对于性未理解透彻的地方。"

朱本思问："人有虚灵，方有良知。若草、木、瓦、石之类，亦有良知否？"先生曰："人的良知，就是草、木、瓦、石的良知。若草、木、瓦、石无人的良知，不可以为草、木、瓦、石矣。岂惟草、木、瓦、石为然，天地无人的良知，亦不可为天地矣。盖天地万物与人原是一体，其发窍之最精处，是人心一点灵明。风、雨、露、雷、日、月、星、辰，禽、兽、草、木、山、川、土、石，与人原只一体。故五谷禽兽之类，皆可以养人；药石之类，皆可以疗疾，只为同此一气，故能相通耳。"

译文

朱本思问："人有清虚的灵根才有良知，如果是草木瓦石之类的东西，也有良知吗？"先生说："人的良知就是草木瓦石的良知，如果草木瓦石，没有人的良知，就不能成为草木瓦石了。岂止草木瓦石是这样，天地没有人的良知，也不可以为天地，天地万物于人原本是一体的。天地开窍最精华之处是人心中的一点灵明，风、雨、露、雷、日、月、星、辰、禽、兽、草、木、山、川、土、石与人原本是一体的，所以五谷、禽兽之类的都可以用来滋养人，药石之类的都可以用来治疗疾病，因为万物同气，所以能够相通。"

先生游南镇，一友指岩中花树问曰："天下无心外之物，如此花树，在深山中自开自落，于我心亦何相关？"先生曰："你未看此花时，此花与汝心同归于寂。你来看此花时，则此花颜色一时明白起来，便知此花不在你的心外。"

译文

先生到南镇游玩，一位友人指着岩石上的花树问道："天下没有心外的物，像这株花树在深山中自己花开花落，和我的心有什么关联呢？"先生说："你没有看到此花的时候，此花和你的心都归于沉寂。你来看此花的时候，那么花的颜色一时之间就明显起来了，就知道这花不在你的心之外。"

问："大人与物同体，如何《大学》又说个厚薄？"先生曰："惟是道理，自有厚薄。比如身是一体，把手足捍头目，岂是偏要薄手足？其道理合如此。禽兽与草木同是爱的，把草木去养禽兽，又忍得？人与禽兽同是爱的，宰禽兽以养亲与供祭祀、燕宾客，心又忍得？至亲与路人同是爱的，如箪食豆羹，得则生，不得则死，不能两全，宁救至亲，不救路人，心又忍得？这是道理合该如此。及至吾身与至亲，更不得分别彼此厚薄。盖以仁民爱物，皆从此出，此处可忍，更无所不忍矣。《大学》所谓厚薄，是良知上自然的条理，不可逾越，此便谓之义；顺这个条理，便谓之礼；知此条理，便谓之智；终始是这条理，便谓之信。"

译文

有人问："大人与物是同一个整体，为什么大学中要分个厚薄呢？"先生说："是道理本来就有厚薄，比如说身是一体的，用手足来保护头和眼睛，这岂是要薄待手足？道理就是这样的，禽兽和草木人同样是爱护的，拿草木去喂养禽兽，心中怎么忍得呢？人对人和禽兽同样是爱护的，宰杀禽兽来奉养父母，以供祭祀，宴请宾客，又忍心吗？对于至亲和路人，同样是爱护的，只有一箪食，一豆羹，得到了就能生，得不到就要死去，不能两全，宁可救至亲，不能救路人，心中又忍心的吗？是道理本何该如此。至于我和我的至亲，就更不能分彼此厚薄了，因此讲仁民爱物都是从这里出来的。这里能够做到忍心，就无处不能忍心了。大学所说的厚薄，是良知上自然的条理，不能逾越，这就叫做义。顺着这个条理就叫做理，知道这个条理就叫做智。始终能做到这个条理就是信。"

又曰："目无体，以万物之色为体；耳无体，以万物之声为体；鼻无体，以万物之臭为体；口无体，以万物之味为体；心无体，以天地万物感应之是非为体。"

译文

先生又说："眼睛没有本体，以万物的颜色为本体，耳朵没有本体，以万物的声音为本体，鼻子没有本体，以万物的气味为本体，口没有本体，以万物的味道为本体，心没有本体，以天地万物的感应到的是非为本体。"

问"夭寿不贰"。先生曰："学问功夫，于一切声利嗜好俱能脱落殆尽，尚有一种生死念头毫发挂带，便于全体有未融释处。人于生死念头，本从生身命根上带来，故不易去。若于此处见得破，透得过，此心全体方是流行无碍，方是尽性至命之学。"

译文

有人问"寿夭不贰"的问题。先生说："学问功夫，对于一切声名、利禄、嗜好都能够摆脱干净，尚且还有生死的念头牵挂在心里，对于本体来说，这就是还没能融会贯通。人对于生死念头是从生命本根上带来的，所以不容易去除。如果在这处能够看得破，看得透，那么心的本体就是流行无碍的，就是尽性至命的学问。”

一友问：“欲于静坐时，将好名、好色、好货等根逐一搜寻，扫除廓清，恐是剜肉做疮否？”先生正色曰：“这是我医人的方子，真是去得人病根。更有大本事人，过了十数年，亦还用得着。你如不用，且放起，不要作坏我的方子。”是友愧谢。少间曰：“此量非你事，必吾门稍知意思者，为此说以误汝。”在坐者皆悚然。

译文

一位有人问：“想要静坐时，把好名、好色、好货等不好的东西逐一找到，扫除廓清，恐怕是剜肉造疮吧。”先生端正颜色说：“这是我治疗人的方法，是真的能去除人的病根，有再大本事的人，过了十几年还是用得着，你如果不用，且放起来，不要破坏我的方子。”这个朋友惭愧谢罪。一会儿之后，先生说：“我想这不是你的问题，一定是我门下有人稍微懂我学问的学生说了这样的话误导你。”在座的学生都警醒起来。

一友问功夫不切。先生曰：“学问功夫，我已曾一句道尽，如何今日转说转远，都不着根？”对曰：“致良知盖闻教矣，然亦须讲明。”先生曰：“既知致良知，又何可讲明？良知本是明白，实落用功便是。不肯用功，只在语言上转说转糊涂。”曰：“正求讲明致之之功。”先生曰：“此亦须你自家求，我亦无别法可道。昔有禅师，人来问法，只把麈尾提起。一日，其徒将麈尾藏过，试他如何设法。禅师寻麈尾不见，又只空手提起。我这个良知就是设法的麈尾，舍了这个，有何可提得？”少间，又一友请问功夫切要。先生旁顾曰：“我麈尾安在？”一时在坐者皆跃然。

译文

一位友人问：“功夫做得不切实怎么办？”先生说：“学问功夫，我过去曾经用一句话说明过，现在反而越说越远，还达不到根底呢。”回答说：“致良知，我曾听闻过，但仍需要你来讲明。”先生说：“既然知道致良知，又有什么可讲的呢？”回答说：“正是求您讲明致良知的功夫。”先生说："这只需要你自己体会，我也没有别的办法可以说的。过去有人来向禅师问法，禅师只是把拂尘提起来。有一天，他的徒弟将拂尘藏起来，看他如何应对。禅师找不到拂尘，就空手提起来。我的这个良知就是设法的拂尘。舍去了这个有什么可以提的呢？良知本来是明白的，落实到用功上就可以，不肯用功，在语言上会越说越糊涂。"过了一会儿，又有一位友人来请教相同的问题，先生看向一旁说："我的拂尘在哪里？"在座的人都开心起来。

或问"至诚""前知"。先生曰："诚是实理，只是一个良知。实理之妙用流行就是神，其萌动处就是几，诚、神、几曰圣人。圣人不贵前知，祸福之来，虽圣人有所不免。圣人只是知几，遇变而通耳。良知无前后，只知得见在的几，便是一了百了。若有个前知的心，就是私心，就有趋避利害的意。邵子必于前知，终是利害心未尽处。"

译文

有人问"至诚""前知"，先生说："诚是一个实在道理，只是一个良知的问题。道理的妙用流行就是神，道理萌发的地方就是几，能做到诚、神、几，就是圣人，圣人不贵在提前知道。祸福到来，即使是圣人也有难以避免的。圣人只是知道几微，遇到不同的情况知道变通。良知没有前后，只要能够见到几微，就一通百通。如果有个提前知道的心，就是私心，就有趋利避害的意思，邵雍一定要讲求提前知道，终究是有趋利避害的心没有除尽。"

先生曰："无知无不知，本体原是如此。譬如日未尝有心照物，而自无物不照。无照无不照，原是日的本体。良知本无知，今却要有知；本无不知，今却疑有不知，只是信不及耳。"

译文

先生说："没有知与不知的分别，心的本体原来就是这样的。例如太阳未尝有心来照耀万物，而万物都被太阳所照耀，无所谓照或不照，这原本是太阳的本体，良知本来无知，现在却一定要有知，本来不知，现在却一定要怀疑有所不知，这只是信不过良知罢了。"

先生曰："'惟天下至圣，为能聪明睿智'，旧看何等玄妙，今看来原是人人自有的。耳原是聪，目原是明，心思原是睿智。圣人只是一能之尔，能处正是良知。众人不能，只是个不致知，何等明白简易！"

译文

先生说："'唯独天下的圣人才能做到聪明睿智。'过去来看，这是何等的奇妙，现在看来，这原本是人人自己都有的。耳目原本就是聪明的，心思原本就是睿智的。圣人只是能做到聪明睿智，就是因为良知。众人不能这样，就是因为不能致良知，这是何等的明白简单。"

问："孔子所谓'远虑'，周公'夜以继日'，与'将迎'不同。何如？"先生曰："远虑不是茫茫荡荡去思虑，只是要存这天理。天理在人心，亘古亘今，无有终始。天理即是良知，千思万虑，只是要致良知。良知愈思愈精明，若不精思，漫然随事应去，良知便粗了。若只着在事上茫茫荡荡去思教做远虑，便不免有毁誉、得丧、人欲搀入其中，就是将迎了。周公终夜以思，只是'戒慎不睹''恐惧不闻'的功夫。见得时，其气象与将迎自别。"

译文

有人问："孔子所谓的'远虑'，周公所谓的'夜以继日'与'将迎'不同，为什么？"先生说："'远虑'不是空虚地去思虑，是要存养天理。天理在人心，古今都是这样，没有终始。天理就是良知，千思万虑，都是为了致良知。良知越思索越为精明，如果不集中思虑，茫然地随着事情摇摆，良知就粗疏了。如果只是附着在事物上空荡荡地去思索，教人要远虑，就免不得有毁誉、得失、人欲掺杂在其中，这就是'将迎'了。周公讲整夜思考，这是'戒慎不睹，恐惧不闻'的功夫。能明白这个道理，这种气象与将迎自然有差别。"

问："'一日克己复礼，天下归仁'，朱子作效验说，如何？"先生曰："圣贤只是为己之学，重功夫不重效验。仁者以万物为体，不能一体，只是己私未忘。全得仁体，则天下皆归于吾。仁就是'八荒皆在我闼'意，天下皆与，其仁亦在其中。如‘在邦无怨，在家无怨’，亦只是自家不怨，如‘不怨天，不尤人’之意。然家邦无怨，于我亦在其中，但所重不在此。”

译文

有人问：“《论语》中说‘一日克己复礼，天下归仁’，朱子是从结果来理解的，先生认为如何呢？”先生说：“圣人只是为了自己而学，重在下功夫不重在结果，仁者以万物为本体，不能做到与万物为一体，就是自己的私欲没有忘掉。能够保全仁爱的本体，那么天下都会归向我的仁德，就是‘八荒皆在我的范围内’的意思，天下都来汇聚，那么仁就在其中了。如‘在邦无怨，在家无怨’，也只是我自己没有怨恨，与‘不怨天不尤人’的意思一样。讲在家无怨，在邦无怨，我自然在其中，但这里所看重的不在于效果。”

问：“孟子‘巧力圣智’之说，朱子云‘三子力有余而巧不足’，何如？”先生曰：“三子固有力，亦有巧，巧力实非两事。巧亦只在用力处，力而不巧，亦是徒力。三子譬如射：一能步箭，一能马箭，一能远箭。他射得到，俱谓之力，中处俱可谓之巧。但步不能马，马不能远，各有所长，便是才力分限有不同处。孔子则三者皆长。然孔子之和，只到得柳下惠而极；清，只到得伯夷而极；任，只到得伊尹而极。何曾加得些子？若谓三子力有余而巧不足，则其力反过孔子了。巧力只是发明圣知之义，若识得圣知本体是何物，便自了然。”

译文

有人问：“孟子‘巧力圣智’的说法，朱子说‘这三人是有余力而巧不足’，怎么理解呢？”先生说：“这三个人固然有力，也有巧。巧和力，实际上并非两件事，巧也是在用力的地方有，有力而不巧就是徒然用力。这三个人就譬如射箭，一个人能步射，一个人能骑马射，一个人能远射，都称之为有力。从中可以都可以看到有巧，但能步射的不能马射。能马射的不能远射，各有所长，这就是力的资质有所不同。孔子认为这三人都有长处，但是孔子的‘和’，只达到柳下惠的极致，‘清’只达到伯夷的极致，‘任’

只达到伊尹的极致，何曾增加些什么呢？如果说这三人是力气有余而巧劲不足，那么他们的力反而超过孔子了。巧和力的说法只是为了说明圣和智的本意，了解圣和智的本意，就自然明了了。”

先生曰：“‘先天而天弗违’，天即良知也；‘后天而奉天时’，良知即天也。”

译文

先生说：“‘先天不违背天’，天就是良知，‘后天遵守天时’，良知就是天。”

“良知只是个是非之心，是非只是个好恶。只好恶就尽了是非，只是非就尽了万事万变。”又曰：“是非两字是个大规矩，巧处则存乎其人。”

译文

“良知只是个是非之心，是非只是个好恶，好恶就说尽了，是非就说尽了万事万物，万种变化。”先生又说：“是非两个字是大的规矩，巧处就存在于他自身。”

圣人之知如青天之日，贤人如浮云天日，愚人如阴霾天日，虽有昏明不同，其能辨黑白则一。虽昏黑夜里，亦影影见得黑白，就是日之余光未尽处。困学功夫，亦只从这点明处精察去耳。

译文

圣人的良知就如同青天中的太阳，贤人的良知，就如同有云彩时的太阳，愚人的良知，就如同阴霾中的太阳，虽然昏暗光明不同，但能分辨黑白是相同的。即使是夜里，也能够隐隐约约看得到黑白，这是太阳的余光没有散尽。有困顿而去学习的功夫，也是从这点光明的地方去细致体察的。

问：“知譬日，欲譬云，云虽能蔽日，亦是天之一气合有的，欲亦莫非人心合有否？”先生曰：“喜、怒、哀、惧、爱、恶、欲，谓之七情。七者俱是人心合有的，但要认得良知明白。比如日光，亦不可指着方所，一隙通明，皆是日光所在。虽云雾四塞，太虚中色象可辨，亦是日光不灭处。不可以云能蔽日，教天不要生云。七情顺其自然之流行，皆是良知之用，不可分别善恶，但不可有所着。七情有着，俱谓之欲，俱为良知之蔽。然才有着时，良知亦自会觉，觉即蔽去，复其体矣。此处能勘得破，方是简易透彻功夫。”

译文

有人问：“良知譬如太阳，私欲譬如云，云虽会遮蔽太阳，也是天气本该有的。私欲莫非也是人心本该有的吗？”先生说：“喜、怒、哀、惧、爱、恶、欲，叫做七情。这七者都是人心本该有的，但要认清良知。比如日光，也不能指着一个方向照耀，只要有一点光明，都是日光所在，虽然被云雾遮蔽，在虚空中仍然能够辨别颜色，这也是日光不灭之处。不能因为云会遮蔽太阳，就要天上不要生出云来。七情顺应自然的流动运行，都是良知的作用，不能对此做出善恶的区别，不能有所执着。七情有了执着，就叫做人欲。人欲是良知的障壁，这些欲望刚发动，良知就会自然发觉，发觉后就会除去，恢复它的本体。能够在这个地方参透明白，才是简易透彻的功夫。”

问：“圣人生知安行是自然的，如何有甚功夫？”先生曰：“知行二字即是功夫，但有浅深难易之殊耳。良知原是精精明明的，如欲孝亲，生知安行的只是依此良知，实落尽孝而已；学知利行者只是时时省觉，务要依此良知尽孝而已；至于困知勉行者，蔽锢已深，虽要依此良知去孝，又为私欲所阻，是以不能，必须加人一己百、人十己千之功，方能依此良知以尽其孝。圣人虽是生知安行，然其心不敢自是，肯做困知勉行的功夫。困知勉行的，却要思量做生知安行的事，怎生成得？”

译文

有人问：“圣人生知安行是自然的，其中有什么功夫呢？”先生说：“知行二字就是功夫，但是有深浅难易的差别。良知原本是精明的，比如想要孝顺双亲，是生知安行的，这只是依照良知落实在尽孝心而已。学知利行的人，是能时时省察觉悟的，务必要依照良知来尽孝。至于困知勉行的人，所受的遮蔽禁锢较深，虽然想依照良知去尽孝，但是被私欲所阻碍，因此不能实现，必须别人做一分，我做百分，别人做十分，我做千分，才能够照着良知来尽孝心。圣人虽然是生知安行的，但是他的心也不敢自以为是，还要做困知勉行的功夫，困知勉行的人却要思量着做生知安行的事，这怎么能行呢？”

问：“乐是心之本体，不知遇大故于哀哭时，此乐还在否？”先生曰：“须是大哭一番方乐，不哭便不乐矣。虽哭，此心安处即是乐也，本体未尝有动。”

译文

有人问：“快乐是心的本体，不知道遇到大的变故，悲哀痛哭的时候，这种快乐还在吗？”先生说：“需要大哭一番才能快乐，不哭就不快乐，即使是哭，心安的地方，依然是快乐的，因为本体没有变动。”

问：“良知一而已，文王作《彖》，周公系爻，孔子赞《易》，何以各自看理不同？”先生曰：“圣人何能拘得死格？大要出于良知同，便各为说何害？且如一园竹，只要同此枝节，便是大同。若拘定枝枝节节，都要高下大小一样，便非造化妙手矣。汝辈只要去培养良知，良知同，更不妨有异处。汝辈若不肯用功，连笋也不曾抽得，何处去论枝节？”

译文

有人问：“良知是相同的，文王作彖辞，周公系爻辞，孔子阐释易，为什么各自理解得不同呢？”先生说：“圣人哪能拘束得这样死板呢？这都是出于相同良知，各自为说，有什么妨害呢？这就像一个园中的竹子，只要枝节都相同，就是大同，如果一定要在细节上都要达到高低大小一样，这就不是造化的妙手了。你们只要去培养良知，良知相同，就不妨碍有差别。你们若是不肯用功，就连笋也不能发芽，谈何去讨论枝节呢？”

乡人有父子讼狱，请诉于先生，侍者欲阻之。先生听之，言不终辞，其父子相抱恸哭而去。柴鸣治入问曰：“先生何言，致伊感悔之速？”先生曰：“我言舜是世间大不孝的子，瞽瞍是世间大慈的父。”鸣治愕然，请问。先生曰：“舜常自以为大不孝，所以能孝。瞽瞍常自以为大慈，所以不能慈。瞽瞍只记得舜是我提孩长的，今何不曾豫悦我，不知自心已为后妻所移了，尚谓自家能慈，所以愈不能慈。舜只思父提孩我时如何爱我，今日不爱，只是我不能尽孝，日思所以不能尽孝处，所以愈能孝。及至瞽瞍底豫时，又不过复得此心原慈的本体。所以后世称舜是个古今大孝的子，瞽瞍亦做成个慈父。”

译文

乡间有父子打官司，请求诉讼到先生这里。侍者想要阻止，先生听完之后，话还没有说完，父子二人抱头痛哭离去了。柴鸣治进来问先生说：“您讲了什么话让他们这么快就悔悟了？”先生说：“我说舜是世间的大孝子，瞽叟是世间大慈悲的父亲。”鸣治惊讶，请教先生。先生说：“舜常自认为自己是大不孝，所以能孝顺瞽瞍，瞽瞍常认为自己大慈悲，所以不能做到慈悲。瞽瞍只想着舜是我从小养大的，现在为什么不令我高兴了，不知道自己已经被后来的妻子所改变了，还认为自己很慈祥，所以越加不能慈祥，舜只想着父亲在我儿时如何爱护我，现在我不爱父亲了，是我不能尽孝，日思夜想不能尽孝的原因，所以越发能够孝顺父亲。等到瞽瞍高兴的时候，不过是恢复了他心中原本慈祥的本体，所以后世的人称舜是古今大孝子，瞽叟也成为了慈父。”

先生曰：“孔子有鄙夫来问，未尝先有知识以应之，其心只空空而已。但叩他自知的是非两端，与之一剖决，鄙夫之心便已了然。鄙夫自知的是非，便是他本来天则，虽圣人聪明，如何可与增减得一毫？他只不能自信，夫子与之一剖决，便已竭尽无余了。若夫子与鄙夫言时，留得些子知识在，便是不能竭他的良知，道体即有二了。”

译文

先生说：“有农夫来询问孔子，孔子没有知识来应对他，他的心中是空空的。但孔子叩问农夫所自己知道的是非。与他分析决断，农夫心中就明白了，农夫自己知道的是非，就是他本来的天理法则，即使圣人如何聪明，怎么能对这个原则增减丝毫呢？农夫只是不相信自己，孔子和他一分析，他就了解得非常清楚没有遗漏了。孔子和农夫讲话的时候。留了一些知识在，这样农夫就不能竭尽他的良知，道和体就分成两件事了。”

先生曰：“‘烝烝乂，不格奸’，本注说象已进进于义，不至大为奸恶。舜征庸后，象犹日以杀舜为事，何大奸恶如之！舜只是自进于义，以义熏烝，不去正他奸恶。凡文过掩慝，此是恶人常态，若要指摘他是非，反去激他恶性。舜初时致得象要杀己，亦是要象好的心太急，此就是舜之过处。经过来，乃知功夫只在自己，不去责人，所以致得克谐，此是舜动心忍性，增益不能处。古人言语，俱是自家经历过来，所以说得亲切，遗之后世，曲当人情。若非自家经过，如何得他许多苦心处？”

译文

先生说：“《尚书》‘烝烝乂，不格奸’的注解说，象这个人已经进步接近于义了，不至于去做大的奸邪之事。舜被征召之后，象仍然每天以杀死舜为目的，这是何等的大奸大恶。舜是自发接近义，用义来熏陶感化，不去直接纠正象的奸邪。总想要掩盖自己过错，这是坏人的常态。如果要指责他的是非，反而会激发他的恶性。舜开始的时候令象想杀掉自己，也是因为希望象能变好的心太着急，这就是舜的过错。后来舜才知道功夫只在于自己，不能去指责别人，所以能够最终实现和谐，这是舜能够‘动心忍性，增益其所不能’的缘故。古人讲话都是自己有亲身经历，所以说得真切，留给后世也能够顺应人情，如果不是自己经历过，怎么会有这样的苦心？”

先生曰：“古乐不作久矣。今之戏子，尚与古乐意思相近。”未达，请问。先生曰：“《韶》之九成，便是舜的一本戏子。《武》之九变，便是武王的一本戏子。圣人一生实事，俱播在乐中。所以有德者闻之，便知他尽善尽美与尽美未尽善处。若后世作乐，只是做些词调，于民俗风化绝无关涉，何以化民善俗？今要民俗反朴还淳，取今之戏子，将妖淫词调俱去了，只取忠臣孝子故事，使愚俗百姓人人易晓，无意中感激他良知起来，却于风化有益。然后古乐渐次可复矣。”曰：“洪要求元声不可得，恐于古乐亦难复。”先生曰：“你说元声在何处求？”对曰：“古人制管候气，恐是求元声之法。”先生曰：“若要去葭灰黍粒中求元声，却如水底捞月，如何可得？元声只在你心上求。”曰：“心如何求？”先生曰：“古人为治，先养得人心和平，然后作乐。比如在此歌诗，你的心气和平，听者自然悦怿兴起，只此便是元声之始。《书》云诗言志，志便是乐的本。歌永言，歌便是作乐的本。声依永，律和声，律只要和声，和声便是制律的本。何尝求之于外？”曰：“古人制候气法，是意何取？”先生曰：“古人具中和之体以作乐。我的中和，原与天地之气相应，候天地之气，协凤凰之音，不过去验我的气果和否。此是成律已后事，非必待此以成律也。今要候灰管，先须定至日。然至日子时，恐又不准，又何处取得准来？”

译文

先生说：“古时的音乐很久已经不做了，现在的戏曲与古乐的意思接近。”德洪不理解，向先生请教、先生说：“《韶》乐的九章是舜的一个戏曲。《武》的九变是武王的一个戏曲。圣人一生实在的事情都写在乐曲中了。所以，有德行的人听了就知道他尽善尽美与尽美未尽善的地方。后世做音乐，只是做些歌词曲调，与风俗毫无关联，这怎么能够化民成俗呢？现在想要人民的习俗返璞归真，可以取现有的戏曲，把那些淫糜的戏词曲调都去除，只取忠臣孝子的故事，让愚钝世俗的百姓人人都容易知晓，在无意中就激发他的良知，这就有益于风化，然后古时的音乐可以逐渐恢复。”德洪说：“我连原元声都找不准，恐怕古乐难以恢复。”先生说：“你说的元声要在哪里找？”德洪回答说：“古人制作律管来侯气，恐怕这就是求元声的办法。”先生说：“如果要去芦苇侯管中求元声，就如同水底捞月，这怎么行呢？元声就在你的心上求。”德洪回答说：“在心上怎么求呢？”先生说：“古人治理天下，先要让人心气平和，然后开始做乐曲，比如在此处吟咏诗歌。你的心中平和，那听的人自然就高兴，这就是元声的开始。《尚书》说‘诗言志’，志就是乐的根本。‘歌咏言’，歌就是作乐的根本。‘声依咏，律和声’，律就只要和声，和声就是只律的根本。何曾向外寻求过呢？”德洪说：“古人用律管侯气的方法是为什么呢？”先生说：“古人都以中和的本体来做乐曲的，我的中和原本和天地之气是互相感应的，等候天地之气，与凤凰发出的声音相协调，不过是去检验我的气息是否真的平和，这是作好音律之后的事情，不一定非要凭借这一点来成律，现在要用律管候气，先需要确定冬至日，到了冬至日的子时恐怕又不准，从何处能测得准呢？”

先生曰：“学问也要点化，但不如自家解化者，自一了百当。不然，亦点化许多不得。”

译文

先生说：“学问也需要点化，但不如自己理解来的好，自己理解了就能一通百通，否则点化得再多也没有用处。”

孔子气魄极大，凡帝王事业，无不一一理会，也只从那心上来。譬如大树有多少枝叶，也只是根本上用得培养功夫，故自然能如此，非是从枝叶上用功做得根本也。学者学孔子，不在心上用功，汲汲然去学那气魄，却倒做了。

译文

孔子的气魄极大，凡是帝王的事业都一一理会，这样做也都是从心上来进行的。就比如大树有很多枝叶，也都只是从根本上用了培养的功夫，所以能够这样。并不是从枝叶上来用功培养根本。现在的学者学习孔子，不在心上用功，而去学气魄，这就做反了。

人有过，多于过上用功，就是补甑，其流必归于文过。

译文

人有过错，大多在过错上用功，这就是修补破的瓦罐，一定会流于掩饰过错。

今人于吃饭时，虽无一事在前，其心常役役不宁，只缘此心忙惯了，所以收摄不住。

译文

现在的人在吃饭的时候，即使没有事情在眼前，心中也常常是不安定的，只因为心里忙乱习惯了，所以收敛不住。

琴瑟简编，学者不可无。盖有业以居之，心就不放。

译文

琴瑟和书籍，学者不能没有，有了这些修养的功夫，心就不会放荡。

先生叹曰：“世间知学的人，只有这些病痛打不破，就不是善与人同。”崇一曰：“这病痛只是个好高不能忘己尔。”

译文

先生感叹说：“世间知道学习的人，只要这些毛病不破除，就不能够与人为善。”崇一说：“这些毛病只是好高骛远，而不能舍弃自己罢了。”

问：“良知原是中和的，如何却有过不及？先生曰：知得过不及处，就是中和。”

译文

有人问：“良知原本是中和的，为什么会有过和不及呢？”先生说：“能知晓过和不及，就是中和。”

所恶于上，是良知。毋以使下，即是致知。

译文

厌恶处于我之上的，这是良知，不以相同的办法对待在我之下的，就是致良知。

先生曰：“苏秦、张仪之智，也是圣人之资。后世事业文章，许多豪杰名家，只是学得仪、秦故智。仪、秦学术善揣摸人情，无一些不中人肯綮，故其说不能穷。仪、秦亦是窥见得良知妙用处，但用之于不善尔。”

译文

先生说：“苏秦、张仪的智谋也是有圣人的资质的。后世的事业文章，许多豪杰名家只能学到苏秦、张仪表象。苏秦、张仪的学术善于揣摩人情，都能够切中人情，所以他们的学说就能流传，苏秦、张仪也是明白了良知的妙处，只是把这种妙处用在了不好的地方。”

或问“未发已发”。先生曰：“只缘后儒将未发已发分说了，只得劈头说个无未发已发，使人自思得之。若说有个已发未发，听者依旧落在后儒见解。若真见得无未发已发，说个有未发已发，原不妨，原有个未发已发在。”问曰：“未发未尝不和，已发未尝不中。譬如钟声，未扣不可谓无，既扣不可谓有，毕竟有个扣与不扣，何如？”先生曰：“未扣时原是惊天动地，既扣时也只是寂天寞地。”

译文

有人请教“未发已发”。先生说：“只因为后世的儒者将未发已发分开说了，所以我只得直接说没有未发已发，让人自己思考理解。如果说有已发未发的区别，听的人依然落入后儒的见解中，如果真的能够理解未发已发没有区别，说有未发已发原本也没有妨碍，因为原本就存在未发已发。”有人问：“未发未尝不和，已发未尝不中。比如说钟声，不敲钟不能说没钟声，敲钟也不能说有钟声，毕竟有一个敲钟与不敲的区别。这样理解对吗？”先生说：“没敲钟的时候原本是惊天动地的，已敲钟了之后也是寂静无声的。”

问：“古人论性，各有异同，何者乃为定论？”先生曰：“性无定体，论亦无定体，有自本体上说者，有自发用上说者，有自源头上说者，有自流弊处说者。总而言之，只是一个性，但所见有浅深尔。若执定一边，便不是了。性之本体，原是无善无恶的，发用上也原是可以为善，可以为不善的，其流弊也原是一定善一定恶的。譬如眼，有喜时的眼，有怒时的眼，直视就是看的眼，微视就是觑的眼。总而言之，只是这个眼。若见得怒时眼，就说未尝有喜的眼，见得看时眼，就说未尝有觑的眼，皆是执定，就知是错。孟子说性，直从源头上说来，亦是说个大概如此。荀子性恶之说，是从流弊上说来，也未可尽说他不是，只是见得未精耳。众人则失了心之本体。”问：“孟子从源头上说性，要人用功在源头上明彻；荀子从流弊说性，功夫只在末流上救正，便费力了。”先生曰：“然。”

译文

有人问：“古人讨论性各有差别，哪一个说法才是定论呢？”先生说：

“性没有定体，议论也没有定体。有从本体上来说的，有从表现作用上来说的，有从源头上来说的，有从流弊处来说的。总而言之，只是这一个性，但对此的理解有深浅，如果执着某一种说法，就不对了。性的本体，原本是无善无恶的，在表现作用上也本可以为善，可以为不善。在流弊上，也不一定是善，一定是恶。比如说眼睛，有欢喜时候的眼，有愤怒时候的眼，直视就看到的是正眼，偷看就看到的是眯着的眼，总而言之还是这个眼，如果见到发怒时候的眼，就说没有欢喜时候的眼，见到睁开的眼，就说没有眯着的眼，这都是执着，这就是错的。孟子说性，是从源头上讲的，但也只是说了个大概。荀子的性恶之说，是从流弊上讲的，也不能完全说他不对，只是他没有认识到最精要的地方。众人都失去了心的本体。孟子从源头上说性，要人在源头上用功，对源头理解清楚。荀子从流弊上来说性，让人把功夫用在末流上补救改正，这就白费力了。”先生说：“对的。”

先生曰：“用功到精处，愈着不得言语，说理愈难。若着意在精微上，全体功夫反蔽泥了。”

译文

先生说：“下功夫到精微的地方，更加不能够言说，说理更加困难。如果执着在精微的地方，那全体的功夫反而被妨碍遮蔽了。”

杨慈湖不为无见，又着在无声无臭上见了。

译文

杨简不是没有见解，他是执着在无声无味上了。

人一日间，古今世界都经过一番，只是人不见耳。夜气清明时，无视无听，无思无作，淡然平怀，就是羲皇世界。平旦时，神清气朗，雍雍穆穆，就是尧、舜世界。日中以前，礼仪交会，气象秩然，就是三代世界。日中以后，神气渐昏，往来杂扰，就是春秋战国世界。渐渐昏夜，万物寝息，景象寂寥，就是人消物尽世界。学者信得良知过，不为气所乱，便常做个羲皇已上人。

译文

人在一天之中，把古今世界都经历过一番，只是人不能够发觉罢了。夜气清明的时候，不听不看，不思考，不动作，淡然平和，这就是羲皇的世界。凌晨的时候，神清气爽，庄重肃穆，这是尧舜的世界。中午之前，礼仪交往，气象井然，这是三代的世界。中午之后，神情气息逐渐昏聩，往来繁杂。这是春秋战国的世界，接近黄昏夜晚，万物逐渐休息，景象寂寥，这是人和物都消失的世界。学者相信良知，不被气所扰乱，就能常做个羲皇上人。

薛尚谦、邹谦之、马子莘、王汝止侍坐，因叹先生自征宁藩已来，天下谤议益众，请各言其故。有言先生功业势位日隆，天下忌之者日众；有言先生之学日明，故为宋儒争是非者亦日博；有言先生自南都以后，同志信从者日众，而四方排阻者日益力。先生曰："诸君之言，信皆有之。但吾一段自知处，诸君俱未道及耳。"诸友请问。先生曰："我在南都已前，尚有些子乡愿的意思在。我今信得这良知真是真非，信手行去，更不着些覆藏。我今才做得个狂者的胸次，使天下之人都说我行不掩言也罢。"尚谦出，曰："信得此过，方是圣人的真血脉。"

译文

薛尚谦、邹谦之、马子莘、王汝止等人侍坐，感叹先生从征讨宁藩以来，天下的诽谤非议日益众多，先生让各位说一说其中的缘故，有人说先生的功业地位日渐隆厚，天下嫉妒的人日益增多。有人说先生的学问日益显明，所以为宋儒争是非的人日渐增多。有的人说，先生从南都以后，学习跟从的人日益众多，而四方排斥阻碍先生学术的人就更加用力。先生说："各位所说的原因都是有的，但我来说一段自己的看法。各位都没有谈及。"诸人都请问。先生说："我在南都以前还有些言行不符的意思，现在我相信良知有真正的是非，可以信手拈来，不用隐藏，我现在才有了一个狂者的胸怀，即使天下人都说我言行不符也罢。"薛侃站起来说："能这样的信念，才是得到圣人的真传。"

先生锻炼人处，一言之下，感人最深。一日，王汝中出游归，先生问曰："游何见？"对曰："见满街人都是圣人。"先生曰："你看满街人是圣人，满街人到看你是圣人在。"又一日，董萝石出游而归，见先生曰："今日见一异事。"先生曰："何异？"对曰："见满街人都是圣人。"先生曰："此亦常事耳，何足为异？"盖汝止圭角未融，萝石恍见有悟，故问同答异，皆反其言而进之。洪与黄正之、张叔谦、汝中丙戌会试归，为先生道途中讲学，有信有不信。先生曰："你们拿一个圣人去与人讲学，人见圣人来，都怕走了，如何讲得行？须做得个愚夫愚妇，方可与人讲学。"洪又言："今日要见人品高下最易。"先生曰："何以见之？"对曰："先生譬如泰山在前，有不知仰者，须是无目人。"先生曰："泰山不如平地大，平地有何可见？"先生一言剪裁，剖破终年为外好高之病，在座者莫不悚惧。

译文

先生磨练人的地方，说一句话就能让人感触最深刻。有一天王汝中出游归来，先生问他说："你出游见到了什么？"回答说："见到满街上的人都是圣人。"先生说："你看见满街上的人都是圣人，满街上的人看你也是圣人。"又有一天，董萝石出游返回见先生说："今天见到一件奇怪的事情。"先生说："有什么奇怪的？"回答说："见到满街都是圣人。"先生说："这也是平常的事情，有什么可奇怪的？王汝止锋芒外露，董萝石领悟不真，所以回答得不同。"先生都回复他们的话来使他们进步。丙戌年洪与黄正之、张叔谦、汝中在参加会试的途中，听先生讲学，有相信有不信的。先生说："你们拿、端着圣人的姿态去和人讲学，人家见到圣人。都害怕走了，怎么能讲得好呢？需要做个愚夫愚妇才可以和人讲学。"钱德洪说："现在看人品的高低最容易。"先生说："何以见得呢？"回答说："先生如同泰山在眼前，不知道仰望的人都是目中无人的人。"先生说："泰山不如平地大。平地有什么可看见的呢？"先生这句话一言道破，分析了那些人终年好高骛远的毛病，在座的人都有所警醒。

癸未春，邹谦之来越问学，居数日，先生送别于浮峰。是夕，与希渊诸友移舟宿延寿寺，秉烛夜坐，先生慨怅不已，曰："江涛烟柳，故人倏在百里外矣！"一友问曰："先生何念谦之之深也？"先生曰："曾子所谓'以能问于不能，以多问于寡；有若无，实若虚，犯而不较'，若谦之者，良近之矣！"

译文

癸未年春天，邹谦之来越地求学居住数天，先生在浮峰为他送行。这天晚上，和希渊等诸位友人乘船到延寿寺居住，秉烛夜谈。先生感慨不已，说："江中波涛汹涌，两岸烟柳丛生，故人忽然间就在百里之外了。"一位友人问道："先生为何挂念邹谦如此之深呢？"先生说："曾子所谓'有才能的人向没有才能的人请教，知识多的人向知识少的人请教，有实力却很虚心，被冒犯而不计较'，谦之与此很相近呀。"

丁亥年九月，先生起复，征思、田，将命行。时德洪与汝中论学，汝中举先生教言曰："无善无恶是心之体，有善有恶是意之动，知善知恶是良知，为善去恶是格物。"德洪曰："此意如何？"汝中曰："此恐未是究竟话头。若说心体是无善无恶，意亦是无善无恶的意，知亦是无善无恶的知，物是无善无恶的物矣。若说意有善恶，毕竟心体还有善恶在。"德洪曰："心体是天命之性，原是无善无恶的。但人有习心，意念上见有善恶在。格、致、诚、正、修，此正是复那性体功夫。若原无善恶，功夫亦不消说矣。"是夕侍坐天泉桥，各举请正。先生曰："我今将行，正要你们来讲破此意。二君之见，正好相资为用，不可各执一边。我这里接人，原有此二种：利根之人，直从本源上悟入。人心本体原是明莹无滞的，原是个未发之中。利根之人一悟本体，即是功夫，人己内外，一齐俱透了。其次不免有习心在，本体受蔽，故且教在意念上实落为善去恶。功夫熟后，渣滓去得尽时，本体亦明尽了。汝中之见，是我这里接利根人的；德洪之见，是我这里为其次立法的。二君相取为用，则中人上下皆可引入于道。若各执一边，眼前便有失人，便于道体各有未尽。"既而曰："已后与朋友讲学，切不可失了我的宗旨：无善无恶是心之体，有善有恶是意之动，知善知恶的是良知，为善去恶是格物。只依我这话头，随人指点，自没病痛。此原是彻上彻下功夫。利根之人，世亦难遇。本体功夫，一悟尽透，此颜子、明道所不敢承当，岂可轻易望人？人有习心，不教他在良知上实用为善去恶功夫，只去悬空想个本体，一切事为俱不着实，不过养成一个虚寂。此个病痛不是小小，不可不早说破。”是日德洪、汝中俱有省。

译文

丁亥九年，先生被启用，前往恩思和田州征讨，将要起行的时候，钱德洪与王汝中和先生论学。王汝中举先生的教导说：“无善无恶是心的本体，有善有恶是意念的变动，知道善恶是良知，去除善恶是格物。”德洪说：“这话说得怎么样？”王汝中说：“恐怕终究是个话头。如果说心体是无善无恶的，意也是无善无恶的意，知也是无善无恶的知，物是无善无恶的物。如果说意有善恶，那心体还是有善恶存在。”钱德洪说：“心体是天命的本性，原本是无善无恶的，但是人有习气，意念上看到有善恶在，格物致知诚意正心修身，这都是恢复心性本体的功夫，如果原本没有善恶功夫，也就不必说了。”二人各自谈了观点，请先生指正。先生说：“我将要起行，正要给你们讲明白这一点。两位的见解正好可以相互帮助理解，不能执着于一边。我这里与人接触有两种方法。根本上好的人，要从本原上让他领悟，人的心体原本是晶莹剔透的，原本是有‘未发之中’的。资质好的人，一领悟本体就是功夫。人对于内外就一并明白了。稍微次一等的人，不免有习心，本体会受到蒙蔽，所以姑且叫他在意念上落实到为善去恶，等功夫做熟了，糟粕都除尽，本体也能够明了。王汝中的意见，说的是我与资质好的人接触。钱德洪的意见说的是我为资质次一等的人设立的办法，两位的意见可以相互取用，那么中人之上，中人之下都可以教导他入道，如果各自偏执一边，眼前就有很多有问题的人，就都不能对道体有所了解。”先生接着说：“以后与朋友讲学，一定不能抛开我这个宗旨：无善无恶是心的本体，有善有恶是意的活动，知善知恶的是良知，为善去恶是格物。只要照着我这个话头，根据不同的人进行指点，就没有毛病。这原本是透彻的功夫。资质好的人世上难求，本体的功夫一觉悟就能参透的，颜回、明道都不敢当，哪里可以轻易期望遇到呢？人有习心，不教他在良知上下工夫为善去恶，只空想本体，一切事情都不能落实，不过是养成了一个空虚寂静的毛病。这个病痛不小，不能不尽早说破。”这一天，钱德洪、王汝中都有省悟。

先生初归越时，朋友踪迹尚寥落，既后，四方来游者日进。癸未年已后，环先生而居者比屋，如天妃、光相诸刹，每当一室，常合食者数十人，夜无卧处，更相就席，歌声彻昏旦。南镇、禹穴、阳明洞诸山，远近寺刹，徙足所到，无非同志游寓所在。先生每临讲座，前后左右环坐而听者，常不下数百人，送往迎来，月无虚日。至有在侍更岁，不能遍记其姓名者。每临别，先生常叹曰：“君等虽别，不出在天地间，苟同此志，吾亦可以忘形似矣。”诸生每听讲出门，未尝不跳跃称快。尝闻之同门先辈曰：“南都以前，朋友从游者虽众，未有如在越之盛者。此虽讲学日久，孚信渐博，要亦先生之学日进，感召之机，申变无方，亦自有不同也。”

译文

先生刚回到越地的时候，朋友来得还少，之后从四面八方来交游的人日益增多。癸未年之后，与先生比邻而居的有很多人。如天妃、光相等寺庙中，每一间房子常常住十几人，晚上没有睡的地方就交替着睡觉，歌声响彻早晚。南镇、禹穴、阳明洞等山中远近的寺庙，凡能走到的地方，都是同学郊游的居住所在。先生每次讲课，前后左右环绕听讲的人，常常不下数百，迎来送往，每个月都没有空闲。有人在这里待了一年，先生还不能全部记住他们姓名。每到临别，先生常感叹说：“你虽然与我离别，但都在天地之间，如果志向相同忘记容貌也没关系。”诸位学生每次听完先生讲学出门，未尝不愉悦欢快。他们曾经听同门的前辈说：“在南京以前，跟随先生的人虽然多，但没有像在越地这样兴盛的。先生讲学日久，相信的人逐渐增多，关键是因为先生的学问也在日渐精进，感召学生的方法灵活多样，自然也与以往不同。”

此后黄以方录。

译文

以下由黄以方记录。

黄以方问："'博学于文'，为随事学存此天理，然则谓'行有余力，则以学文'，其说似不相合。"先生曰："《诗》《书》、六艺皆是天理之发见，文字都包在其中。考之《诗》《书》、六艺，皆所以学存此天理也，不特发见于事为者方为文耳。余力学文，亦只博学于文中事。"或问"学而不思"二句。曰："此亦有为而言，其实思即学也，学有所疑，便须思之。思而不学者，盖有此等人，只悬空去思，要想出一个道理，却不在身心上实用其力，以学存此天理。思与学作两事做，故有罔与殆之病。其实思只是思其所学，原非两事也。"

译文

黄以方问："先生说'博学于文'是要随着事情学习存养天理，但孔子讲'行有余力，则以学文'，这个说法好像和先生的不相符合。"先生说："诗书六艺，都是天理的表现，文字都包含在其中，考察诗书六艺，都是用来学习存养天理的。不是非要从事情表现出来的才是文，说'有多余的精力，就去学文'，是包含在'博学于文'中的。"有人问"学而不思"两句，先生说："这话是有指向的，其实思就是学，学习有所疑问，就需要思考，只思考而不学习，这样做的人只是凭空去思考，想要想出个道理来，却不在身心上下实在功夫，来学习存养天理。思和学当成两回事情做，所以有罔和殆的毛病。其实思就是思考所学的内容，原本不是两回事。"

先生曰："先儒解格物为格天下之物，天下之物如何格得？且谓一草一木亦皆有理，今如何去格？纵格得草木来，如何反来诚得自家意？我解'格'作'正'字义，'物'作'事'字义。《大学》之所谓'身'，即耳、目、口、鼻、四肢是也。欲修身，便是要目非礼勿视，耳非礼勿听，口非礼勿言，四肢非礼勿动。要修这个身，身上如何用得功夫？心者身之主宰，目虽视而所以视者心也，耳虽听而所以听者心也，口与四肢虽言动，而所以言动者心也。故欲修身，在于体当自家心体，常令廓然大公，无有些子不正处。主宰一正，则发窍于目，自无非礼之视；发窍于耳，自无非礼之听；发窍于口与四肢，自无非礼之言动。此便是修身在正其心。然至善者，心之本体也。心之本体，那有不善？如今要正心，本体上何处用得功？必就心之发动处才可着力也。心之发动不能无不善，故须就此处着力，便是在诚意。如一念发在好善上，便实实落落去好善；一念发在恶恶上，便实实落落去恶恶。意之所发，既无不诚，则其本体如何有不正的？故欲正其心在诚意，工夫到，诚意始有着落处。然诚意之本，又在于致知也。所谓'人虽不知，而己所独知'者，此正是吾心良知处。然知得善，却不依这个良知便做去；知得不善，却不依这个良知便不去做，则这个良知便遮蔽了，是不能致知也。吾心良知既不得扩充到底，则善虽知好，不能着实好了；恶虽知恶，不能着实恶了，如何得意诚？故致知者，意诚之本也。然亦不是悬空的致知，致知在实事上格。如意在于为善，便就这件事上去为；意在于去恶，便就这件事上去不为。去恶固是格不正以归于正，为善则不善正了，亦是格不正以归于正也。如此，则吾心良知无私欲蔽了，得以致其极，而意之所发，好善去恶，无有不诚矣。诚意工夫，实下手处在格物也。若如此格物，人人便做得，'人皆可以为尧、舜'，正在此也。"

译文

先生说："先儒解释格物，是格天下之物，天下之物，怎么能格去呢？一草一木都有道理，现在怎么去格他？纵使能格去草木，怎么来让自己的意念诚挚？我解'格'作'正'字，'物'作'事'字，《大学》所讲的身，就是耳目口鼻四肢，想要修身，就是要做到眼睛非礼勿视，耳朵非礼勿听，口非礼勿言，四肢非礼勿动。要修身，在身上怎样下这个功夫呢？心是身体的主宰。耳朵听实际上是心在听，口和四肢动，实际上是心在动，所以想要修身，就在于体察自己的心体，常令心体做到廓然大公，没有不正的地方。心这个主宰一端正，在表现在眼中就是非礼勿视，表现在耳中就是非礼勿听，表现在口中和四肢就是非礼勿动，这就是修身在于端正其心。至善是心的本体，心的本体，哪有不善的呢？现在要正心，从本体上如何下工夫呢？一定要从心发动的地方才可发力。心发动的地方也会有不善，所以就需要在这处用力，这就是诚意。如果念头发动要爱好善的，就实实在在地去爱好善的，如果念头发要厌恶恶的，就实实在在去厌恶恶的。意念所发动，如果没有不诚挚的，那本体怎会有不正的呢？想要端正其心，就在于诚意，功夫做到了，诚意才有落实的地方。但诚意的本体又在于致知，所谓‘别人虽然不知道，而自己知道的’，正是我心中良知。但如果知道的是善的，却不依照这个良知去做，知道的是恶的，却不依照这个良知厌恶，那良知就会被遮蔽，就不能致知。我的良知既然得不到扩充，那么虽然知道要爱好善的，但不能实际去爱好，虽然知道厌恶恶的，但不能实际去厌恶。这如何让意念诚挚呢？所以，致知是意念诚挚的根本，但也不是悬空的致知，致知要在实际的事情上格物。意念在于为善，就在这件事情上去做，意念在于去恶就在这件事情上去做，去除恶的，就是让不正的归于正。为善，则不善的就会归正了，这也是让不正的归于正。这样的话，那么我心中的良知就不会被私欲遮蔽，就能够达到极致。而意念的发动，好善去恶，没有不诚挚的。诚意的功夫，实在下手的地方在于格物。如果能做到这样，格物人人都能做到，人人都可以成为尧舜，正是由此说的。”

先生曰：“众人只说格物要依晦翁，何曾把他的说去用？我着实曾用来。初年与钱友同论，做圣贤要格天下之物，如今安得这等大的力量？因指亭前竹子，令去格看。钱子早夜去穷格竹子的道理，竭其心思，至于三日，便致劳神成疾。当初说他这是精力不足，某因自去穷格，早夜不得其理，到七日，亦以劳思致疾。遂相与叹圣贤是做不得的，无他大力量去格物了。及在夷中三年，颇见得此意思，乃知天下之物本无可格者，其格物之功，只在身心上做，决然以圣人为人人可到，便自有担当了。这里意思，却先生说，众人只说格物，要依照珠子的说法和曾把他的说法去运用呢。我确实运用了他的说法，早年与前有同讨论，做圣贤要格天下之物，现在想，谁有这么般大的力量呢？要说与诸公知道。”

译文

先生说：“众人只说格物要依照朱子的说法，何曾把他的说法去运用呢。我确实运用了他的说法，早年与钱姓友人讨论，做圣贤要格天下之物，现在想来谁有这么般大的力量呢？我指着亭子前的竹子让人去格，友人从早到晚都不能领会其中的道理，到第七天因为思虑过重而生病了，遂和我感叹圣贤也是做不到的，没有这么大的力量去格物。等到我在贵州待了三年，对这个意见领会得更深了，于是知道天下的物本来没有可以格去的，格物之功，只能在身心上做。我相信人都可以做圣人，就更有担当了。这里的意思要和诸位讲明白。"

门人有言，邵端峰论童子不能格物，只教以洒扫应对之说。先生曰："洒扫应对，就是一件物，童子良知只到此，便教去洒扫应对，就是致他这一点良知了。又如童子知畏先生长者，此亦是他良知处。故虽嬉戏中见了先生长者，便去作揖恭敬，是他能格物以致敬师长之良知了。童子自有童子的格物致知。"又曰："我这里言格物，自童子以至圣人，皆是此等工夫。但圣人格物，便更熟得些子，不消费力。如此格物，虽卖柴人亦是做得，虽公卿大夫以至天子，皆是如此做。"

译文

门人有人说邵端峰议论童子不能格物，只让童子扫洒应对。先生说："扫洒应对就是一件物。童子的良知只认识到这个程度，就让他去扫洒应对，这就是致他这一点良知了。假如童子知道敬畏前辈，这也是他的良知，虽然在嬉戏中见了比自己年长的就态度恭敬，这是他能够格物，以实现孝敬师长的良知了。童子自然有童子的格物致知。"先生又说："我这里说到格物，从童子到圣人，都是下一样的功夫，只是圣人格物是做得更熟练一些，不需要费力。这样的格物，即使是卖柴的人也能做到，从公卿大夫到天子都是这样做的。"

或疑知行不合一，以"知之匪艰"二句为问。先生曰："良知自知，原是容易的。只是不能致那良知，便是'知之匪艰，行之惟艰'。"

译文

有人疑惑知行不能合一，以"知之匪艰"两句向先生请教。先生说："良知自然是能知晓的，这原本是容易的，只是不能致良知，这就是'知之匪艰，行之惟艰’了。”

门人问曰：“知行如何得合一？且如《中庸》言‘博学之’，又说个‘笃行之’，分明知行是两件。”先生曰：“博学只是事事学存此天理，笃行只是学之不已之意。”又问：“《易》‘学以聚之’，又言‘仁以行之’，此是如何？”先生曰：“也是如此。事事去学存此天理，则此心更无放失时，故曰‘学以聚之’。然常常学存此天理，更无私欲间断，此即是此心不息处，故曰‘仁以行之’。”又问：“孔子言‘知及之，仁不能守之’，知行却是两个了。”先生曰：“说‘及之’已是行了，但不能常常行，已为私欲间断，便是‘仁不能守’。”又问：“心即理之说，程子云‘在物为理’，如何谓心即理？”先生曰：“‘在物为理’，‘在’字上当添一心字，此心在物则为理。如此心在事父则为孝，在事君则为忠之类。”先生因谓之曰：“诸君要识得我立言宗旨。我如今说个心即理是如何？只为世人分心与理为二，故便有许多病痛。如五伯攘夷狄，尊周室，都是一个私心，便不当理。人却说他做得当理，只心有未纯，往往悦慕其所为，要来外面做得好看，却与心全不相干。分心与理为二，其流至于伯道之伪而不自知。故我说个心即理，要使知心、理是一个，便来心上做工夫，不去袭义于外，便是王道之真。此我立言宗旨。”又问：“圣贤言语许多，如何却要打做一个？”曰：“我不是要打做一个。如曰‘夫道，一而已矣’，又曰‘其为物不二，则其生物不测’。天地圣人皆是一个，如何二得？”

译文

门人向先生提问：“知行，怎样才能做到合一？就如《中庸》所说‘博学之’，又说‘笃行之’，知行分明是两件事。”先生说：“博学之士，从事上学习存养天理，笃行只是不间断学习的意思。”门人又问：“《周易》讲‘学以聚之’，又说‘仁以行之’，这怎么理解呢？”先生说：“也是同样的道理。从每件事上去学习存养天理，那么心就没有放荡的时候。所以说‘学以聚之’，只要常常存养天理，就没有私欲来间断，这就是心没有停歇的时候。所以说‘仁以行之’。”门人又问：“孔子说‘知及之，仁不能守之’，知行是两回事吧？”先生说：“说‘及之’，已经是在做了，但不能常常做，就是被私欲间断了，就是所谓的‘仁不能守之’。”门人又问：“心即理之说，程子说‘在物为理’，如何说心就是理呢？”先生说：“在物为理，在字上当加上一个心字，在心在物则为理。这样的心对待父亲则为孝，侍奉君主则为忠。”先生由此告诉门人说：“各位要明白我说话的宗旨，我现在说心就是理是为什么呢？只因为世人将心和理分为两回事，就有许多毛病。如五霸，攘夷狄，尊周室都是一个私心，这就不合天理，人们却说他们做得合理，只是因为人心不纯粹。往往羡慕五霸的所作所为，要追求在外面做得好看，实际上与心完全不相干，将心和理分为两回事，以至于流于追求霸道的虚伪而不自知。所以我说心就是理，是要使人知道心和理原本是一回事，要在心上做功夫，不去因袭外在的表现，这就是王道的真谛，这是我发言的宗旨。”学生又问：“圣贤说了很多话，为什么说是一回事呢？”先生说：“我不是硬要说是一回事，比如‘夫道一而已’‘其为物不二，则其生物不测’。这些话讲的天地圣人都是一个，怎样能分开看呢？”

心不是一块血肉，凡知觉处便是心。如耳目之知视听，手足之知痛痒，此知觉便是心也。

译文

心不是一块血肉，凡是有知觉的地方就是心，像耳目的听和看，手足知道痛痒，这种知觉就是心。

以方问曰：“先生之说格物，凡《中庸》之慎独及集义、博约等说，皆为格物之事？”先生曰：“非也。格物即慎独，即戒惧。至于集义、博约，工夫只一般，不是以那数件都做格物底事。”

译文

黄以方问：“先生说格物，那《中庸》讲的慎独、集义、博约等说法皆是格物的事情吧？”先生说：“并不是格物就是慎独，就是戒惧，就是集义、博约，功夫都是一样的。不是把那几件事都当作做格物的事。”

以方问尊德性一条。先生曰："道问学即所以尊德性也。晦翁言'子静以尊德性诲人，某教人岂不是道问学处多了些子'是分尊德性、道问学作两件。且如今讲习讨论，下许多工夫，无非只是存此心，不失其德性而已。岂有尊德性只空空去尊，更不去问学？问学只是空空去问学，更与德性无关涉？如此，则不知今之所以讲习讨论者，更学何事？"问"致广大"二句。曰："尽精微即所以致广大也，道中庸即所以极高明也。盖心之本体自是广大底，人不能尽精微，则便为私欲所蔽，有不胜其小者矣。故能细微曲折，无所不尽，则私意不足以蔽之，自无许多障碍遮隔处，如何广大不致？"又问："精微还是念虑之精微，是事理之精微？"曰："念虑之精微，即事理之精微也。"

译文

黄以方问尊德性一条。先生说："道问学就是为了尊德性。朱熹说'陆九渊要以尊德性来教人，我教人岂不是道问学上多了一些'是把道问学和尊德性分成两件事。我们现在讲习讨论下了许多功夫，无非是存养本心，不失去德性而已。哪有尊德性是空虚地去尊，而不去问学，问学是空虚的问学，而与德性没有关联呢？这样的话就不知道现在学习讨论的人是学的什么事了。"学生询问致广大两句，先生说："尽精微是致广大的原因，能够行中庸，所以极为高明。心的本体自然是广大的，人不能尽精微，就会被私欲遮蔽，就不能做到对精微的地方都了解。能够对精微的地方都了解，就没有不能穷尽的，那么私欲就不能遮蔽，自然就没有障碍遮蔽之处，如何不能实现广大呢？"学生又问："精微是思念头思虑的精微，还是事物天理的精微？"先生说："念头思虑的精微，就是事物天理的精微。"

先生曰："今之论性者纷纷异同，皆是说性，非见性也。见性者无异同之可言矣。"

译文

先生说："现在讨论性的人纷纷扰扰争论异同，都是在说性，实际上都没有理解性，理解性的人对于异同无话可说。"

问："声、色、货、利，恐良知亦不能无？"先生曰："固然。但初学用功，却须扫除荡涤，勿使留积，则适然来遇，始不为累，自然顺而应之。良知只在声、色、货、利上用功，能致得良知精精明明，毫发无蔽，则声、色、货、利之交，无非天则流行矣。"

译文

有人问："声色货利，恐怕良知中也会有这些东西吧？"先生说："固然是这样的，但初学者用功却需要把这些都扫除干净，不要使它留存积累下来，这样等到遇到声色货利财，不会被拖累，能够顺应事情到来而应对。良知只在声色货利上用功夫，能够致良知，使良知精明丝毫不被遮蔽，那么声色货利来到，无非遵循天理规则运行罢了。"

先生曰："吾与诸公讲致知格物，日日是此，讲一二十年俱是如此。诸君听吾言，实去用功，见吾讲一番，自觉长进一番。否则，只作一场话说，虽听之亦何用？"

译文

先生说："我与各位讲致知格物，每天都是这样讲，十年二十年还是这样。各位听我的话，实在地去下功，听我讲一番，自己觉得长进一番，否则的话，只是讲了一场话，听了也无用。"

先生曰："人之本体，常常是寂然不动的，常常是感而遂通的。未应不是先，已应不是后。"

译文

先生说："人的本体常常是寂然不动的，常常是有所感应而能通达的。未应与已应没有先后的区分。"

一友举佛家以手指显出，问曰："众曾见否？"众曰："见之。"复以手指入袖，问曰："众还见否？"众曰："不见。"佛说还未见性。此义未明。先生曰："手指有见有不见，尔之见性常在。人之心神只在有睹有闻上驰骛，不在不睹不闻上着实用功。盖不睹不闻是良知本体，戒慎恐惧是致良知的工夫。学者时时刻刻常睹其所不睹，常闻其所不闻，工夫方有个实落处。久久成熟后，则不须着力，不待防检，而真性自不息矣。岂以在外者之闻见为累哉？”

译文

一位有人举佛教的例子。师傅将手指伸出问：“说各位看见了吗？”众人回答说：“看见了。”师傅将手收入袖中问：“众人看见吗？”众人回答说：“没有看见。”师傅于是讲，众人还没有见性。朋友不理解这个意思。先生说：“手指有见有不见，你的见性只在于你的心神，只在能看见能听见的事情上下功夫，不在不能听见看见的事情上下功。不能看见听见的是良知的本体，戒慎恐惧是致良知的功夫。学者时时刻刻要去看那些看不见，听那些听不见的，功夫才有落实的地方。等到功夫成熟以后，不需要用力防备，真性情自然能够运行不息，岂会被外在的所见所闻而拖累？”

问：“先儒谓‘鸢飞鱼跃’与‘必有事焉’同一活泼泼地。”先生曰：“亦是。天地间活泼泼地，无非此理，便是吾良知的流行不息，致良知便是必有事的工夫。此理非惟不可离，实亦不得而离也。无往而非道，无往而非工夫。”

译文

学生问：“先儒说‘鸢飞鱼跃’与‘必有事焉’同样都是生动活泼的。”先生说：“是的，天地间生动活泼，无非就是到这个道理，就是我所说的良知运行不息，致良知就是必有事的功夫。这个道理不能够离开实际，也不可能离开实际，天地间，就是这个道，就是这个功夫。”

先生曰：“诸公在此，务要立个必为圣人之心，时时刻刻须是一棒一条痕，一掴一掌血，方能听吾说话句句得力。若茫茫荡荡度日，譬如一块死肉，打也不知得痛痒，恐终不济事。回家只寻得旧时伎俩而已，岂不惜哉！”

译文

先生说：“各位在此务必要树立一个成为圣人的心志，时时刻刻要痛下决心，踏实用功，才能够理解我说的话。如果空空荡荡度日，犹如一块死肉，打也不知道痛痒，恐怕最终也不能成事，回家只是去拾起旧时候的伎俩，这岂不可惜吗？”

问：“近来妄念也觉少，亦觉不曾着想定要如何用功，不知此是工夫否？”先生曰：“汝且去着实用工，便多这些着想也不妨，久久自会妥帖。若才下得些功，便说效验，何足为恃？”

译文

学生问：“最近妄念感觉变少了，也觉得没有想着一定要如何用功，不知道这算不算是功夫？”先生说：“你且先去扎实地用功，不去想这些也不妨碍，时间久了自然会妥帖。如果才刚下些功夫，就说效果如何，这怎么能行呢？”

一友自叹：“私意萌时，分明自心知得，只是不能使他即去。”先生曰：“你萌时这一知处，便是你的命根。当下即去消磨，便是立命功夫。”

译文

一位有人自己叹息说：“私欲萌发的时候，心里分明知道，就是不能即刻除去。”先生说：“你私意萌发马上就能知道，这就是你的命根，当下就能去除，这就是立命的功夫。”

“夫子说‘性相近’，即孟子说‘性善’，不可专在气质上说。若说气质，如刚与柔对，如何相近得？惟性善则同耳。人生初时，善原是同的。但刚的习于善则为刚善，习于恶则为刚恶；柔的习于善则为柔善，习于恶则为柔恶，便日相远了。”

译文

“夫子说‘性相近’，孟子说‘性善’，不能专在气质上说。如果就气质而言，柔与刚相对，怎么算相近呢？唯有性善是相同的，人出生的时候，善原本都是一样的，刚强的人为善就为刚善，为恶就为刚恶，柔顺的人为善就为柔善，为恶就为柔恶，就相差日渐巨大了。”

先生尝语学者曰："心体上着不得一念留滞，就如眼着不得些子尘沙。些子能得几多？满眼便昏天黑地了。"又曰："这一念不但是私念，便好的念头，亦着不得些子。如眼中放些金玉屑，眼亦开不得了。"

译文

先生曾对学生们说："身体上不能有一个私念滞留，就像眼前容不得沙子，沙子能有多大呢？只一点，就满眼都昏天黑地了。"先生又说："这一杂念，不仅指私念，即使是好的念头也不能够有一点，如眼中放一些金玉的碎屑，眼也睁不开。"

问："人心与物同体，如吾身原是血气流通的，所以谓之同体。若于人便异体了，禽兽草木益远矣，而何谓之同体？"先生曰："你只在感应之几上看，岂但禽兽草木，虽天地也与我同体的，鬼神也与我同体的。"请问。先生曰："你看这个天地中间，甚么是天地的心？"对曰："尝闻人是天地的心。"曰："人又甚么教做心？"对曰："只是一个灵明。""可知充天塞地中间，只有这个灵明，人只为形体自间隔了。我的灵明，便是天地鬼神的主宰。天没有我的灵明，谁去仰他高？地没有我的灵明，谁去俯他深？鬼神没有我的灵明，谁去辩他吉凶灾祥？天地鬼神万物离却我的灵明，便没有天地鬼神万物了。我的灵明离却天地鬼神万物，亦没有我的灵明。如此，便是一气流通的，如何与他间隔得？"又问："天地鬼神万物，千古见在，何没了我的灵明，便俱无了？"曰："今看死的人，他这些精灵游散了，他的天地万物尚在何处？"

译文

学生问："人心和万物有相同的本体，我的身体原本是气血流通的，所以称为同体。如果是拿我是和别人来讲，就是异体了，与禽兽草木就相差更远，怎么能说是同体呢？"先生说："你只是在感应的几微上来看待的。岂止禽兽草木，即使天地也与我是同体的，鬼神也与我是同体的。"学生请教，先生说："你看天地之间，什么是天地的心？"学生回答说："我曾听闻人是天地的心。"先生说："人又拿什么做心呢？"回答说："人有一个灵明。”先生说：“那就可以知道，充塞在天地中间的，只有这个灵明。人自己被形体间隔开了，我的灵明就是天地鬼神的主宰，天没有我的灵明谁去看天高，地没有我的谁去看地深？鬼神没有我的灵明，谁去讨论他的吉凶灾祸呢？离开我的灵明，就没有天地鬼神万物了。我的灵明离开天地鬼神万物，也就没有我的灵明，这样就是一气相互流通的，如何能与其他东西间隔开呢？”学生又问：“天地鬼神，千古都在，为什么没了我的灵明就都没有呢？”先生说：“现在看死去的人，他的这些灵明都消散了，他的天地万物在哪里呢？”

先生起行征思、田，德洪与汝中追送严滩，汝中举佛家实相、幻相之说。先生曰：“有心俱是实，无心俱是幻；无心俱是实，有心俱是幻。”汝中曰：“有心俱是实，无心俱是幻，是本体上说功夫。无心俱是实，有心俱是幻，是功夫上说本体。”先生然其言。洪于是时尚未了达，数年用功，始信本体功夫合一。但先生是时因问偶谈，若吾儒指点人处，不必借此立言耳。

译文

先生起程征讨思恩、田州，钱德洪与王汝中送到严滩。王汝中举了佛家实相、幻相的问题求教。先生说：“有心就是实，无心就是幻，无心就是实，有心就是幻。”王汝中说：“有心就是实，无心就是幻，是在本体上说工夫，无心就是实，有心就是幻。是在功夫上说本体。”先生认可他的说法。钱德洪当时尚未明白这个说法，数年用功，始终坚信本体工夫合一。先生是当时因为王汝中询问，所以偶然谈及了这话，如果是我等儒者去指点别人，不需要借助这样的话来立言。

尝见先生送二三耆宿出门，退坐于中轩，若有忧色。德洪趋进请问。先生曰：“顷与诸老论及此学，真圆凿方枘。此道坦如道路，世儒往往自加荒塞，终身陷荆棘之场而不悔，吾不知其何说也！”德洪退，谓朋友曰：“先生诲人，不择衰朽，仁人悯物之心也。”

译文

钱德洪曾见先生送二三老人出门回来，坐在中庭，脸上似乎有忧虑之色。钱德洪走上去请教先生。先生说："刚才我与诸位老人论及学问，真是如圆凿方枘一般格格不入。我的学说如同坦途，世上的儒者往往自己闭塞，终身陷入到荆棘中而不悔悟。我不知道还能说什么。"德洪离开对朋友说："先生教诲人，不因为对方年迈就放弃，仁爱他人，悲悯万物的心就是这样的。"

先生曰："人生大病，只是一'傲'字。为子而傲必不孝，为臣而傲必不忠，为父而傲必不慈，为友而傲必不信。故象与丹朱俱不肖，亦只一傲字，便结果了此生。诸君常要体此人心本是天然之理，精精明明，无纤介染着，只是一无我而已。胸中切不可有，有即傲也。古先圣人许多好处，也只是无我而已。无我自能谦，谦者众善之基，傲者众恶之魁。"

译文

先生说："人生最大的毛病就是一个傲字，为人子而骄傲必然不孝，为人臣而骄傲必然不忠。为父亲而骄傲必然不慈，为朋友而骄傲必然不信。所以象与丹朱都是不孝子，也只是因为一个傲字便结果了这一生。诸位要常常体会，人心本是自然的天理，人心本是干净没有纤尘污染的，就是一个无我而已。心中切不可有，有就是骄傲，古代圣贤有很多好的地方，也都只是做到了无我而已。无我就能谦虚。谦虚是众善的根本，骄傲是众恶的原因。"

又曰："此道至简至易的，亦至精至微的。孔子曰：'其如示诸掌乎！'且人于掌，何曰不见？及至问他掌中多少文理，却便不知。即如我良知二字，一讲便明，谁不知得？若欲的见良知，却谁能见得？"问曰："此知恐是无方体的，最难捉摸。"先生曰："良知即是《易》，'其为道也屡迁，变动不居，周流六虚，上下无常，刚柔相易，不可为典要，惟变所适'。此知如何捉摸得？见得透时便是圣人。"

译文

先生又说："这个道理是极容易的，极精微的。孔子说：'这就像看我的手掌啊！'人对于自己的手掌哪天不见呢？问他手掌中有多少纹路却不知道。这就像我讲良知二字，一讲就能明白，谁不知道呢？但想要见得良知，谁能看到呢？"学生问："这恐怕是没有形状和形体最难琢磨的。"先生说："良知就是《易》讲的'道常改变，在六爻中流动，上下无常，刚柔相互适宜，不能以此为定论，要适时而变'。良知怎么能容易琢磨呢？琢磨透时就是圣人了。"

问："孔子曰：'回也，非助我者也。'是圣人果以相助望门弟子否？"先生曰："亦是实话。此道本无穷尽，问难愈多，则精微愈显。圣人之言，本自周遍，但有问难的人胸中窒碍，圣人被他一难，发挥得愈加精神。若颜子闻一知十，胸中了然，如何得问难？故圣人亦寂然不动，无所发挥，故曰非助。"

译文

有人问："孔子说：'颜回不是帮助我的人。'圣人真的希望门人弟子能相助自己吗？"先生说："这也是实话，道本来没有穷尽，困难很多，越是精微处越能体现。圣人的本来很周全的，有发问的人心中有障碍，圣人被他一问难，发挥得就更加精神。就像颜回能闻一知十，了然于心，如何能够问难住呢？所以圣人寂然不动，没有任何发挥，因此会说颜回不是帮助我的人。"

邹谦之尝语德洪曰："舒国裳曾持一张纸，请先生写'拱把之桐梓'一章。先生悬笔为书，到'至于身，而不知所以养之者'，顾而笑曰：'国裳读书中过状元来，岂诚不知身之所以当养？还须诵此以求警？'一时在侍诸友皆惕然。"

译文

邹谦之曾和钱德洪说："舒国裳曾拿着一张纸，请先生写'拱把之桐梓'一章。先生提笔书写，写到'至于身，而不知所以养之者'便转过头笑着对他说：'国裳读书曾中过状元，是真的不知道身为什么应该养吗？还需要诵读这个话来警示自己？'在当时侍坐的各位朋友都警惕。"

嘉靖戊子冬，德洪与王汝中奔师丧至广信，讣告同门，约三年收录遗言。继后同门各以所记见遗，洪择其切于问正者，合所私录，得若干条。

居吴时，将与《文录》并刻矣，适以忧去，未遂。当是时也，四方讲学日众，师门宗旨既明，若无事于赘刻者，故不复萦念。去年，同门曾子才汉得洪手抄，复傍为采辑，名曰《遗言》，以刻行于荆。洪读之，觉当时采录未精，乃为删其重复，削去芜蔓，存其三之一，名曰《传习续录》，复刻于宁国之水西精舍。今年夏，洪来游蕲，沈君思畏曰："师门之教久行于四方，而独未及于蕲。蕲之士得读《遗言》，若亲炙夫子之教，指见良知，若重睹日月之光。惟恐传习之不博，而未以重复之为繁也。请裒其所逸者增刻之，若何？"洪曰："然。师门'致知格物'之旨，开示来学，学者躬修默悟，不敢以知解承，而惟以实体得。故吾师终日言是，而不惮其烦；学者终日听是，而不厌其数。盖指示专一，则体悟日精，几迎于言前，神发于言外，感遇之诚也。今吾师之没未及三纪，而格言微旨渐觉沦晦，岂非吾党身践之不力，多言有以病之耶？学者之趋不一，师门之教不宣也。"乃复取逸稿，采其语之不背者，得一卷。其余影响不真，与《文录》既载者，皆削之。并易中卷为问答语，以付黄梅尹张君增刻之。庶几读者不以知解承而惟以实体得，则无疑于是录矣。嘉靖丙辰夏四月，门人钱德洪拜书于蕲之崇正书院。

译文

嘉靖七年冬天，钱德洪与王汝中到广信奔师丧，发讣告给同门，约定三年中收录先生的遗言。之后同门都发来自己记录的遗言。我选择了其切合先生思想的内容，合起来抄录到一起，得到若干条。居住在吴地的时候，打算将内容与《文录》一起刊刻，正赶上我因为守丧而未实现，当时四方讲学的人越来越多，师门的宗旨既然已经昭明，就不是非要刻录，所以没有再心心念念这件事情。去年同门的曾子才汉得到我手抄的内容，又进行了收集整理，命名为《遗言》，在荆州刊刻。我读之后，感到当时采录还不够精细，于是删去重复、杂芜之处，保存了内容的三分之一，命名为《传习续录》，又刊刻于宁国之水西边精舍。今年夏天，我来蕲地游览。沈思畏说："师们的教导流行于四方，唯独没有到达蕲地。蕲地的人读《遗言》，就像是得到先生亲自的教导，读到先生所指导的良知，就好像重新见到日月的光明。学生唯恐传习得不够广博，而不以重复内容为繁杂。请收集那些遗失的内容，增加刊刻如何？”我回答说：“好，师门格物致知宗旨，启发后来的学者，学者亲自修习领悟，不敢只在知识上继承学问，而一定要通过实行才能体悟学问。这是先师终日言说不感到厌烦，是学生终日听这番教诲，而不感厌烦的。先生开示专一，学生体悟就日有精进，前面先生刚说完话，后边学生就已经体会到了。这是师生之间感遇的真诚。现在先生去世还不及三年，而格物致知的大旨就逐渐感觉丧失了，不是我等没有身体力行，多有言语问题的原因吗？学者的取向不同，师门的教诲不能宣明。”于是我又取了遗失的稿子，选取不违背先生思想的内容，得一卷，将其他影响不真切，及《文录》已经刊载的都删去，并改中卷为问答之言，已交付黄梅官员张君增加刊刻，希望读者不是只从知识上了解，而以实际的行动来体会，就不会对于我所抄录的内容有疑惑了。嘉靖丙辰夏四月，门人钱德洪拜书于蕲地崇正书院。

附录　朱子晚年定论

《定论》首刻于南赣。朱子病目静久，忽悟圣学之渊微，乃大悔中年注述误己误人，遍告同志。师阅之，喜已学与晦翁同，手录一卷，门人刻行之。自是为朱子论异同者寡矣。师曰："无意中得此一助！"隆庆壬申，虬峰谢君廷杰刻师《全书》，命刻《定论》附《语录》后，见师之学与朱子无相缪戾，则千古正学同一源矣。并师首叙与袁庆麟跋凡若干条，洪僭引其说。

译文

《朱子晚年定论》最初刊刻于南安、赣州。朱子患眼病静养很久后，忽然领悟到圣人之学的深奥精微，于是大为后悔自己中年时的注述误己误人，便广泛告知友人同道。我的老师阅读后，欣喜于自己的学说与朱子一样，亲手抄录一卷，门人将其刊刻发行。由此讨论和朱子之学异同的人就少了。老师说："这是无意中得到的帮助。"隆庆壬申年，虬峰人谢廷杰刊刻老师的《王文成公全书》，在《语录》后附上了《朱子晚年定论》，发现老师的学问与朱子没有乖违，是千古的正道学问所出同源。将老师发首的绪言和袁庆麟的若干条题跋一并收录在此，德洪我冒昧写此引言。

朱子晚年定论

阳明子序曰：

洙、泗之传，至孟氏而息；千五百余年，濂溪、明道始复追寻其绪；自从辨析日详，然亦日就支离决裂，旋复湮晦。吾尝深求其故，大抵皆世儒之多言有以乱之。

译文

阳明子作序说：

孔子的学说传承，到孟子就消歇了。一千五百多年以后，周敦颐、程颢才重新追寻其源，由此对圣学的辨析日益详尽，然而学说也日渐支离分裂，又重湮灭晦暗。我曾仔细探求造成这种情况的原因，大概都由于世间儒者出言纷扰而造成了混乱。

守仁早岁业举，溺志词章之习，既乃稍知从事正学，而苦于众说之纷扰疲痆，茫无可入，因求诸老、释，欣然有会于心，以为圣人之学在此矣！然于孔子之教间相出入，而措之日用，往往缺漏无归，依违往返，且信且疑。其后谪官龙场，居夷处困，动心忍性之余，恍若有悟，体念探求，再更寒暑，证诸《五经》《四子》，沛然若决江河而放诸海也。然后叹圣人之道坦如大路，而世之儒者妄开窦迳，蹈荆棘，堕坑堑，究其为说，反出二氏之下。宜乎世之高明之士厌此而趋彼也！此岂二氏之罪哉！间尝以语同志，而闻者竞相非议，目以为立异好奇。虽每痛反探抑，务自搜剔斑瑕，而愈益精明的确，洞然无复可疑。独于朱子之说有相抵牾，恒疚于心，切疑朱子之贤，而岂其于此尚有未察？及官留都，复取朱子之书而检求之，然后知其晚岁故已大悟旧说之非，痛悔极艾，至以为自诳诳人之罪，不可胜赎。世之所传《集注》《或问》之类，乃其中年未定之说，自咎以为旧本之误，思改正而未及，而其诸《语类》之属，又其门人挟胜心以附己见，固于朱子平日之说犹有大相谬戾者，而世之学者局于见闻，不过持循讲习于此。其于悟后之论，概乎其未有闻，则亦何怪乎予言之不信、而朱子之心无以自暴于后事也乎？

译文

我早年用力于科举，沉溺在词章的修习中，之后才稍知晓要用功于正学，但苦于众说纷纭扰乱，无门可入，因此就在道家、佛教的学说中探求而欣喜于心有所得，于是就以为这就是圣人之学。但这两家学说与孔子之学有所出入，将其施于日用，常有缺漏而无根底，反复如此，就半信半疑了。之后我被贬谪到龙场，身处蛮夷困厄之地，磨砺心性之余，恍惚有所觉悟，体察探求，又过一年之后，求证于《五经》《四子》，学问就如同放决江河入海一样顺畅了。然后感叹圣人之道平坦如大路，而世间儒者妄开捷径小道，披荆棘而行，堕入沟壑，探究其学说，反而在道、佛二家之下。世上所谓高明之士厌恶圣学而趋向那二家的学说也说得通了。这哪里是这两家的罪过呢！我曾将此观点说于同道，但听闻的人争相反对，视其为标新立异的说法。虽然我感到痛苦，务必探求自己的问题瑕疵，却愈发精确明白，我的观点没什么可疑。唯独与朱子的学问有矛盾处，常心中愧疚，疑惑以朱子之贤明，难道会意识不到这些问题吗？到南京做官时，再取朱子之书检索探求，才知朱子在晚年已悟自己早年学问之非，极为痛悔，乃至于认为这是欺人欺己的罪过，无法补救。世间流传的《四书集注》《大学或问》，是他中年未定之论，他归咎于旧本的错误，想要修正而未来得及，而《朱子语类》等书，其门人夹带着好胜之心依附己见，本就与朱子平日之说有大为乖违之处，当世学者限于见闻，不过是持守依从这些学问。对朱子晚年悔悟之言，大概没有耳闻，那就无怪于对我所讲的不相信、而朱子之用心无法昭示于后世了。

予既自幸其说之不谬于朱子，又喜朱子之先得我心之同然，且慨夫世之学者徒守朱子中年未定之说，而不复知求其晚岁既悟之论，竞相呶呶，以乱正学，不自知其已入于异端；辄采录而裒集之，私以示夫同志，庶几无疑于吾说，而圣学之明可冀矣！正德乙亥冬十一月朔，后学余姚王守仁序。

译文

我既庆幸自己的学说与朱子不乖违，又欣喜于朱子先于我而心有所得，慨叹世间学者徒然遵守朱子中年的未定之说，而不知他在晚年省悟后之论，竞相争吵，混乱正学，自己不知已陷入异端。于是我采集收录其论说，私下给同道参看，或许他们就不会怀疑我的学问，而圣学昭明可期。正德乙亥十一月初一，后学余姚王守仁为序。

答黄直卿书

为学直是先要立本。文义却可且与说出正意，令其宽心玩味，未可便令考校同异，研究纤密，恐其意思促迫，难得长进。将来见得大意，略举一二节目，渐次理会，盖未晚也。此是向来定本之误。今幸见得，却烦勇革。不可苟避讥笑，却误人也。

译文

为学先要确立根本。文义可以说出正意后，令人放心体会玩味，不可马上要求人考校同异，研究细密，这样只怕会使意念急迫窘促，难以得到进步。等将来能明白大意，稍举出一二细节目次，渐次领悟体会，也为时未晚。这是过去定本有错误。幸亏今日发现，却需大为改正。不能为了苟且逃避讥笑，而误导别人。

答吕子约

日用工夫，此复何如？文字虽不可废，然涵养本原而察于天理人欲之判，此是日用动静之间，不可顷刻间断底事。若于此处见得分明，自然不到得流入世俗功利权谋里去矣。熹亦近日方实见得向日支离之病，虽与彼中证候不同，然忘己逐物，贪外虚内之失，则一而已。程子说："不得以天下万物扰己，己立后自能了得天下万物。"今自家一个身心不知安顿去处，而谈王说伯，将经世事业别作一个伎俩商量讲究，不亦误乎！相去远，不得面论；书问终说不尽，临风叹息而已。

译文

日常工夫，你认为如何呢？文字虽然不能废去，但涵养本原体察天理人欲的分别，是日常动静之间片刻不能间断的事情。如果对此有清楚的认识，自然不会流入追求世俗的功名权谋中去。我也是近日才意识到学问支离的问题，虽与其他问题症状不同，但忘记本己，追逐物欲，贪图外在，而空虚内里的毛病，都是一样的。程子说："不能让天下万物干扰自己，自我树立后才能认知天下万物。"现在还不知自我身心该往何处安顿，就去谈论王霸，把经理世间的事业当做伎俩来讨论，这不是错误的吗！我与你相去路远，不能面谈，书信问答终究不能尽言，临风叹息罢了。

答何叔京

前此僭易拜禀博观之敝，诚不自揆。乃蒙见是，何幸如此！然观来谕，似有未能遽舍之意，何邪？此理甚明，何疑之有？若使道可以多闻博观而得，则世之知道者为不少矣。熹近日因事方有少省发处，如"鸢飞鱼跃"，明道以为与"必有事焉勿正"之意同者，乃今晓然无疑。日用之间，观此流行之体，初无间段处，有下工夫处。乃知日前自诳诳人之罪，盖不可胜赎也。此与守书册，泥言语，全无交涉，幸于日用间察之，知此则知仁矣。

译文

此前我冒昧向您谈及博观的弊端，诚然自己也未审度清楚。承蒙指教，何其有幸！但读您的来信，似乎还有不能即刻抛舍之意，这是为何呢？这番道理极明白，有何疑问之处呢？若是大道通过多闻博观就可领会，那世间明白大道之人将不少。我今日因事方才稍有省悟发现，例如"鸢飞鱼跃"，大程子以为与“必有事焉勿正”同意，现在我才明白无疑。日用之间，看大道的流布施行之形体，本无间断，有可下功夫之处。我才知晓此前误自误人的罪过，大概不能赎清了。这与死守书册，泥于言语，全不相干。幸而能在日用工夫间体察，明白这些就明白仁了。

答潘叔昌

示喻“天上无不识字底神仙”，此论甚中一偏之弊。然亦恐只学得识字，却不曾学得上天，即不如且学上天耳。上得天了，却旋学上天人，亦不妨也。中年以后，气血精神能有几何？不是记故事时节。熹以目昏，不敢着力读书。闲中静坐，收敛身心，颇觉得力。间起看书，聊复遮眼，遇有会心处，时一喟然耳！

译文

以“天上无不识字底神仙”来比喻，正切中一偏颇的弊病。但恐怕只是学会了识字，却没学会上天，倒不如只学上天。学会了上天，再回头学天人，也无妨碍。中年以后，人的气血精神还有多少？这不是记故事的年纪了。我眼昏花，不敢用力读书，闲时静坐，收敛身心，颇觉得力。其间看书，也只遮住眼睛，每遇到会心处，时常发发感叹。

答潘叔度

熹衰病，今岁幸不至剧，但精力益衰，目力全短，看文字不得；冥目静坐，却得收拾放心，觉得日前外面走作不少，颇恨盲废之不早也。看书鲜识之喻，诚然。然严霜大冻之中，岂无些小风和日暖意思？要是多者胜耳！

译文

我体衰多病，好在今年未曾加剧，但精力日益衰弱，视力也退化，不能看文字。闭目静坐，却是能将心收放自如，觉得以前外在功夫作了不少，颇悔恨眼睛没有早些昏花。看书少有心得，诚然如此。但在严霜大冻的寒冷中，哪能没有些些风和日暖的意思呢？紧要的是多者更胜一筹。

与吕子约

孟子言“学问之道，只在求其放心”，而程子亦言“心要在腔子里”。今一向耽着文字，令此心全体都奔在册子上，更不知有己，便是个无知觉不识痛痒之人，虽读得书，亦何益于吾事邪？

译文

孟子说“学问之道，惟在于求得放逸的心”，程子也说“心要在胸腔中”。现在一味耽于文字，全心都扑在册子上，更加不知道有自己了，这样就成了个没有知觉不辨痛痒的人，即使能读书，对于我的事业有什么助益呢？

与周叔谨

应之甚恨未得相见，其为学规模次第如何？近来吕、陆门人互相排斥，此由各徇所见之偏，而不能公天下之心以观天下之理，甚觉不满人意。应之盖尝学于两家，未知其于此看得果如何？因话扣之，因书谕及为幸也。熹近日亦觉向来说话有大支离处，反身以求，正坐自己用功亦未切耳。因此减去文字功夫，觉得闲中气象甚适。每劝学者且亦看《孟子》“道性善”“求放心”两章，着实体察收拾为要，其余文字，且大概讽诵涵养，未须大段着力考索也。

译文

万分遗憾未与应之相见，他的学习情况如何呢？今日吕祖谦、陆九渊的门人互相排斥，这是因为各自守着偏见，不能以公正之心看待天下道理，让人不甚满意。应之曾从学于两家，不知他对此有什么看法？若能通书信问他看法就是大幸了。我近日觉得过去说话有很多支离之处，自我反思，正因为自己用功还不够切实。因此减去在文字上下功夫，觉得闲时气象甚是舒适。每每劝告学者且要看《孟子》“道性善”“求放心”两章，切实体察收拾是关键，其他文字，大致能讽诵玩味，不需要大段下功夫考索。

答陆象山

熹衰病日侵，去年灾患亦不少，比来病躯方似略可支吾。然精神耗减，日甚一日，恐终非能久于世者。所幸迩来日用工夫颇觉有力，无复向来支离之病。甚恨未得从容面论。未知异时相见，尚复有异同否耳？

译文

我日渐衰弱老病，去年灾患也不少，近来病体似乎还略能支持。但精神损耗消减，一日胜过一日，恐怕不能久存于世。所幸近来日常功夫颇觉得力，没有过去支离的毛病。甚是悔恨不能与您当面讨论。不知他时相见，还是否会有异同的争论？

答符复仲

闻向道之意甚勤。向所喻义利之间，诚有难择者。但意所疑，以为近利者，即便舍去可也。向后见得亲切，却看旧事，又有见未尽舍未尽者，不解有过当也。见陆丈回书，其言明当，且就此持守，自见功效，不须多疑多问，却转迷惑也。

译文

听闻你朝向大道之意甚是勤恳。过去所讲义利之间，诚然难以抉择。只要心意有所怀疑，认为是近利的，便舍去即可。后来我对此认识得更真切，看过去之事，又见没有尽数舍去、没有全部领悟的内容，这是没有理解清楚的缘故。见到陆象山回信，他的话显明恰当，我就此遵循持守，自然能见到功效，不需要多疑多闻，否则会转相疑惑。

答吕子约

日用工夫，不敢以老病而自懈。觉得此心“操存舍亡”只在反掌之间。向来诚是太涉支离。盖无本以自立，则事事皆病而。又闻讲授亦颇勤劳，此恐或有未便。今日正要清源正本，以察事变之几微，岂可一向汩溺于故纸堆中，使精神昏弊，失后忘前，而可以谓之学乎？

译文

日常要下的功夫，不敢因为老弱多病就懈怠。觉得心的“把握就存在，舍掉就失去”易如反掌。过去学问诚然是太过支离。没有自立的根本，那事事都会有弊病。又听闻你讲授也颇为勤劳，这恐怕会有问题。现在要正本清源，以体察事变的几微，哪能一味沉溺在故纸堆中，令精神昏聩，失后忘前，这怎么可以称得上是学习呢？

与吴茂实

近来自觉向时工夫，止是讲论文义，以为积集义理，久当自有得力处，却于日用工夫全少检点。诸朋友往往亦只如此做工夫，所以多不得力。今方深省而痛惩之，亦欲与诸同志勉焉。幸老兄遍以告之也。

译文

近来自己觉得过去下的工夫，只是讲解文义，认为积累收集义理，日久自然会有收获，却在日用功夫上缺少检点。各位朋友往往也只是做这样的工夫，所以大都不得力。现在才深刻醒悟并下功夫纠正，也想与各位同道共勉。望你能遍告之。

答张敬夫

熹穷居如昨，无足言者。自远去师友之益，兀兀度日。读书反己，固不无警省处，终是旁无疆辅，因循汩没，寻复失之。近日一种向外走作，心悦之而不能自已者，皆准止酒例戒而绝之，似觉省事。此前辈所谓“下士晚闻道，聊以拙自修”者，若充扩不已，补复前非，庶其有日。旧读《中庸》“慎独”，《大学》“诚意”“毋自欺”处，常苦求之太过，措词烦猥，近日乃觉其非，此正是最切近处，最分明处。乃舍之而谈空于冥漠之间，其亦误矣。方窃以此意痛自检勒，懔然度日，惟恐有怠而失之也。至于文字之间，亦觉向来病痛不少。盖平日解经最为守章句者，然亦多是推衍文义，自做一片文字，非惟屋下架屋，说得意味淡薄，且是使人看者将注与经作两项工夫，做了下梢，看得支离，至于本旨全不相照。以此方知汉儒可谓善说经者，不过只说训诂，使人以此训诂玩索经文。训诂经文不相离异，只做一道看了，直是意味深长也。

译文

我仍如过去一般穷居，没什么值得提的。自从远离师友助益，平平度日。读书反思，固然不无警醒处，终究是没有强力辅助，因循过往淹没学问，寻回又失去。近日又向外下功，那些心中喜悦不能自已的事情，都以戒酒为例来禁绝，觉得省事。这就是前辈所说的“下士晚闻道，聊以拙自修”，如果不停扩充，修复此前过错，或许有改完之日。过去读《中庸》“慎独”，《大学》“诚意”“毋自欺”，常觉得要求太过，措辞繁琐，现在才认识到过去的错误，这些正是最切实、最分明之处。抛开这些来空谈，才是错误的。以这个认识来深切检视自己，警惕度日，唯恐有过失。至于文字之间，也觉得过去问题不少。平日里解经最是遵守章句，但这些也都是推衍文义，自己做一篇文字出来。这不就是屋下再修屋，解说的意味淡薄，只是让看的人把经文和注文分作两项工夫，落了下乘，看得支离破碎，至于经文的本旨全然不观照。由此才知道汉儒能称得上善于解说经文，他们不过只讲训诂，让人用这些训诂来体会考察经文。训诂和经文不分离，作为一体来看，才是意味深长的。

答吕伯恭

道间与季通讲论，因悟向来函养工夫全少，而讲说又多，强探必取巡流逐末之弊。推类以求，众病非一，而其源皆在此，恍然自失，似有顿进之功。若保此不懈，庶有望于将来。然非如近日诸贤所谓顿悟之机也。向来所闻诲谕诸说之未契者，今日细思，吻合无疑。大抵前日之病，皆是气质躁妄之偏，不曾涵养克治，任意直前之弊耳。

译文

路途上与季通讨论，因而领悟到过去涵养工夫下得少，讲说又多，强为探求、舍本逐末的弊端。以此类推，各种问题不同，但根源都在这里，我恍然自失，似乎有顿时进步之功效。如果保持不懈怠，或许将来有望不断进步。但这并非今日各位贤才所说的顿悟之机。过去所听闻的学说不能相契合之处，现今仔细思考，是吻合无疑的。大概以前的毛病，都是气质躁动虚妄造成的偏颇，是未曾涵养克治，放任意念导致的弊病。

答周纯仁

闲中无事，固宜谨出，然想亦不能一并读得许多。似此专人来往劳费，亦是未能省事、随寓而安之病。又如多服燥热药，亦使人血气偏胜，不得和平，不但非所以卫生，亦非所以养心。窃恐更须深自思省，收拾身心，渐令向里，令宁静闲退之意胜，而飞扬燥扰之气消，则治心养气、处事接物自然安稳，一时长进，无复前日内外之患矣。

译文

闲暇无事，固然应该谨慎，但想来也不能一并读很多内容。像这样专门往来劳烦破费，也是不能省察、随遇而安的毛病。像是多喝燥热的药，让人血气偏向争胜，不能做到平和，不但不能养生，也不能养心。我恐怕更要深刻反省自己，收拾身心，逐渐向内下功夫，让宁静闲适之意念胜出，飞扬急躁烦扰之气消散，那么治心养气、处事接物自然就会安稳，时时长进，再没有此前的内外忧患。

答窦文卿

为学之要，只在着实操存，密切体认，自己身心上理会。切忌轻自表襮，引惹外人辩论，枉费酬应，分却向里工夫。

译文

为学的关键，就在于踏实地把握存养，密切体察认识，自己身心上能够理解体会。切忌轻易表露炫耀，引得外人争辩议论，枉费时间酬对应付，分散了向内下的功夫。

答吕子约

闻欲与二友俱来而复不果，深以为恨。年来觉得日前为学不得要领，自做身主不起，反为文字夺却精神，不是小病。每一念之，惕然自惧，且为朋友忧之。而每得子约书，辄复恍然，尤不知所以为贤者谋也。且如临事迟回，瞻前顾后，只此亦可见得心术影子。当时若得相聚一番，彼此极论，庶几或有剖决之助。今又失此机会，极令人怅恨也！训导后生，若说得是，当极有可自警省处，不会减人气力。若只如此支离，漫无统纪，则虽不教后生，亦只见得展转迷惑，无出头处也。

听闻你想要与两位友人同来而未成行，深以为憾。近年来觉得此前学习不得要领，自己不能主宰己身，反而被文字夺去了精神，这不是小问题。每每想到此，警惕恐惧，也为朋友担忧。而每次得到您的来信，就马上省悟，但仍不知您作为贤者的筹谋。就像是面临事情推迟返回，瞻前顾后，这样也只能看见心的影子。如果当时能够相聚一番，彼此讨论，或许有助于剖析决断清楚。现在又失去了这个机会，实在是令人惆怅遗憾！教导后生，如果说得对，会有很多可以自我警醒之处，不会减损人的力气。如果只是这样支离，漫无统摄，那即使不教导后生，也只会反复迷惑，没有出头之处。

答林择之

熹哀苦之余，无他外诱，日用之间，痛自敛饬，乃知“敬”字之功亲切要妙乃如此。而前日不知于此用力，徒以口耳浪费光阴，人欲横流，天理几灭。今而思之，怛然震悚，盖不知所以措其躬也。

译文

我悲哀痛苦之余，没有其他外在诱惑，日常自己痛下决心收敛整饬，才知“敬”字功夫的紧要微妙。而以前不知道在这上面用功，徒然在口耳上浪费光阴，人欲横流，天理几乎灭绝。现在反思，悲哀震动，不知过去自己在做些什么。

又

此中见有朋友数人讲学，其间亦难得朴实头负荷得者。因思日前讲论，只是口说，不曾实体于身，故在己在人，都不得力。今方欲与朋友说日用之间，常切点检气习偏处、意欲萌处，与平日所讲相似与不相似，就此痛着工夫，庶几有益。陆子寿兄弟，近日议论，却肯向讲学上理会。其门人有相访者，气象皆好，但其间亦有旧病。此间学者却是与渠相反，初谓只如此讲学，渐涵自能入德，不谓末流之弊只成说话，至于人伦日用最切近处，亦都不得毫毛气力。此不可不深惩而痛警也！

译文

见到有数位朋友讲学，其中有很难做到朴实厚重的，因而思考以前我所讲论的学问只是口上说说，没有实在地去体察，所以对自己对别人都不得力，现在想与朋友谈日用之间的功夫，要经常检查偏颇处、意念欲望萌生处、和平日所讲内容相似与不相似处，在这些地方痛下功夫，或许才能有所助益。陆子寿兄弟近日所议论，肯在讲学上体会。他的门人有来访，气象都好，但这中间也有一些旧毛病。现在的学者却是与他们相反，开始说只要这样讲学，逐渐涵养自然能对于道德有所修习，却不谈已经有了末流的弊端，话只是空说，至于人伦日用最要紧的地方，也都没有下丝毫功夫，这是不可不深切惩戒而警醒的。

答梁文叔

近看《孟子》见人即道性善，称尧、舜，此是第一义。若于此看得透，信得及，直下便是圣贤，便无一毫人欲之私做得病痛。若信不及，《孟子》又说个第二节工夫，又只引“成瞷”“颜渊”“公明仪”三段说话教人如此，发愤勇猛向前，日用之间，不得存留一毫人欲之私在这里，此外更无别法。若于此有个奋迅兴起处，方有田地可下工夫。不然，即是画脂镂冰，无真实得力处也。近日见得如此，自觉颇得力，与前日不同，故此奉报。

译文

近日看《孟子》见到人就会称道性善，称尧、舜，这是最重要的义理。

如果对此能够看得透，信得过，当下就是圣贤，就无丝毫人欲之私会导致病痛。如果不相信这种说法，《孟子》又讲了第二种功夫，引用“成眮”“颜渊”“公明仪”三段话来教诲人，令人要发奋，勇猛向前才有可以下功夫的地方，否则就只是在油上画画，在冰上雕镂，没有切实的用力之处。近日领悟到这些内容，自认为颇为得力，与前日不同，所以告知您。

答潘叔恭

学问根本在日用间，持敬集义工夫，直是要得念念省察。读书求义，乃其间之一事耳。旧来虽知此意，然于缓急之间，终是不觉有倒置处，误人不少。今方自悔耳！

译文

学问的根本在于日常，要保持恭敬积累大义，真是需要时刻省察，读书探求义理是其中的一件事。旧日虽然明白这些道理，但是在缓急之间，终究没有察觉到有本末倒置的地方，有不少误导人的地方，现在才自己悔悟。

答林充之

充之近读何书？恐更当于日用之间为人之本者深加省察，而去其有害于此者为佳。不然，诵说虽精，而不践其实，君子盖深耻之。此固充之平日所讲闻也。

译文

充之近日在读什么书？恐怕还是应该在日用之间对于为人的根本道理，深刻加以警察，而去除那些对此有害的东西为好。否则记诵论说虽精到，但不能实践，君子是深以为耻的。这固然就是你平日里所讲授听闻的内容。

答何叔景

李先生教人，大抵令于静中体认大本未发时气象分明，即处事应物，自然中节。此乃龟山门下相传指决，然当时亲炙之时，贪听讲论，又方窃好章句训诂之习，不得尽心于此，至今若存若亡，无一的实见处，辜负教育之意。每一念此，未尝不愧汗沾衣也。

译文

李先生教导人大都是让其在静默中体察认识根本。情感没有生发的时候，气象分明。到了处理应对事物的时候，自然就能够符合中道。这是龟山门下相传授的要诀。但当时在先生门下亲受教诲的时候，贪于听那些讲论的内容，自己又喜好修习章句训估之学，没有尽心于体认根本。现在若存若亡，没有一处实在的地方，辜负了先生的教诲之意。每当念及每当念此我未尝不惭愧，汗颜沾衣。

又

熹近来尤觉昏愦无进步处，盖缘日前偷堕苟简，无深探力行之志，凡所论说，皆出入口耳之余，以故全不得力。今方觉悟，欲勇革旧习，而血气已衰，心志亦不复强，不知终能有所济否？

译文

我近日尤其觉得昏聩，没有进步，大概是由于以前懒惰苟且，没有立下深刻探求以力行之的志向，凡是所论述的内容，都只是嘴上讲耳朵听之余，因此全都不得力。现在才有所觉悟，想要勇敢地去改正旧日的习惯，但血气身体已经衰弱，心志也不再坚强，不知道最终能否成功。

又

向来妄论“持敬”之说，亦不自记其云何。但因其良心发现之微，猛省提撕，使心不昧，则是做工夫底本领。本领既立，自然下学而上达矣。若不察良心发现处，即渺渺茫茫，恐无下手处也。中间一书论“必有事焉”之说，却尽有病，殊不蒙辩诘，何邪？所喻多识前言往行，固君子之所急。熹自来所见亦是如此。近因反求未得个安稳处，却始知此未免支离，如所谓因诸公以求程氏，因程氏以求圣人，是隔几重公案，曷若默会诸心，以立其本，而其言之得失，自不能逃吾之鉴邪？钦夫之学所以超脱自在，见得分明，不为言句所桎梏，只为合下入处亲切。今日说话虽未能绝无渗漏，终是本领。是当非吾辈所及，但详观所论，自可见矣。

译文

以前妄论“持敬”之说，现在自己也不记得曾说过什么，但因为良心发现了一些细微之处，猛然醒察，令内心不蒙昧，这就是做功夫的本领。本领能够立住，自然就能实现下学上达。如果不能察觉良心的该发现之处，就会迷茫，恐怕也没有改正的下手之处。中间有一书信讨论到“必有事焉”的说法，但其中尽是毛病。蒙您没有质疑，为什么呢？所讲的多去识记过去的言行，这固然是君子该急切作的，我以前所认为的也是如此，近来因反思自己没有找到一个安稳之处，才知道这样的学问是未免破碎。如果通过学习诸公的内容来学习二程，通过学习二程来求得圣人之意，是隔了好几重，不如于心中默然有所体会，以树立其根本，而学问的得失自然不能够逃过自我的鉴别。钦夫的学问之所以超脱自在，见识分明，是由于不被言语所限制，所下功夫切实。现在他讲话虽然不能毫无缺漏，但终究是有一番本领。是我辈所不能够企及的，只要详细听他所论，自然能够看见。

答林择之

所论颜、孟不同处，极善极善！正要见此曲折，始无窒碍耳。比来想亦只如此用功。熹近只就此处见得向来未见底意思，乃知“存入自明，何待穷索”之语，是真实不诳语。今未能久，已有此验，况真能久邪？但当益加勉励，不敢少弛其劳耳！

译文

你讨论颜回、孟子的不同，讲得非常好，要看到这些细微之处，在学习上才能没有障碍。现在想想的确需要这样用功，我近来在此处能看到以前未注意的内容，才知道“存养时间长了就明白，不需要苦苦探索”的话，是真切的言语，现在还没有存养的长久，就有了这样的体会，何况是真的能长久的存养。所以只要更加努力，不敢有丝毫的放松，不敢有丝毫的放松。对越来越多。

答杨子直

学者堕在语言，心实无得，固为大病，然于语言中，罕见有究竟得彻头彻尾者。盖资质已是不及古人，而功夫又草草，所以终身于此，若存若亡，未有卓然可恃之实。近因病后，不敢极力读书，闲中却觉有进步处，大抵孟子所论“求其放心”是要诀尔！

译文

学者沉迷语言当中，心中实在是无所收获，这固然是大的弊病，但是在语言中也很少能够见到讲得透彻的，这大概是资质已经不比古人，而下的功夫又很潦草，所以终身在语言上下功夫，也是若存若亡，没有卓然可以凭借的实在功夫。近日我因为生病不敢用力读书，闲暇的时候却感到有了进步，这大概就是孟子所讲“找到放逸的内心”，这就是关键的秘诀。

与田侍郎子真

吾辈今日事事做不得，只有向里存心穷理，外人无交涉。然亦不免违条碍贯，看来无着力处，只有更攒近里面，安身立命尔。不审比日何所用心？因书及之，深所欲闻也。

译文

我辈现在什么事都不能做，只有向内来存养本心道理，与外人没有交涉，但也不免会有违背条例有所阻碍的地方，看起来无法下功夫之处。只有着重从内在下功夫，安顿身心，不知过去是怎样用心的。因书信谈到这个问题，所以很想听您的意见。

答陈才卿

详来示，知日用工夫精进如此，尤以为喜。若知此心理端的在我，则参前倚衡，自有不容舍者，亦不待求而得，不待操而存矣。格物致知，亦是因其所已知者推之，以及其所未知。只是一本，原无两样工夫也。

译文

详细看了您的来信，知晓您的日用功夫已如此精进，我深为欣喜。如能知道此心此理都在本我，言行就都有所凭借，自然有不能舍掉的内容，这是不待追求就能得到、不需要操持就存在的东西。格物致知也是凭借已知来推求，以认识所未知的内容，这都有同样的根本，原本不是两种功夫。

与刘子澄

“居官无修业之益”，若以俗学言之，诚是如此，若论圣门所谓德业者，却初不在日用之外，只押文字，便是进德修业地头，不必编缀异闻，乃为修业也。近觉向来为学，实有向外浮泛之弊，不惟自误，而误人亦不少。方别寻得一头绪，似差简约端的，始知文字言语之外，真别有用心处，恨未得面论也。浙中后来事体，大段支离乖僻，恐不止似正似邪而已，极令人难说，只得惶恐，痛自警省，恐未可专执旧说以为取舍也。

译文

“为官对于修习事业没有帮助”，如果以一般的学问而言，诚然如此，如果要论孔门所说的德业，原本就不在日用之外，只在文字上下工夫，便是进德修业的关键，不必收集不同学说，这才是修业。近日觉得过去的学问实在有向外追求、浮躁空泛的毛病，不仅耽误自己，也对别人耽误不少，这才在别处找到一些头绪，似乎简单有端绪了，才知在文字言语之外，真的存在别有用心之处，只遗憾不能与你当面讨论，到浙江之后的事情大都支离乖僻，恐怕不只是似正似邪而已，让人实在难说清楚，只感到惶恐，深切自省，恐怕不能专门执着于旧日学说来作为取舍。

与林择之

熹近觉向来乖谬处不可缕数，方惕然思所以自新者，而日用之间，悔吝潜积，又已甚多。朝夕惴惧，不知所以为计。若择之能一来辅此不逮，幸甚！然讲学之功，比旧却觉稍有寸进，以此知初学得些静中功夫，亦为助不小。

译文

我近日觉得过去乖违之处不可胜数，才警惕思索哪些内容可以自我改进。在日用之间，问题不知不觉就积累下来，已经非常多了。我朝夕感到恐惧不安，不知道应如何应对，如果能得择之你的帮助，那就是大幸了。但讲学的功夫与过去相比却感到稍有进步，由此知道我刚学习了一些静中的功夫，这对我帮助不小。

答吕子约

示喻日用工夫如此，甚善！然亦且要见一大头脑分明，便于操舍之间有用力处。如实有一物，把住放行在自家手里，不是谩说求其放心，实却茫茫无把捉处也。

译文

你告知我日用工夫的情况，这非常好。然而也要对学问的关键之处做到明了，以便于在实践当中有用力之处。这就像实际有一物品把握住放在自己手中，不是空谈寻回放逸的本心，而实际上却茫然没有发力之处。

子约复书云："某盖尝深体之，此个大头脑本非外面物事，是我元初本有底。其曰'人生而静'，其曰'喜怒哀乐之未发'，其曰'寂然不动'，人汩汩地过了日月，不曾存息，不曾实现此体段，如何会有用力处？程子谓'这个义理，仁者又看做仁了，智者又看做智了，百姓日用不知，此所以君子之道鲜'。此个亦不少，亦不剩，只是人看他不见，不大段信得此话。及其言于勿忘勿助长间认取者，认乎此也。认得此，则一动一静皆不昧矣！恻隐、羞恶、辞让、是非，四端之著也，操存久则发现多；忿懥、忧患、好乐、恐惧，不得其正也，放舍甚则日滋长。记得南轩先生谓'验厥操舍，乃知出入'，乃是见得主脑，于操舍间有用力处之实话。盖苟知主脑不放下，虽是未能常常操存，然语默应酬间历历能自省验，虽其实有一物在我手里，然可欲者是我的物，不可放失；不可欲者非是我物，不可留藏；虽谓之实有一物在我手里，亦可也。若是谩说，既无归宿，亦无依据，纵使缠把捉得住，亦止是袭取，夫岂是我元有的邪？愚见如此，敢望指教。"朱子答书云："此段大概，甚正当亲切。"

译文

子约回信说："我也对此深有体会，学问的关键不是外在事物，是我原初就有的根本。古人说'人生而静'，说'喜怒哀乐之未发'，说'寂然不动’，人匆忙度过了岁月，不曾存养生息，不曾对此有实在的体会。如何会用功发力？程子说‘这个义理，仁者看作仁，智者看作智，百姓是日常使用而无所知晓，这就是为何君子大道难以得见’。道理不少、不缺乏，只是人们看不到，不相信它。至于他谈及在勿忘勿助中体认，就是见识到了这些道理，对这个道理认识，那一动一静都不会蒙昧，恻隐、羞恶、辞让、是非，是四端之心的显著之处，操持存养时间久了发现处就多。忿懥、忧患、好乐、恐惧，都是不得其正之处，对此放任，则这些不正之处就会日益滋长。记得南轩先生说‘能体会到收与放，就能明白出与入’，这是认识到了关键，是在操持舍去之间有用力之处的实话。大概只要知晓这个关键不放下，即使不能常常操持存养，但在讲话、沉默、应酬中间往往能自我审查，即使真有一物在我手中，也明白可以去预想的东西是自己的，不能够丢失，不可够预想的，就不是我的物品，就不可保留了。即使说有一物在我手中也是可以的。如果只是说说而已，既没有归宿也没有依据，纵然强行把握，也只是沿袭采用，这岂是我原本就有的吗？以上是我的见解，还请您指教。”朱子回信说：“这段话的大意说得甚是亲切。”

答吴德夫

承喻“仁”字之说，足见用力之深。熹意不欲如此坐谈，但直以孔子、程子所示求仁之方，择其一二切于吾身者，笃志而力行之，于动静语默间勿令间断，则久久自当知味矣。去人欲，存天理，且据所见去之存之。工夫既深，则所谓似天理而实人欲者次第可见。今大体未正，而便察及细微，恐有放饭流啜而问无齿决之讥也。如何如何？

译文

承蒙你讲解“仁”字，足以见用功之深。我意不想这样坐而空谈，直取孔子、程子所启示的求仁方法，选择一两个自身有深切体察的内容，来立志施行它，在动静言语沉默之间不令其间断，那么日久自当能够体味。去除人的私欲，存养天理，且根据所见去实践存养，功夫深刻之后，所谓的似乎是天理而实际是人欲的内容，就渐次可以明白了。现在大的根本还未端正，就想察觉细微之处，恐怕有敞开吃饭喝汤而不咀嚼的问题。这如何可以呢？

答或人

“中和”二字，皆道之体用。旧闻李先生论此最详，后来所见不同，遂不复致思。今乃知其为人深切，然恨已不能尽记其曲折矣。如云“人固有无所喜怒哀乐之时，然谓之未发，则不可言无主也”，又如先言“慎独”，然后及“中和”，此亦尝言之。但当时既不领略，后来又不深思，遂成蹉过，孤负此翁耳！

译文

“中和”两个字是道体和用。旧日曾听闻李先生对此讲解得最详细，后来我的见解不同，就不再去思考了，现在才知他为人深厚，然而我遗憾自己不能详尽地记得他所讲内容曲折。例如他讲“人生固然存在无喜怒哀乐的时候，但称之为未发，就不能说没有主宰”，又比如此前他谈论“慎独”，后来谈及“中和”，这些都是先生讲过的，但我当时没有领略意思，后来又不深加思考，遂成蹉跎，辜负了先生教诲。

答刘子澄

日前为学，缓于反己，追思凡百，多可悔者。所论注文字，亦坐此病，多无着实处。回首茫然，计非岁月工夫所能救治，以此愈不自快。前时犹得敬夫、伯恭时惠规益，得以自警省；二友云亡，耳中绝不闻此等语。今乃深有望于吾子澄。自此惠书，痛加镌诲，乃君子爱人之意也。

译文

以前为学没有太过反思自己，追忆以往，有很多可后悔之处，所论注的文字也都有这样的弊病，有很多不切实处，回首感到茫然，预计不是花时间就能够挽救的，因此自己愈发不快。日前还得敬夫、伯恭时时规劝，得以自我省察。两位友人去世，耳中不再听闻这般言语，现在就只望子澄你以后可以惠赐书信对我痛加教诲，这是君子爱人之意。

朱子之后，如真西山、许鲁齐、吴草庐亦皆有见于此，而草庐见之尤真，悔之尤切。今不能备录，取草庐一说附于后。

译文

朱子之后，如真德秀、许衡、吴澄也都对此有所认识，而吴澄的见解尤其真切，悔恨尤其深切。现在不能一一收录，只取吴澄的说法，附录于后。

临川吴氏曰："天之所以生人，人之所以为人，以此德性也。然自圣传不嗣，士学靡宗，汉、唐千余年间，董、韩二子依稀数语近之，而原本竟昧昧也。逮夫周、程、张、邵兴，始能上通孟氏而为一。程氏四传而至朱，文义之精密，又孟氏以来所未有者。其学徒往往滞于此而溺其心。夫既以世儒记诵词章为俗学矣，而其为学亦未离乎言语文字之末。此则嘉定以后朱门末学之敝，而未有能救之者也。夫所贵乎圣人之学，以能全天之所以与我者尔。天之与我，德性是也，是为仁义礼智之根株，是为形质血气之主宰。舍此而他求，所学何学哉？假而行如司马文正公，才如诸葛忠武侯，亦不免为习不著，行不察；亦不过为资器之超于人，而谓有得于圣学则未也。况止于训诂之精，讲说之密，如北溪之陈，双峰之饶，则与彼记诵词章之俗学，相去何能以寸哉？圣学大明于宋代，而踵其后者如此，可叹已！澄也钻研于文义，毫分缕析，每以陈为未精，饶为未密也。堕此科臼中垂四十年，而始觉其非。自今以往，一日之内子而亥，一月之内朔而晦，一岁之内春而冬，常见吾德性之昭昭，如天之运转，如日月之往来，不使有须臾之间断，则于尊之之道殆庶几乎？于此有未能，则问于人，学于己，而必欲其至。若其用力之方，非言之可喻，亦味于《中庸》首章、《订顽》终篇而自悟可也。"

译文

临川吴澄说："天之所以生人，人之所以为人，是因为德性。然而圣人之道不得传承，士人的学问没有所宗。汉唐千余年之间，只有董仲舒、韩愈有一些言语能稍接近圣人之义，圣学的原本竟然蒙昧了。等到周敦颐、二程、张载、邵雍兴起才能上达孟子，与其学问相通一致。从二程四传到朱熹，文章义理之精密又达到了孟子以来未有的程度，他的学徒往往沉溺于此，他们将后世儒者记诵辞章视为俗学，但自己做学问也没有离开言语文字的末流。这是嘉定以后，朱子门下为学末流的弊端，然而这种情况却无法挽救。圣人之学所珍贵之处，在于能够保全天对我的赋予。天所赋予我的是德性，是仁义礼智的根本，是形体血气的主宰。行事如司马光，才能如诸葛亮之人，也不免有行动不落实，行为不体察之处，这种人也不过是资质气量超过常人，却不能说是理解了圣人之学。何况只是训诂精到，讲说细密如陈北溪之，饶双峰等人呢，这与记诵辞章的俗学，有多大差别呢？圣人之学昭明于宋代，而其后学情况如此，真可哀叹。吴澄钻研文艺，条分缕析。他常认为陈学不精，饶学不密，沉溺在这些学问当中四十年才察觉到其中之非。从此以往，一天之内，一月之内，一岁之内，常可见自我的德性昭明，如同天的运转，日月的往来，没有须臾间断，或许这样才对尊奉圣人之学是有所帮助的吧。自己有做不到的，就向他人请教，自己学习就期望一定能到达（圣人之学）。至于用功的方法言语不可以说明的，也会在《中庸》的首章，《订顽》的终篇中体味，而最终可以自行领悟。"

《朱子晚年定论》，我阳明先生在留都时所采集者也。揭阳薛君尚谦旧录一本，同志见之，至有不及抄写，袖之而去者。众皆惮于翻录，乃谋而寿诸梓，谓"子以齿，当志一言"。惟朱子一生勤苦，以惠来学，凡一言一字，皆所当守；而独表章是、尊崇乎此者，盖以为朱子之定见也。今学者不求诸此，而犹踵其所悔，是蹈舛也，岂善学朱子者哉？麟无似，从事于朱子之训余三十年，非不专且笃，而竟亦未有居安资深之地，则犹以为知之未详，而览之未博也。戊寅夏，持所著论若干卷来见先生。闻其言，如日中天，睹之即见；象五谷之艺地，种之即生。不假外求，而真切简易，恍然有悟。退求其故而不合，则又不免迟疑于其间。及读是编，始释然，尽投其所业，假馆而受学，盖三月而若将有闻焉。然后知向之所学，乃朱子中年未定之论，是故三十年而无获。今赖天之灵，始克从事于其所谓定见者，故能三月而若将有闻也。非吾先生，几乎已矣！敢以告夫同志，使无若麟之晚而后悔也。若夫直求本原于言语之外，真有以验其必然而无疑者，则存乎其之自力，是编特为之指迷耳。正德戊寅六月望，门人零都袁庆麟谨识。

译文

《朱子晚年定论》是我老师阳明先生在南京时所采集收录的。揭阳薛尚谦旧日曾抄录一本，同学见到该书，抄写未完于是将书带走，众人都担心书籍被翻录，于是计划将其刊印。众人对我说："你最年长，应该写一篇跋文。"朱子一生勤奋刻苦，多有惠于后学，他所言一字一句都有坚守，而唯独表彰、尊崇的这些内容是朱子的确定之论。现在的学者不在这些内容上探求，而去遵循朱子所追悔的内容，是蹈袭错误，这难道是善学朱子的做法吗？我不才，从事于学习朱子，三十年不能专心笃志，也没有达到居安资深的境地，依然有很多知之不详，览之不博的地方。戊寅年夏天，带着我所著论的若干篇内容来见老师，听其言，如太阳在天，抬头即见，如五谷在于沃土，种下即能生长。不借助向外探求，是真切简易的。我恍然有所觉悟。回去之后探求我过去的学问，还有不能相合的，又难免有所迟疑。直到读了这篇的内容才释然，全心投入学业，借了馆舍来接受教诲。三月似乎就有所明白，方才知道过去所学是是朱子中年未定之论，因此我三十年都没有收获。现在有赖上天保佑，我才开始从事于学习朱子确定之论，所以三月就似有所获，如果不是老师，我的学问也就止步不前了。因此冒昧告知同学，使大家不必有我后来的这番悔悟。如果只在言语之外探求本原，想要检验此种学问的必然无疑，那一定要靠自己的努力，这一编正可作为指点迷津的内容。正德戊寅年六月十五日，弟子零都人袁庆麟郑重记述。